Erfolgreiche PR-Arbeit für Krankenhäuser

Robert Schäfer

Erfolgreiche PR-Arbeit für Krankenhäuser

Patienten, Ärzte und Zuweiser gewinnen

Robert Schäfer
Viernheim
Deutschland

ISBN 978-3-658-06360-3   ISBN 978-3-658-06361-0 (eBook)
DOI 10.1007/978-3-658-06361-0

Die Deutsche Nationalbibliothek verzeichnet diese Publikation in der Deutschen Nationalbiblio-
grafie; detaillierte bibliografische Daten sind im Internet über http://dnb.d-nb.de abrufbar.

Springer Gabler
© Springer Fachmedien Wiesbaden 2015

Lektorat: Margit Schlomski

Gedruckt auf säurefreiem und chlorfrei gebleichtem Papier

Springer Fachmedien Wiesbaden ist Teil der Fachverlagsgruppe Springer Science+Business Media
(www.springer.com)

Vorwort

Liebe Leserin, lieber Leser,

warum halten Sie dieses Buch in den Händen? Ich vermute einmal, aus diesem Grund: Sie als PR-Verantwortlicher Ihres Krankenhauses können viel und Sie machen viel. Und trotzdem sind Sie nicht immer zufrieden mit Ihren Ergebnissen. Die Pressearbeit hakt. Ihr Geschäftsführer und der Ärztliche Direktor ziehen Vergleiche mit der Medienpräsenz des Konkurrenzhauses und fragen, warum dieses mit dem großen Artikel über die Herzklinik in der heutigen Lokalzeitung erschienen ist – und „wir" nicht, wo „wir" doch die renommierteren Ärzte und die moderneren Geräte auf der Station haben. Oder einer Ihrer Unfallchirurgen mit hohen Fallzahlen und großem Ansehen in der Fachwelt meldet sich aus dem OP: „Warum kennt mich draußen niemand?"

Bleiben Sie gelassen. In diesem Buch finden Sie eine Fülle an Anregungen und Ideen für Maßnahmen, mit denen sie Ihre Medienpräsenz verbessern können. Mit großer Wahrscheinlichkeit stoßen Sie bei aufmerksamer Lektüre immer wieder auf Dinge, über die Sie sagen: Ja, das sollte ich auch einmal ausprobieren. Vielleicht müssen Sie einige Sachen anders machen als bislang, vielleicht einiges weglassen, dafür neue Abläufe in Ihr Programm aufnehmen. Tun Sie es und fangen Sie am besten noch heute damit an.

Das vorliegende Buch wendet sich an Professionals, an PR-Profis, die jeden Tag für eine gute Darstellung ihres Hauses in der Öffentlichkeit sorgen müssen. Hierzu eignen sich aus meiner Erfahrung vor allem drei Module:

- Pressearbeit
- Veranstaltungen
- Internetpräsenz

Die Ziele sind klar: Sie wollen und sollen regelmäßig mit guten Nachrichten und Schlagzeilen in den lokalen, regionalen und vielleicht sogar überregionalen Medien vertreten sein. Presse, Funk und Fernsehen sollen über Ihr Krankenhaus positiv berichten. Am Ende des Jahres wollen Sie einen dicken Pressespiegel vorlegen. Ferner sollen Ihre Vorträge und Veranstaltungen ein Publikumsmagnet sein, Sie möchten ein volles Haus. Wenn Ihre Referenten auftreten, gibt es regelmäßig nur noch wenige freie Sitzplätze. Und noch viel mehr Besucher möchten Sie natürlich Tag für Tag auf Ihrer Website begrüßen, Ihnen via Internet eindrucksvolle Einblicke gewähren und sie von Ihren Leistungen und Ihrem Service überzeugen.

Wozu das alles? Diese Maßnahmen haben nur ein Ziel: Mehr Patienten für Ihr Haus. Viele positive Presseartikel, viele Besucher bei Veranstaltungen und hohe Klickzahlen auf Ihrer Website sind kein Selbstzweck. Sie und Ihre Geschäftsleitung wollen am Ende, dass sich diese Leute bei Ihnen behandeln lassen. Insofern sorgt PR-Arbeit neben dem Aufbau einer guten, vertrauensvollen Beziehung zu verschiedenen Gruppen der Öffentlichkeit letztlich auch für: mehr Umsatz. Für Krankenhäuser sind PR-Maßnahmen das Mittel der Wahl, um mehr Aufmerksamkeit, mehr Vertrauen und mehr Patienten zu gewinnen. Hierfür nimmt PR-Arbeit folgende Gruppen ins Visier: Patienten, Angehörige von Patienten, Journalisten, niedergelassene Ärzte als Zuweiser, (lokale) Politiker, Krankenkassen, weitere Unternehmen der Gesundheitswirtschaft, Zulieferer.

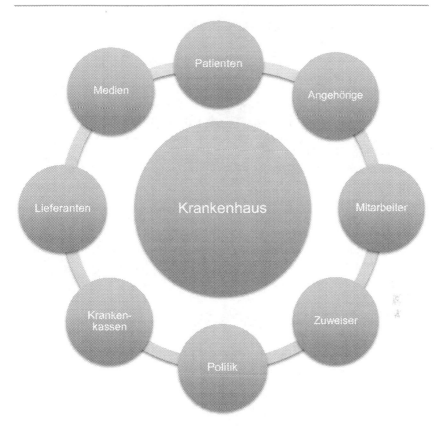

Zielgruppen für Krankenhaus-PR

Dieses Buch versammelt die Maßnahmen und Module, die meiner Erfahrung nach in einem Krankenhaus machbar und umsetzbar sind. Und die zu den angestrebten Erfolgen führen. Es ist nicht nach dem Motto entstanden: „Schreibe alles auf, was es an PR-Maßnahmen gibt." Sondern es liefert eine Auswahl an Instrumenten, die Sie im Krankenhausalltag auch wirklich anwenden können. Berücksichtigt habe ich hierbei die typische Arbeitssituation von Pressestellen: wenige Köpfe sollen bei minimalem Etat ein maximales Ergebnis erzielen.

Wenn Ihnen die Lektüre an der einen oder anderen Stelle Spaß macht, habe ich ein wichtiges Ziel erreicht. Wenn Sie bei der Umsetzung des einen oder anderen Hinweises „ins Schwitzen" kommen, ebenfalls. Ein Krankenhaus in der Öffentlichkeit mit einem guten Image zu positionieren, kann ganz schön anstrengend sein. Aber es macht, so jedenfalls meine Erfahrung, jede Menge Spaß, wenn Sie die Erfolge sehen: die positiven Schlagzeilen in der Zeitung, das volle Haus beim Info-Abend oder wenn der Patientenratgeber eines Ihrer Chefärzte in die dritte oder vierte Auflage geht - der großen Nachfrage wegen.

Seien Sie hartnäckig, bleiben Sie dran, binden Sie Partner ein, wo immer es geht und verzahnen Sie Ihre Maßnahmen, wo immer es Ihnen sinnvoll erscheint.

Dies ist auch ein Buch für Klinikgeschäftsführer. Und zwar in all jenen Abschnitten und Passagen, in denen eine zentrale Sache beschrieben wird: Um eine gute Kommunikation betreiben zu können, muss zuvor die gute Aktion stattgefunden haben. Aus Nichts kann auch der beste PR-Spezialist nichts machen. Deshalb sind Investitionen in Veranstaltungen, neues Personal, neue Geräte, neue Gebäude etc. die unerlässliche Voraussetzung für gute PR.

Denn hier besteht eine Wechselwirkung: Wenn gute Aktionen gut kommuniziert werden, steigt die Bereitschaft zu weiteren guten Taten. Wenn wenig bis nichts passiert, was kommuniziert werden kann, dann wird auch wenig Kommunikation stattfinden können. Geschäftsleitung und PR-Abteilung können sich gegenseitig befeuern - oder sich gegenseitig in die Depression treiben.

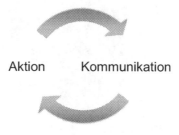

Aktion   Kommunikation

Enge Wechselwirkung zwischen Aktion und Kommunikation

Wer sich als Student oder Dozent mit Gesundheitsmarketing oder Gesundheitsmanagement befasst, wird aus diesem Buch gleichfalls großen Nutzen ziehen. Die Fülle der vorgestellten Praxisbeispiele lässt die Erfolgsfaktoren und Umsetzungsstrategien von PR-Maßnahmen besonders deutlich werden.

Schließlich noch zwei wichtige Hinweise zur Sprache:

1. Frauen gehört die Hälfte der Welt – wenn nicht sogar mehr. Und: Die Zukunft der Medizin ist weiblich. Trotzdem verwende ich in diesem Buch nur die männliche Form, damit Sie es leichter lesen können.
2. Klar, es gibt Kliniken mit mehr als einem Chef, neben dem kaufmännischen also auch noch einen ärztlichen Geschäftsführer. In diesem Buch sind sie aber nicht jedes Mal alle aufgelistet, sondern es heißt einfach: „der Geschäftsführer".

Ein dickes Dankeschön geht an dieser Stelle an meine Frau, Christina Adler-Schäfer. Sie hat mir für dieses Buchprojekt den Rücken gestärkt und die Motivation bis zum großen Finale hoch gehalten.

Worüber ich mich sehr freuen würde: Sagen Sie mir Ihre Meinung! Mit welchen Hinweisen konnten Sie etwas anfangen, wo haben Sie eventuell ganz andere Erfahrungen gemacht? Auf Ihre Rückmeldung freut sich

Viernheim im Dezember 2014 Robert Schäfer

www.schaefer-kommunikation.de

Inhaltsverzeichnis

Über den Autor

Robert Schäfer ist Diplom-Soziologe (Universität Mannheim) und ausgebildeter Tageszeitungsredakteur. Er hat für die Süddeutsche Zeitung und Magazine wie Der Spiegel und Focus als freier Autor gearbeitet. Seit 2004 ist er als Experte für Gesundheitsmarketing tätig. Ein Schwerpunkt seiner Arbeit ist die langfristig angelegte Positionierung von Krankenhäusern in der Öffentlichkeit durch systematisch betriebene Presse- und Öffentlichkeitsarbeit. Robert Schäfer veröffentlicht Fachartikel zum Klinikmarketing und hat gemeinsam mit dem Kaiserslauterer Kniespezialisten Dr. Wolfgang Franz zwei Patientenratgeber verfasst: „Die Knie-Sprechstunde" (2. Auflage) sowie „Knie-Arthrose"
(4. Auflage). Er ist als Vortragsredner unterwegs (auch in den USA), gibt Workshops zur Pressearbeit und ist seit 2012 Hochschuldozent für Gesundheitskommunikation. Kontakt: www.schaefer-kommunikation.de.

Erst denken, dann schreiben: Wo stehen wir, wo wollen wir hin und wie schaffen wir das am besten?

1.1 Wie ist es um Ihre PR-Arbeit bestellt?

Um die PR-Aktivitäten einer Klinik zu verbessern ist, wie immer im Leben und vor allem in der Medizin, zunächst eine Diagnose des Ist-Zustandes angesagt:

- Was wird über uns von welchen Medien zu welchem Zeitpunkt berichtet?
- Welche Medien berichten eher positiv und welche eher negativ?
- Gibt es Medien, die über uns gar nichts berichten oder nur sehr selten?
- Wie sehen unsere Kontakte zu den Medien aus? Welche Beziehungen haben Sie als PR-Verantwortlicher zu den Journalisten? Wen kennen Sie persönlich?
- Gibt es eine systematische Planung der Themen für das Jahr? Über was muss unbedingt berichtet werden, wie überbrücken Sie das „Sommerloch", das es in Wirklichkeit gar nicht gibt?
- Gibt es Vorträge Ihrer Ärzte für potenzielle Patienten?
- Wo finden diese Veranstaltungen statt und wie werden sie beworben?
- Gibt es darüber hinaus größere Veranstaltungen, bei denen sich Ihr Haus präsentiert wie einen Tag der offenen Tür oder eine zweitägige Gesundheitsmesse oder eine mehrwöchige Gesundheitskampagne?
- Wie sieht Ihr Internetauftritt aus? Wirkt Ihre Website frisch und aufgeräumt, sind die in der Rubrik „Aktuell" versammelten Beiträge wirklich aktuell und können potenzielle Patienten die medizinischen Informationen verstehen?

© Springer Fachmedien Wiesbaden 2015
R. Schäfer, *Erfolgreiche PR-Arbeit für Krankenhäuser,*
DOI 10.1007/978-3-658-06361-0_1

- Präsentiert sich Ihre Klinik mit eigenen Profilen in Bewertungsportalen und ist sie dort mit vor allem positiven Erfahrungsberichten vertreten?
- Haben Sie einen eigenen Youtube-Kanal mit Erklärvideos Ihrer Mediziner über Behandlungsverfahren für potenzielle Patienten?

1.2   Heben Sie die Schätze Ihres Klinikalltags

Um über ein Haus positiv berichten zu können, muss man wissen, was es Positives in diesem Haus gibt. Ihre Aufgabe als PR-Verantwortlicher besteht darin, die Schätze des Klinikalltags zu heben. Herauszufinden, was es an Neuem, Berichtenswertem in den einzelnen Abteilungen gibt. Hierzu brauchen Sie Verbündete, die dieses Anliegen unterstützen. Sie müssen den Geschäftsführer auf Ihrer Seite haben und, noch besser, den Ärztlichen Direktor und den Pflegedirektor auch. Krankenhäuser sind hierarchisch organisierte und denkende Betriebe. Was von oben kommt und von dort abgesegnet ist, ist wichtig und wird (meistens) gemacht und umgesetzt.

Sammeln Sie die großen Anlässe für PR-Maßnahmen (neuer Computertomograph für mehrere Hunderttausend Euro) und die kleinen Geschichten (Die Grünen Damen und Herren sind seit 20 Jahren bei uns am Haus) ein und gestalten Sie daraus einen Jahresplan. Solch ein Plan „atmet", weil Sie plötzlich von Dingen erfahren, die jetzt in diesem Moment viel wichtiger sind als das, was auf Ihrem Zettel steht. Macht nichts, dann rutscht es eben nach hinten und Sie greifen die Geschichte später wieder auf.

1.3   Abstimmung mit der Geschäftsführung

Bei der Planung Ihrer PR-Aktivitäten müssen Sie wissen, was Ihre Geschäftsleitung will. Sie müssen die strategische Ausrichtung kennen und berücksichtigen, wie sich das Haus positionieren will. Mit welchen Schwerpunkten, welchen Zentren. Reden Sie darüber:

- Welche Fachabteilung soll besonders beworben werden? Könnte Ihre Geburtsklinik mehr Nachwuchs brauchen oder sollen die Schulterchirurgen unterstützt werden?
- Welches OP-Verfahren soll in den nächsten Monaten verstärkt dargestellt werden?
- Erhält eine Abteilung demnächst eine Zertifizierung als Zentrum?

- Gibt es einen einzelnen Mediziner, den Sie aufs Schild heben wollen unter dem Stichwort „Der Chefarzt als Marke"?
- Klären Sie ab, welche Fachabteilung oder Klinik im Moment keine Unterstützung benötigt, wo „Sparflamme" völlig ausreicht.

Wie die Erfahrung zeigt, sind viele Pressestellen oder Abteilungen für Unternehmenskommunikation in ihrer personellen Besetzung und Ausstattung mit Sachmitteln arg auf Kante genäht. Will heißen: Wenige Menschen sollen mit wenig Geld viel erreichen. Gewünscht ist im sprichwörtlichen Sinne der eiermilchlegende Wollmilchhirsch. Oder der sechsarmige Pressesprecher. Der das vierteljährliche Patientenmagazin textet und gestaltet, die komplette Pressearbeit übernimmt, bei jedem Termin professionelle Pressefotos schießt, auf Facebook regelmäßig postet, Veranstaltungen organisiert und moderiert, den Newsletter für die niedergelassenen Ärzte verfasst und nebenbei noch ertragreiches Fundraising betreibt. Und das alles als Einzelkämpfer.

1.4   Prioritäten setzen, Aufgaben stornieren

Diese Situation können Sie mit mehreren Maßnahmen entschärfen und für sich positiv gestalten.

- Klären Sie mit Ihrem Geschäftsführer ab, was wirklich wichtig ist. Nicht alles kann gleich bedeutend sein. **Definieren Sie ganz klare Prioritäten**, was für Ihre Arbeit von Belang ist und was nicht. Wenn Sie mit großem Aufwand als Nebenbei-Fundraiser nur ein paar tausend Euro im Jahr einspielen, dafür aber den heißen Draht zur Presse abkühlen lassen mit der Folge, dass Ihre guten Botschaften kaum noch, dafür aber negativ gefärbte Berichte umso häufiger erscheinen, sollten Sie umdenken. Welche Aktivität bringt welches Ergebnis und lohnt sich wirklich oder eben nicht? Und kann das Fundraising nicht ein anderer Mitarbeiter im Haus übernehmen oder lohnt es sich sogar, jemanden fest einzustellen oder auf Provisionsbasis frei arbeiten zu lassen?
- **Manche Dinge fallen einfach weg.** Wenn Ihr Geschäftsführer signalisiert, dass der Newsletter für die niedergelassenen Ärzte nicht mehr wichtig ist: streichen Sie dieses Projekt. Es hat sich ja vielleicht herausgestellt, dass Ihre Chefärzte über viele gute Kontakte zu den Zuweisern verfügen, weil sie die niedergelassenen Ärzte regelmäßig zu Workshops einladen und mit allen Neuigkeiten aus der Klinik versorgen. Und dass diese von Ihren Klinikabteilungen organisierten Veranstaltungen richtig gut besucht sind, weil es viele Fortbildungspunkte in angenehmer Atmosphäre bei guter Verköstigung zu sammeln gibt.

**Abb. 1.1** Dreischritt für
bessere Ergebnisse und
höhere Arbeitszufriedenheit

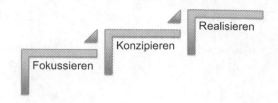

Die Projekte mit unterschiedlicher Priorität zu versehen, entlastet Sie und sorgt für eine größere Arbeitszufriedenheit. Sie kümmern sich fortan um die Hauptsachen und lassen den Kleinkram und die weniger wichtigen Dinge sein. Sie folgen dem Dreischritt: fokussieren, konzipieren, realisieren (vgl. Abb. 1.1).

Sie können, wie oben erwähnt, Aufgaben innerhalb des Hauses neu zuteilen oder Sie können Sie streichen. Oder Sie können sich Unterstützung von außen zukaufen. Das kann für fortlaufende Aufgaben genau so sinnvoll sein wie für einzelne Projekte. Das Spektrum der Anbieter auf dem Markt reicht von Agenturen mit einem festen Mitarbeiterstab bis hin zu solistisch agierenden Freiberuflern. Und es reicht von Experten für Fundraising über Internetagenturen und Grafikdesignern bis hin zu Fachleuten für das geschriebene Wort.

- Kliniken klagen über klamme Etats. Und wollen trotzdem in Sachen Öffentlichkeitsarbeit eine Menge auf die Beine stellen. Wenn Sie nun mit wenig Geld viel Aufmerksamkeit erzielen wollen, dann **suchen Sie sich finanzstarke Partner für Ihre Aktionen.** Suchen Sie sich Sponsoren, die zum Beispiel Ihre Gesundheitsvorträge mittragen. Oder Sponsoren, die Ihre Gesundheitsmesse unterstützen. Näheres erfahren Sie in den jeweiligen Kapiteln. Solche Partner einzubinden ist natürlich ein wichtiger Baustein für gelebte PR.
- Und obwohl Kliniken über klamme Etats klagen, **klären** Sie mit Ihrem Geschäftsführer ab, **für welche Bereiche mittel- bis langfristig Geld da sein wird.** Verwenden Sie in diesem Zusammenhang im Gespräch mit Ihrem Geschäftsführer das Wort „Strategie" oder den Ausdruck „strategische Ausrichtung", denn genau in diesem Bereich sind Kommunikationsmaßnahmen angesiedelt. Es ist eine strategische Frage, ob und wie ein Haus hier systematisch und nachhaltig aktiv werden will. Ob es selbst Themen setzen und sich gegenüber „der Öffentlichkeit" öffnen möchte. Nur langfristige PR-Aktivitäten führen zum Erfolg. Das Ansinnen „Wir müssen mal wieder in die Zeitung" weist nicht den richtigen Weg. Sie müssen regelmäßig in die Zeitung, immer wieder und über einen langen Zeitraum hinweg. Und in dieser Zeit müssen Sie als PR-Verantwortlicher Kontakte aufbauen zu den Journalisten und zu Ihren internen Ansprechpartnern im Krankenhaus. Das geschieht nicht über Nacht, sondern

dauert Monate und Jahre. Sie bringen in dieser Zeit die Saat aus und wollen schließlich die Ernte einfahren. Sorgen Sie dafür, dass Sie sich in dieser Zeit auch wirklich um Ihre zarten sprießenden Pflänzchen kümmern können, dass Sie Ihre Kontakte intensivieren und der gute Ruf Ihres Hauses sich mehren kann. Es verbessert Ihre Ergebnisse und erhöht Ihre Arbeitszufriedenheit, wenn Sie die ins Auge gefassten Projekte auf längere Strecke verfolgen können. Ich hatte kürzlich erst den Besuch von fünf- und sechsjährigen „Kinderforschern" auf einer unfallchirurgischen Station organisiert. Für dieses Projekt stand ich vier lange Jahre in Kontakt mit der hiesigen Lokalzeitung, immer wieder kam das Thema aufs Tapet, wurde geplant, terminiert und zurückgestellt, doch am Ende hat es geklappt und der ganzseitige, reichhaltig bebilderte Artikel mit den Knirpsen und dem Chefarzt war eine schöne Belohnung für das hartnäckige „Dranbleiben".

- Wasserstandsmeldungen sind wichtig: **Überprüfen Sie regelmäßig Ihre Maßnahmen**, den hierfür notwendigen Aufwand und die Ergebnisse (vgl. Abb. 1.2). Holen Sie sich die Rückmeldungen Ihres Geschäftsführers oder Auftraggebers ein. Und ziehen Sie daraus die richtigen Konsequenzen: Was kann wie gewohnt fortgeführt werden, was intensivieren Sie und was fällt künftig weg?

- **Feiern und zeigen Sie Ihre Erfolge!** PR-Verantwortliche haben in Krankenhäusern nicht immer den besten Ruf: „Der liest doch eh den ganzen Tag Zeitung", ist noch eine der harmloseren Zuschreibungen. Klar lesen Sie Zeitung, gehört ja auch zu Ihrem Beruf und dafür sollten Sie sich nicht schämen. Gehen Sie offensiv damit um und vermarkten Sie sich und Ihre Ergebnisse innerhalb Ihres Hauses. Dokumentieren Sie Ihre Arbeit und informieren Sie die wichtigen und richtigen Akteure Ihrer Klinik hierüber. Den Zeitungsartikel von heute mit dem großen Interview mit dem Chefarzt der Frauenklinik zum Mammographie-Screening z. B. schicken Sie an den Mediziner, Ihren Geschäftsführer und lassen ihn im Glaskasten vor der Klinikkantine aushängen. Den sehr gut besuchten Patientenvortrag über Rückenschmerzen gestern Abend lassen Sie in einem Nachbericht in der Patientenzeitschrift mit vielen Fotos nochmals Revue passieren. Und so weiter und so weiter. Gehen Sie nicht davon aus, dass man hausintern quasi automatisch und von selbst auf die Ergebnisse Ihrer Arbeit aufmerksam wird. Helfen Sie nach und sorgen Sie für gute Publicity in eigener Sache. Schließlich ist es ja das, was Sie den ganzen Tag auch für Ihr Haus machen sollen. Mit einer guten Reputation innerhalb Ihres Hauses sind Sie zufriedener mit Ihrer Arbeit und haben es leichter, weitere personelle Unterstützung sowie eine Aufstockung Ihres Etats durchzuboxen. Wodurch Sie noch erfolgreicher werden können.

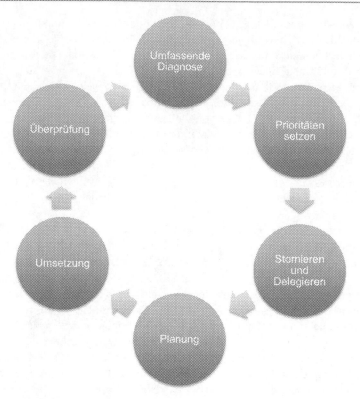

Abb. 1.2 Der Kreislauf der PR-Arbeit

1.5   Externe Dienstleister einbinden

Angenommen, Sie und Ihre Geschäftsleitung haben wie oben beschrieben die Kommunikationsaufgaben durchleuchtet, entrümpelt und fokussiert. Trotzdem können Sie alleine immer noch nicht alles stemmen, die Fülle der Aufgaben ist zu groß. In dieser Situation kann es für Krankenhäuser sinnvoll sein, auf externe Dienstleister zuzugreifen und sich Leistungen zusätzlich einzukaufen, entweder für einzelne Arbeiten oder für langfristige Projekte. Das Zukaufen kann auch sinnvoll sein, wenn eine Klinik noch gar keine eigene Kommunikations- oder Pressestelle installiert hat, dies in nächster Zeit auch gar nicht beabsichtigt, aber die eigenen öffentlichkeitswirksamen Aktivitäten künftig systematisieren und intensivieren möchte.

Ist für die PR-Aktivitäten ein externer Anbieter vorgesehen, sind folgende Aspekte zu berücksichtigen, damit a) der richtige Partner gefunden wird und b) die Zusammenarbeit gut klappt:

Aufgaben genau beschreiben Was soll der Experte machen, der für das Thema PR seine Arbeit aufnimmt? Je präziser Sie hier Antworten formulieren, desto leichter fällt die Suche und desto besser sind die Ergebnisse. Soll er ganz auf sich gestellt Themen finden, Artikel verfassen, fotografieren, Pressekontakte herstellen und intensivieren oder gibt es bei der einen oder anderen Aufgabe Unterstützung aus dem Haus? Soll er regelmäßig stattfindende Veranstaltungen konzipieren und organisieren? Alleine oder mit Unterstützung aus dem Haus? Oder soll er nur in Aktion treten für den jährlichen Tag oder offenen Tür oder die alle zwei Jahre stattfindende große zweitägige Gesundheitsmesse? Sollen für das Patientenmagazin Bilder und Texte beigesteuert werden oder muss das Ganze auch layoutet und gedruckt werden? Die gleiche Frage stellt sich beim Thema Flyer und Broschüren. Braucht die Website einen neuen Auftritt, der geplant werden will oder muss sie lediglich mit aktuellen Meldungen gefüttert werden? Welche Agenturen und Dienstleister sind bereits für Ihre Klinik tätig und soll deren Arbeit durch die neue Kraft ersetzt oder sollen diese Geschäftsbeziehungen fortgeführt werden?

Die organisatorische Anbindung Machen Sie sich Gedanken, in welcher Form „der Neue" an- und eingebunden werden soll. Möchten Sie so etwas schaffen wie eine Stelle für „feste Freie", wie man es aus dem Journalismus kennt, bei der für den Externen an der Klinik ein Arbeitsplatz eingerichtet wird? Dann muss er aus dem Ort oder der Region stammen. Oder halten Sie es für völlig ausreichend, wenn der PR-Experte sich nur jeweils dann an der Klinik aufhält, wenn es auch wirklich Wichtiges zu besprechen gibt und ansonsten per E-Mail oder telefonisch erreichbar ist? Egal, wo sein Büro in Deutschland angesiedelt ist.

Vom Suchen zum Finden Die Gelben Seiten sind eher ungeeignet, um einen passenden Anbieter zu finden. Dies wäre die letzte Möglichkeit. Viel zielführender ist es, sich umzuhören. Pressesprecher kennen andere Pressesprecher, Geschäftsführer kennen andere Geschäftsführer. Diese tauschen sich darüber aus, wer für das offene Projekt gut in Frage käme. „Sagen Sie mal, Herr Kollege, wer sorgt denn bei Ihnen immer für diese breite und positive Berichterstattung?" oder „Wer hat denn bei Euch den jüngsten Tag der offenen Tür organisiert?" wären typische Fragen eines solchen Recherchegesprächs.

Das Schlüssel-Schloss-Prinzip Wie Sie zum Ziel, sprich Ihrem neuen PR-Berater kommen wollen, wissen Sie natürlich selbst am allerbesten. Mögen Sie es lieber systematisch, dann erstellen Sie sich eine Liste mit mehreren Kandidaten, die Sie der Reihe nach zum Gespräch einladen. Oder Sie folgen Ihrem Bauchgefühl, wonach „die Tipps vom Kollegen Mustermann bisher immer goldrichtig waren". So oder so kommt der Moment, an dem Sie sich gegenübersitzen und folgende Fragen zu beantworten sind:

- Was hat Ihr Kandidat auf der Pfanne, das heißt, welche Referenzen kann er im Bereich Klinikmarketing aufweisen?
- Welche Ausbildung bringt er mit? Kommt er aus dem Bereich Marketing, den Geistes- oder Sozialwissenschaften oder ist er im Journalismus groß geworden und weiß, wie die Medien ticken?
- Haben Sie das Gefühl, dass Ihr Kandidat Ihr Haus versteht, also mit seiner Kultur und seinen Besonderheiten etwas anfangen kann? Haben Sie das Gefühl, dass er die von Ihnen gewünschten Absichten teilen und sich dafür ins Zeug legen kann?
- Hat Ihr Kandidat diplomatisches Geschick? Schließlich muss er als PR-Verantwortlicher mit einem Januskopf sowohl ins Krankenhaus hineinschauen als auch das lokale und regionale Umfeld im Blick behalten. Er muss sich sehr stark in die Perspektive des jeweiligen Gegenübers hineinversetzen können und manchmal auch widerstreitende Ansichten und Interessen zum Wohl Ihres Krankenhauses zusammenführen.
- Ist Ihr Kandidat ein Sprinter oder ein Marathonläufer? Wer meint, er habe beim Thema Krankenhaus-PR nach 100 oder 200 m das Ziel erreicht, sollte lieber gleich duschen gehen. Öffentlichkeitsarbeit verlangt viel Ausdauer. Ihr Kandidat muss ein gehöriges Maß an Hartnäckigkeit mitbringen.
- Stimmt „die Chemie"? Sie müssen einander nicht gleich heiraten, aber die Wellenlänge sollte schon die gleiche sein. Pressearbeit ist Beziehungsarbeit und das fängt auf der Führungsebene an. Nur wenn es mit dem Neuen menschlich klappt, sollten Sie die gemeinsame Arbeit beginnen. Ansonsten: Finden Sie einen anderen.
- Und da ist natürlich noch die Frage nach dem Geld und dem Vertrag. Klären Sie ab, was der Neue kostet und welche Leistungen in dem Honorar eingeschlossen sind. Verlangt er darüber hinaus Sach- und Reisekosten oder rechnet er jeden zugesandten Brief extra ab? Und wie ist die vertragliche Abstimmung? Welche Laufzeit vereinbaren Sie und welche Kündigungsfrist gilt?

Das sind Ihre Fragen und die von Ihnen vorgebrachten Aspekte. Wenn Ihr Gegenüber sein Geschäft versteht, dann müssen Sie davon ausgehen, dass auch er einige Fragen hat. Und zwar an Sie als Vertreter des Krankenhauses, das seine PR-Aktivitäten aufpolieren möchte:

- Wer hat sich bislang um die Pressearbeit gekümmert?
- Wie sehen die Ergebnisse aus?
- Warum sind Sie mit diesen Ergebnissen nicht zufrieden? Was soll sich ändern?
- Was denken Sie, woran es liegt, dass die Ergebnisse nicht zufriedenstellend sind? Wie kann diese Ursache beseitigt werden?
- Welche Unterstützung bekomme ich aus Ihrem Haus?
- Was ist das Ziel der Klinik? Wo möchten Sie in einem, in zwei oder in fünf Jahren stehen?
- Woran würden Sie merken, dass meine Arbeit erfolgreich ist?
- Warum denken Sie, dass ich der Richtige für Ihre Klinik bin?

1.6 Die Vorzüge externer PR-Experten

So, jetzt haben Sie sich gründlich ausgetauscht, tief in die Augen gesehen und per Handschlag (oder Vertragsunterzeichnung) Ihre Zusammenarbeit besiegelt. Wenn Sie die richtige Wahl getroffen haben und Ihr Kandidat passt, dann werden Sie sehr schnell merken, welche Vorzüge ein extern eingekaufter Dienstleister haben kann.

Qualität ist verdichtete Quantität Ihr neuer PR-Spezialist bringt Erfahrung aus der Betreuung zahlreicher anderer Häuser mit. Damit kennt er sein Geschäft aus dem Effeff und muss nicht das Rad jedes Mal neu erfinden. Er weiß, dass Chefärzte manchmal schwer ans Telefon zu bekommen sind und er weiß damit umzugehen, er weiß, wie gute Beziehungen zur Presse auf- und ausgebaut werden können und weiß zudem, wie ein Tag der offenen Tür reibungslos zu planen und durchzuführen ist, weil er die dutzendfach bewährte Checkliste bereit hält.

Gesunde Distanz schafft Überblick Externe PR-Berater wissen im Idealfall genau so viel, wie sie für ihre Arbeit wissen müssen – aber eben nicht mehr. Wie in jedem Unternehmen kursieren auch in Krankenhäusern viele unvollständige Informationen, Halbwahrheiten und Tratsch, deren umfassende Kenntnis für eine erfolgreiche Pressearbeit nicht zielführend ist. Ein externer PR-Experte findet schnell heraus, welcher Flurfunk für ihn wichtig ist. Er baut hierfür Kontakte innerhalb der Klinik auf und ist im Gespräch mit den richtigen und wichtigen Informationsträgern. Er muss aber nicht jedes halbgare Gerücht kennen, das heute Morgen am Kaffeeautomat die Runde gemacht hat.

Unternehmerisches Denken Es liegt in der Natur der Sache, dass externe PR-Berater näher an unternehmerischem Denken sind als angestellte Pressesprecher. Entweder sie arbeiten in einer Agentur, die meist nicht sehr groß ist oder sie sind einzelkämpfende Freiberufler. In jedem Fall wissen sie, wie wichtig es ist, für Ihre Klinik zu arbeiten und kennen die Bedeutung dieses Auftrags. Sie als Klinikverantwortlicher können davon ausgehen, dass Ihr externer Berater sich als Dienstleister versteht, der vieles daran setzt, Ihre Erwartungen zu erfüllen oder gar zu übertreffen, um die Geschäftsbeziehung erfolgreich fortführen zu können.

Der frische Blick auf alte Probleme Externe Berater kommen von außen und sind nicht verwoben mit den gewachsenen Denk- und Verhaltensstrukturen einer Klinik. Das versetzt sie in die Lage, Sachverhalte anders zu betrachten und zu bewerten, als es viele Klinikmitarbeiter tun würden. Durch ihren frischen Blick auf alte Probleme können externe Berater mit Leichtigkeit manch gordischen Knoten durchschlagen und Dinge voranbringen, die lange liegen geblieben sind.

Das eigene Büro Nun, wenn Sie sich für einen PR-Berater entscheiden, der sein Büro nicht in der Klinik, sondern in seiner Agentur hat, dann liegen die Pluspunkte fürs Krankenhaus auf der Hand:

- Der Raum für ein Büro des PR-Experten muss nicht vorgehalten werden.
- Die Ausstattung mit Sachmitteln fällt weg, vom Schreibtisch bis zum Drucker.
- Externe Anbieter halten ihre technische Infrastruktur selbst auf dem Laufenden und rufen nicht bei der IT-Abteilung des Krankenhauses an, wenn der Computer streikt oder ein Update fällig ist.

1.7   Checkliste

Checkliste: Erst denken, dann schreiben: Wo stehen wir, wo wollen wir hin und wie schaffen wir das am besten?
- Sie betrachten PR-Arbeit als Mittel der Wahl, damit Ihr Krankenhaus mehr Aufmerksamkeit, Vertrauen und mehr Patienten gewinnt
- Sie analysieren Ihre bisherige PR-Arbeit und deren Ergebnisse – schonungslos

- Sie kennen die strategische Ausrichtung der Klinikleitung und Sie wissen, wo diese hinsteuert
- Ihr Geschäftsführer unterstützt Sie dabei, die Schätze des Klinikalltags zu heben
- Sie entrümpeln Ihre Aufgaben und setzen in Abstimmung mit der Geschäftsführung Prioritäten
- Sie holen sich Unterstützung durch externe Dienstleister ins Haus
- Ihr externer Dienstleister weiß, wie die Medien ticken, ist in hohem Maße sozialverträglich und hartnäckig
- Sie machen innerhalb des Krankenhauses PR in eigener Sache: für sich und Ihre Arbeit

So klappt das mit den Presseleuten 2

2.1 Warum die Zeitungen so wichtig sind

Um ein Krankenhaus erfolgreich positionieren zu können, führt an den klassischen Medien überhaupt kein Weg vorbei. Und damit wir über die gleiche Sache sprechen: Damit sind die Printmedien gemeint und hier in allererster Linie die Tageszeitungen sowie in zweiter Linie die gratis verteilten Wochenblätter. Nichts geht über einen guten Draht zur Lokalzeitung am Ort! Eine breite und positive Berichterstattung sorgt für einen guten Ruf Ihrer Klinik und bringt Ihnen Patienten ins Haus.

Im Krankenhaus lassen sich vorwiegend ältere Menschen behandeln. Wenn Sie Zweifel hegen an dieser Aussage, schlendern Sie einmal kurz über Station 3a und setzen Sie sich einen Moment in die Krankenhaus-Cafeteria. Ältere Menschen sind mit dem Medium Tageszeitung groß geworden, sie lesen sie täglich und sie schätzen die dort aufbereiteten Informationen (vgl. Abb. 2.1). Die Reportage „Meine erste Herbstwanderung mit dem künstlichen Knie", das Interview mit dem Chefarzt der Kardiologie über Herzrhythmusstörungen sowie die Telefonaktion zum Thema „Gesunder Darm": Das alles kommt sehr gut an bei den Leuten, wird zur Kenntnis genommen und trägt zum guten Image eines Krankenhauses bei.

Print wirkt auch deshalb, weil die Zielgruppe problemlos mit der Kunst des Archivierens vertraut ist und langfristig denkt. So trug sich bei einem meiner Kunden in einer Sprechstunde diese Szene zu: Ein sichtlich vergilbtes Stück Papier lugt aus der Tasche hervor. Die Patientin zieht es heraus und weist den Arzt auf den Artikel hin: „Herr Doktor, ich bin hier, weil Sie das doch in der Zeitung geschrieben haben." Der Mediziner ist leicht irritiert und fragt: „Wirklich? Um was geht es

© Springer Fachmedien Wiesbaden 2015
R. Schäfer, *Erfolgreiche PR-Arbeit für Krankenhäuser,*
DOI 10.1007/978-3-658-06361-0_2

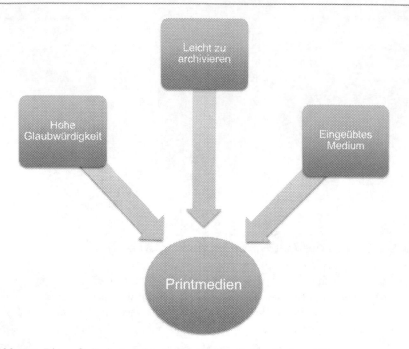

Abb. 2.1 Die große Bedeutung lokaler Printmedien für Krankenhaus-PR

denn da und wann war das?" „Ja also, vor drei Jahren zum Thema Arthrose. Das
habe ich mir aufgehoben, weil ich mir dachte, wenn es einmal bei mir so weit ist,
dann weiß ich, wo ich hingehen muss."

Es ist deshalb so wichtig, dass Sie mit Ihrer Klinik am Ort und in der Nachbarschaft so gut dastehen, weil sich die allermeisten Patienten am allerliebsten in
einem Krankenhaus am Heimatort behandeln lassen. Je älter die Betroffenen und je
tiefer sie verwurzelt sind, desto weniger sind sie geneigt, in eine mehrere Hundert
Kilometer entfernte Spezialklinik zu fahren. Dafür sprechen mehrere Gründe:

• Traditionelle Anbindungen können sehr stark sein: „In dieses Krankenhaus bin
  ich schon immer gegangen, auch meine Mutter hat sich hier behandeln lassen."
• Die Patienten kennen die Gegebenheiten vor Ort, sie kennen den Standort und
  die Lage Ihres Hauses und sie wissen, wo die Parkplätze sind. Das schafft Vertrauen und gibt den Menschen ein Gefühl von Sicherheit, das ihnen in der Situation des Krankenhausbesuchs wichtig ist.

- Ihre Ärzte sind ebenfalls bekannt, entweder durch frühere Behandlungen oder durch die gute Berichterstattung in den Medien.
- In ein Krankenhaus am Ort können die Angehörigen und Bekannten schnell und leicht zum Besuch vorbeikommen. Diese Besuche sind vielen Patienten wichtig, wenn sie sich im Alter einer vielleicht schwierigen Operation unterziehen müssen.

Bevor Sie nun die Hände in den Schoß legen und sich sagen „Ist ja alles prima, die Leute kommen ja sowieso zu uns": Sie sind nicht allein. Meistens gibt es in Ihrer Stadt oder Umgebung mindestens noch einen weiteren Wettbewerber, der sich um die gleichen Patienten bemüht. Und dieser kann schnell erfolgreich sein, wenn Sie in Ihren PR-Bemühungen nachlassen.

Aus den oben genannten Gründen gilt für Ihre Arbeit der bekannte Satz: „All business is local." Gerade für Krankenhäuser ist die lokale Präsenz wichtig und hier wiederum die gezielte Ansprache ihrer vor allem älteren Patienten über das Medium Tageszeitung. Damit die Zusammenarbeit mit der Zeitung klappt, ist es wichtig zu wissen, mit wem Sie es dort zu tun haben und was man dort von Ihnen erwartet.

2.2 Berücksichtigen Sie die Arbeitsbedingungen der Medien

Oft höre ich zu Beginn eines neuen Auftrags, dass es mit dieser oder jener Zeitung ganz schwierig sei und man dort mit seinen Themen nicht landen könne. Von „Verschwörung" ist dann manchmal die Rede, oder dass „die Chemie nicht stimmt" und dass über die Konkurrenz-Klinik am Ort viel häufiger berichtet werde als über das eigene Haus. Ich höre mir diese Ausführungen an und frage nach, mit welchen Informationen bislang auf welchem Kanal welche Journalisten angesprochen worden sind und erhalte viele Hinweise, warum es bisher mit der Pressearbeit nicht geklappt hat.

Erfolgreiche Öffentlichkeitsarbeit muss etliche Aspekte berücksichtigen: die Auswahl und Aufbereitung von Themen sowie die Auswahl und richtige Ansprache des passenden Ansprechpartners. In diesem Kapitel geht es zunächst um die beiden zuletzt genannten Aspekte.

Damit Sie als Krankenhausvertreter mit Ihrem Haus in den Medien stattfinden, ist es wichtig zu wissen, mit wem Sie es in den Redaktionen zu tun haben: den Journalisten. Die meisten von ihnen haben studiert – aber eben nicht Medizin. Danach haben viele von ihnen ein Volontariat gemacht, also eine Ausbildung zum

Redakteur. In der Redaktion der Tageszeitung an Ihrem Ort betreuen sie jetzt die
Gebiete Gesundheit und Medizin, müssen sich darüber hinaus aber noch um viele
andere Themen kümmern. Das heißt, Sie als Anbieter von Informationen haben
es mit Ansprechpartnern zu tun, die sich zwar schon ganz gut auskennen auf dem
Gebiet der Medizin und Gesundheit, aber trotzdem nicht immer alles wissen. Außerdem laufen beim Journalisten stets mehrere Geschichten zusammen. Gestern
Abend war er dabei, als der Gemeinderat stundenlang über die Erhöhung der Kin-
dergartengebühren debattiert hatte und heute Vormittag kommt er zu Ihrer Pressekonferenz, auf der Sie eine neue Chefärztin für Chirurgie samt ihrer Behandlungsschwerpunkte vorstellen. Das heißt: Erklären Sie alles gründlich und seien
Sie für Nachfragen dankbar. Bedenken Sie immer: Sie haben es zumeist mit Nicht-
Medizinern zu tun.

> **Praxistipp** Beherzigen Sie folgende Haltung: Wenn der Journalist, der
> Ihnen gegenübersitzt, alles richtig verstanden hat, dann können Sie
> davon ausgehen, dass er auch einen fachlich-sachlich richtigen Artikel
> schreibt. Nehmen Sie sich also bitte die Zeit, Ihr Anliegen so einfach wie
> möglich zu erklären.

Zwar gibt es in den Redaktionen meistens einen festen Ansprechpartner für Gesundheitsthemen, doch nicht immer haben Sie es auch tatsächlich mit diesem Journalisten zu tun. Dann schicken die Redaktionen einen anderen Redakteur, manchmal sind es auch freie Mitarbeiter, die eventuell mit den Gegebenheiten Ihres Hauses noch nicht vertraut sind. Wenn Sie diesen Journalisten die gleiche Geduld und
Aufmerksamkeit zuteilwerden lassen wie Ihrem festen Ansprechpartner, wird sich
das in der Qualität der Berichterstattung positiv bemerkbar machen.
  Grundsätzlich gilt: Journalisten sind nicht Ihre Gegner oder Ihr Feinde, sondern
sie begreifen sich als „Anwälte ihrer Leser". Dazu gleich mehr.
  Journalisten haben auch nichts gegen Ihr Krankenhaus „aus Prinzip". Meist
stellt sich heraus, dass der stockende Nachrichtenfluss zwischen der Einrichtung
und den Zeitungen daher rührt, dass in der Vergangenheit schlicht formale Fehler
begangen wurden.

Der richtige Zeitpunkt. Das heißt, es wurden nicht die richtigen Journalisten mit
der richtigen Information zum richtigen Zeitpunkt angesprochen. Wenn Sie für
einen Freitagmorgen um 7:30 Uhr zu einer Pressekonferenz einladen mit einem
Text, der vor lauter Medizin-Latein überquillt, um ein neues Behandlungsverfahren zu präsentieren, von dem sich kein Laie so recht vorstellen kann, zu was es
gut sein soll, dann brauchen Sie sich nicht zu wundern, wenn kein Medienvertreter kommt. Wie Sie eine perfekte Pressekonferenz organisieren, erfahren Sie in

Kapitel 7 – und was gute Pressetexte ausmacht in Kapitel 4. Nur so viel schon einmal vorneweg: 11 Uhr ist die richtige Uhrzeit für eine Pressekonferenz – und nicht 7:30 Uhr, nur weil einer Ihrer Chefärzte meint, im Krankenhaus seien zu diesem Zeitpunkt ja auch schon alle auf den Beinen.

Es ist auch nicht gut, nein: Machen Sie das bitte einfach nie und rufen Sie um 17.00 Uhr in einer Zeitungsredaktion an, um einmal „Beziehungspflege" zu betreiben und zu fragen, wie es denn so geht, wie der letzte Urlaub war oder um eine Veranstaltung anzukündigen, die in drei Wochen stattfindet. Um 17.00 Uhr fliegt in den meisten Redaktionen die Kuh, weil jetzt die Zeitungsseiten am Bildschirm fertiggestellt werden müssen und der Redaktionsschluss vor der Tür steht, die Deadline. In dieser Phase ist nur Folgendes wichtig: Lassen wir die Seiten so wie geplant, geht der Unfall von heute Nachmittag mit dem großen oder doch einem kleineren Foto mit, tauschen wir das Bild unten rechts über die Vernissage aus, hat jemand die Seiten schon auf Rechtschreibfehler durchgesehen und gibt es eine griffigere Überschrift für den Aufmacher? Jetzt dürfen Sie nur anrufen, wenn Sie zu vermelden haben, dass in Ihrer Unfallchirurgie der Meniskusriss der Bundeskanzlerin erfolgreich operiert wurde und Sie diese Nachricht exklusiv anbieten. Sonst nicht.

Wenn Sie einen Presseverteiler zusammenstellen, erkundigen Sie sich danach, wann die Journalisten am liebsten angerufen werden wollen. Hierbei sind „elektive" Telefonate gemeint, also jene Anrufe, die wie oben erwähnt, nicht der Übermittlung dringender Nachrichten dienen, sondern der so wichtigen Beziehungspflege. Sie werden schnell feststellen, dass sich die Arbeitszeiten in einer Klinik von denen in einer Redaktion deutlich unterscheiden. Hier geht's morgens schon sehr früh los – dafür ist im Laufe des Nachmittags bei den meisten auch schon wieder Feierabend. Dort fahren die Redakteure ihre Rechner nach und nach im Laufe des Vormittags hoch – und haben dafür bis in die Abendstunden zu tun. Fragen Sie am besten direkt danach, wann das Zeitfenster für Telefonate geöffnet ist. Eine gute Phase ist meistens zwischen dem Eintreffen der Journalisten in der Redaktion und dem Beginn der Redaktionskonferenz, auf der die Themen des Tages besprochen werden, also so zwischen 9:30 Uhr und 11:00 Uhr. Nach der Redaktionskonferenz bis in den frühen Nachmittag ist ebenfalls meistens ein guter Zeitraum.

Das bis hierhin Gesagte gilt vor allem für Printjournalisten, also die Zeitungsmenschen. Radiojournalisten und Fernsehleute haben andere Abläufe. Radiojournalisten sind zur vollen Stunde für fünf Minuten im Studio, um die Nachrichten einzusprechen, danach können Sie aber gerne wieder anrufen. In manchen Redaktionen sind auch ganze Tage ungünstig für nicht ganz so dringende Telefonate. So wird mancherorts freitags ausführlich die nächste Woche geplant, also: Dann besser nicht durchklingeln.

Noch ein weiterer Hinweis zum richtigen Zeitpunkt: Nur weil Sie meinen, es sei gleich Feierabend und Sie wollten nur noch schnell die aktuelle Pressemeldung verschicken, ist das vielleicht nicht immer der beste Moment. Wie oben bereits erwähnt, herrscht am späten Nachmittag in den Zeitungsredaktionen große Hektik. Da kann Ihre so schön ausformulierte Meldung mit den tollen Bildern schnell mal untergehen und übersehen werden.

Informationen mundgerecht serviert. Zu den Arbeitsbedingungen der Medien zählt der Umstand, dass in vielen Redaktionen aufgrund ständiger Kürzungs- und Sparrunden der Verlage heute ein enormer Zeitdruck und Personalmangel herrscht. Ein Phänomen, das unter dem Stichwort „Arbeitsverdichtung" aus vielen anderen Bereichen der Wirtschaft ebenfalls bekannt ist. Wenn Sie nun als Mitarbeiter eines Krankenhauses in dieser Situation erreichen wollen, dass sich ein Journalist für Ihr Anliegen interessiert, sollten Sie es Ihren ungeduldigen Ansprechpartnern so einfach wie möglich machen.

- **Wohin mit dem Text?** Manchen Journalisten dauert es schon zu lange, ein pdf anzuklicken: Sie sitzen vor dem Rechner und zählen die wertvollen Sekunden, bis das Dokument geöffnet ist. Konsequenz: E-Mails mit pdf-Anhängen wandern umgehend in den Papierkorb. Am besten, Sie kopieren Ihren Pressetext gleich in die E-Mail hinein, dann gibt es keine Probleme mit Anhängen.
- **Die Textqualität.** Ihre Ansprechpartner in den Redaktionen erwarten von Ihnen Pressemeldungen, die journalistischen Ansprüchen genügen – und keine Werbebotschaften aus der Imagebroschüre Ihrer Klinik. Je genauer Sie die formalen und inhaltlichen Anforderungen an gute Artikel erfüllen, desto bessere Vermarktungschancen haben Sie. Umgekehrt formuliert: Je mehr ein Redakteur an Ihrem Text herumdoktern muss, bis er veröffentlichungsreif ist, desto weniger wahrscheinlich ist eine Veröffentlichung. Hier ein erster Hinweis: Bringen Sie mit einer knackigen Überschrift und der umgehenden Beantwortung der W-Fragen alles Wichtige schnell auf den Punkt. Das journalistische Schreiben ist in Kapitel 4 ausführlich erklärt.
- **Und die Fotos?** Probleme mit Anhängen entstehen gerne beim Versand von Bildern. Fragen Sie vorab in den Redaktionen, welche Formate bis zu welcher Größe gewünscht sind, meistens kommen Sie mit dem Format „JPEG" gut an. Und dann die Dateigröße: Wenn Sie Monsterdateien im zweistelligen MB-Bereich verschicken, haben Sie meistens Lebenszeit verschenkt. Entweder der Server des Zeitungshauses streikt – oder der Journalist hat weder Lust noch Zeit, diese Bilder zu öffnen. Alle weiteren Informationen zur Produktion und zum Versand von Bildern finden Sie in Kapitel 5.

- **Die Betreffzeile Ihrer E-Mail.** In Redaktionen treffen pro Tag Dutzende E-Mails ein, mancherorts bewegt sich diese Anzahl auch im dreistelligen Bereich. Sie befinden sich also in einem Wettbewerb mit vielen anderen Absendern um die Aufmerksamkeit Ihrer Ansprechpartner. Mit einer 08/15-Betreffzeile, die nichts aussagt, kommen Sie kaum weiter: Der Hinweis „Wichtige Pressemitteilung der XYZ-Kliniken" taugt nichts, denn dass Sie etwas Wichtiges zu sagen haben, ist selbstverständlich. Mit unwichtigen Anliegen sollten Sie sich ohnehin nicht an die Medien wenden. Packen Sie stattdessen so viele konkrete und aussagestarke Informationen wie möglich in die Betreffzeile. „Neue Chefärztin der Frauenklinik im XYZ-Krankenhaus" trifft garantiert auf viele Leser und Leserinnen in den Redaktionen – und eröffnet gute Chancen, Ihre Personalie zu vermarkten.

2.3 Berücksichtigen Sie die Bedürfnisse der Medien

„Am liebsten bis gestern." Welcher Presseverantwortliche hat nicht das Klingeln im Ohr, wenn er die Anfrage eines Journalisten entgegennimmt, der am besten sofort mit dem Chefarzt der Gastroenterologie ein Interview machen möchte, weil heute die Meldung um den Globus jagt, dass der dickste Mensch der Welt gestorben und jetzt die Frage zu klären ist, ob die künstliche Magenverkleinerung eine geeignete Therapie für adipöse Patienten sein kann. An diesem Beispiel erkennen Sie recht deutlich, warum die Redakteure bei ihren Anfragen meistens ungeduldig sind. Sie nehmen, auch im Lokaljournalismus, ständig die nationalen und internationalen Meldungen und Nachrichten zur Kenntnis und überlegen, wie sie diese auf die lokale Situation „herunterbrechen" können. In diesem Fall: Was meint der Experte vor Ort zum Thema Adipositas und Magenverkleinerung? Wie funktioniert das, bringt das etwas, für welche Patienten ist das geeignet, welche Nebenwirkungen hat das, was kostet es, wer bezahlt's?

Journalisten sind deshalb so ungeduldig, weil sie wissen, dass andere Medienvertreter genau so arbeiten wie sie selbst und die gleichen Ideen haben. Deshalb wollen sie schnell sein und die Ersten – und am besten Einzigen – die mit ihrer Geschichte am nächsten Morgen aufwarten können. Das erklärt den Zeitdruck am Telefon. Und seien Sie mal ehrlich: Sie selbst als Zeitungsleser möchten ja auch relativ schnell nachlesen, welches Ergebnis das „Herunterbrechen" von internationalen und nationalen Meldungen auf die hiesigen Verhältnisse bringt. Ist die Zeitspanne zu lang, geht der Zusammenhang verloren, weil in der Zwischenzeit wieder so viele neue Dinge passiert sind.

Was also tun in dieser Situation mit dem drängelnden Reporter, der wegen der Magenverkleinerung anruft? Von zentraler Bedeutung ist hier, mit welcher Haltung

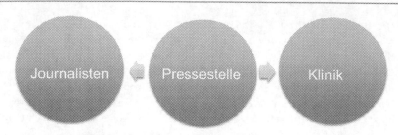

Abb. 2.2 Pressestelle als Januskopf

Sie diesem Menschen begegnen. Wenn Sie denken, „Mann, der nervt, weiß der nicht, dass der Doc jetzt im OP steht und ich überhaupt keine Chance habe, ihn zu sprechen?", dann bestehen nur geringe Chancen für eine erfolgreiche Kooperation. Wenn Sie jedoch Verständnis haben für die Belange des Journalisten, dann können Sie dieses Anliegen mit dem nötigen Nachdruck innerhalb der Klinik vertreten. Wobei: Scheuen Sie aber nicht davor zurück, auch den Journalisten darauf hinzuweisen, dass ein Anruf am Vormittag in dieser Sache größere Chancen hat auf Beantwortung als ein Anruf um 14 Uhr mit der Bitte um Rückmeldung bis 15 Uhr.

Der Pressearbeiter trägt einen Januskopf. Als PR-Verantwortlicher einer Klinik schauen Sie hinein in Ihre Einrichtung und haben gleichzeitig die Medien im Blick (vgl. Abb. 2.2). Ein wesentlicher Bestandteil Ihrer Arbeit besteht darin, diese verschiedenen Anspruchshaltungen in Balance zu bringen und auszugleichen. Das heißt, Sie sollten bei der jeweils anderen Seite für Verständnis werben, warum bestimmte Wünsche sich nicht 1:1 umsetzen lassen. Warum der gewünschte Gesprächspartner heute leider nicht mehr zu sprechen ist (er weilt auf einem internationalen Kongress in Paris und hält dort gerade einen Vortrag) oder warum die Zeitung von der so perfekt ausformulierten Pressemeldung nur die ersten fünf Zeilen übernommen hat (hier stand schon alles Wesentliche drin).

Nochmals zurück zum Beispiel „Magenverkleinerung": Als vorausschauend arbeitender PR-Experte wissen Sie, dass solche Anrufe immer wieder kommen. Sie verschaffen sich den größtmöglichen Spielraum und fragen nach, bis wann der Journalist den Chefarzt spätestens sprechen muss. Wirklich unbedingt noch heute oder reicht auch noch morgen Vormittag? Sie verfügen über eine aktuelle interne Telefonliste und wenden sich zunächst vertrauensvoll ans Sekretariat unseres Doktors. Wenn Sie zu den Sekretärinnen einen guten Kontakt pflegen, der von gegenseitigem Respekt und Wertschätzung geprägt ist, dann ist in diesem Fall das Problem meist schon gelöst, weil die Frauen aus dem Vorzimmer sich sehr intensiv um den Rückruf kümmern. Klappt das nicht, greifen Sie zu Ihrer internen Telefonliste und rufen den Arzt direkt an. Jeder Mediziner ist im Krankenhaus mobil zu erreichen. Durch Ihren Anruf signalisieren Sie die Wichtigkeit des Anliegens. Da Sie als Pressereferent des Krankenhauses regelmäßig mit den Chef- und Oberärzten zusammensitzen, um die nächste Pressekampagne zu besprechen, können Sie in dieser entspannten Gesprächssituation auf die Bedürfnisse und Ungeduld der Medien hinweisen. Damit es beim nächsten Mal noch besser klappt mit dem schnellen Rückruf. Außerdem klären Sie ab, welche Stellvertreter-Regelung es gibt. Nicht immer muss es der Chefarzt sein, der den Medienleuten etwas erzählt. Auch mit Oberärzten sprechen Journalisten gerne und lassen sich medizinische Sachverhalte erläutern. Nur: Es sollte vorab geklärt werden, dass so etwas möglich ist.

Überhaupt: die Kleiderordnung und der Dienstweg. Die Bedürfnisse einer Klinik und die Bedürfnisse von Journalisten gehen bei einem wichtigen Punkt meist deutlich auseinander. Reporter wollen schnelle Informationen von einem kompetenten Ansprechpartner. Haben Sie dessen Telefonnummer, dann rufen sie hier auch gerne direkt an. Die Geschäftsleitung eines Krankenhauses hat dagegen ein berechtigtes Interesse daran zu wissen, welcher Arzt oder Pfleger oder Techniker mit den Medien spricht. Hier ist gegenüber den Journalisten eine gewisse Erziehungsarbeit zu leisten mit dem Ziel: Alle Anfragen laufen über die Pressestelle. Es gibt keine direkten Anrufe bei den gewünschten Gesprächspartnern.

Die Pressestelle muss für diese Abmachung natürlich auch etwas in die Waagschale werfen:

• Ständige Erreichbarkeit online und telefonisch, die Mobilfunknummern der Pressesprecher sind in den Redaktionen bekannt.
• Feste Ansprechpartner: es ist klar definiert, wer die Presseanfragen beantwortet, hier gilt der aus dem Vertrieb bekannte Slogan: „One face to the customer".
• Unverzügliche Bearbeitung bzw. Beantwortung der Journalistenanfragen, unverzüglich meint: sofort!

„Darf ich nochmals drüber schauen?" Auf manche Fragen reagieren Journalisten meistens allergisch. Die Frage nach dem Gegenlesen des fertigen Artikels gehört dazu. Deshalb sollte sie auch nicht gestellt werden. Vertrauen Sie als Krankenhausmitarbeiter auf die Kraft Ihrer Argumente, die Verständlichkeit Ihrer Darstellung und auf das gute Verhältnis zu den Journalisten.

Es gibt mehrere Gründe, warum Reporter Ihnen den fertigen Text nicht zur „Freigabe" zuschicken möchten:

- Der Zeitdruck in der Redaktion: Häufig werden Texte punktgenau fertig, da bleibt nicht mehr viel Zeit für Rückkopplungen.
- Redakteure nehmen für sich in Anspruch, die Sache schon richtig verstanden zu haben, ansonsten hätten sie ja nachgehakt.
- Reporter wollen nicht das Gefühl haben, sie sind der verlängerte Arm der Krankenhaus-Pressestelle und schreiben nur das auf, was der Klinik gefällt.

Die einzige Darstellungsform, bei der das Gegenlesen und also Korrekturen üblich und möglich sind, ist das Interview im Frage-Antwort-Stil. Hier können Sie guten Gewissens nach dem Text fragen und Ihre Änderungen anbringen.

2.4   Wie ticken die Medien? Journalisten als „Anwälte" ihrer Leser

Der Rohstoff für Journalisten sind Neuigkeiten, Informationen und Geschichten. Damit gestalten sie ihre Zeitung, ihre Online-Auftritte, machen Radiobeiträge oder Fernsehsendungen. Journalisten verstehen sich als Vermittler zwischen den verschiedenen Anbietern von Informationen und ihren Lesern, Zuhörern und Zuschauern.

Journalisten verstehen sich nicht nur als Vermittler der Nachrichten, sie verstehen sich meist sogar als „Anwalt" ihrer Leser, als eine Art Stellvertreter. Ein Beispiel: Ich hatte einer Journalistin einer bundesweit erscheinenden Frauenzeitschrift einen Bericht über eine neue Operationsmethode angeboten, prompt kam die Rückfrage: „Wird das auch von den gesetzlichen Krankenkassen bezahlt?" Nur wenn das der Fall sei, wolle sie die Geschichte auch abdrucken. Die Journalistin kennt ihre Leserschaft und weiß, dass sie sich keine OP im vierstelligen Bereich leisten können.

„Anwalt der Leser" meint darüber hinaus auch den Aspekt: Wie wichtig sind die Informationen für meine Leser, wie viele sind davon betroffen? Je größer das Publikum, desto größer die Wahrscheinlichkeit einer Veröffentlichung. Wenn Sie mit Krankheitsbildern und deren Therapie aufwarten, die gemeinhin als „Volkskrankheiten" gelten, wie zum Beispiel Arthrose oder Diabetes, kommen Sie natürlich leichter in die Medien als mit ausgesprochenen Randthemen, die nur einen ganz kleinen Teil der Leserschaft betreffen oder die sogar vielleicht ausschließlich für spezielle Zielgruppen wie Ärzte oder Physiotherapeuten interessant sind. Wenn Sie bei den Medien fürs große Publikum die Randthemen nicht absetzen können, sollten Sie dafür ganz einfach die Fachpresse ins Visier nehmen, um hier entsprechende Veröffentlichungen zu erreichen.

Themenauswahl nach persönlicher Betroffenheit. Wie die Erfahrung zeigt, sind Journalisten zwar „Anwälte ihrer Leser". Bei der Themenauswahl spielt aber mitunter die persönliche Betroffenheit eine große Rolle. Wenn ein Verwandter oder Bekannter des Redakteurs in jüngster Zeit mit einer bestimmten Diagnose vom Arzt heimgekehrt ist, können Sie davon ausgehen, dass der Redakteur für genau diese Diagnose im Moment sehr große Ohren hat. Und eventuell mit Ihnen und Ihrem Krankenhaus eine Geschichte hierzu machen möchte.

Das heißt: Bleiben Sie am Ball, hören Sie heraus, was die zuständigen Redakteure und Journalisten beschäftigt und bewegt und haken Sie nach. Bleiben Sie im Kontakt mit Ihren Ansprechpartnern – und zwar immer und regelmäßig. So hören Sie heraus, was den Journalisten umtreibt. Dies liefert wichtige Anhaltspunkte für Ihre Arbeit. Wenn Sie sich nur auf den Versand von Pressemeldungen konzentrieren ohne Nachhaken und Nachfassen, dann verspielen Sie ein großes Potenzial Ihrer Arbeit.

2.5 Pressearbeit ist Beziehungsarbeit

Die meisten Patienten kommen aus der näheren Umgebung von Kliniken – und informieren sich in den lokalen und regionalen Medien über die Angebote der verschiedenen Krankenhäuser. Das heißt für Sie: Die Medien vor Ort sind für Sie von zentraler Bedeutung. Das wiederum bedeutet: Investieren Sie hier so viel Zeit und Energie wie es irgendwie geht: in die Qualität Ihrer Themen, in die Qualität der Themenaufbereitung – und in die Qualität der Beziehung zu den Medienvertretern. Denn es gilt die einfache Weisheit: Journalisten haben menschliche Bedürfnisse wie wir alle. Wenn es zwischen Ihnen als PR-Verantwortlichem und den Journalisten „menschelt", dann haben Sie gute Chancen, viele Ihrer Themen und Anliegen zu platzieren.

Beziehungsarbeit leicht gemacht. Zunächst finden Sie heraus, wer Ihr Ansprechpartner für Medizin- und Gesundheitsthemen ist. Wenn Sie neu auf Ihrer Stelle sind, ist es ratsam, sich bei dem Journalisten vorzustellen, am besten mit einem Redaktionsbesuch. Hierfür machen Sie vorab Ihre Hausaufgaben und erstellen einen Themen- und Terminplan mit den Highlights des Jahres sowie Vorschlägen für freie Themen (Näheres in Kap. 3). Außerdem haben Sie sich in den sozialen Netzwerken umgeschaut, ob Ihr Ansprechpartner dort aktiv ist. Sie kennen also das XING-Profil des Journalisten und seine Facebook-Aktivitäten. So ausgestattet, sprechen Sie bei einer Tasse Kaffee in der Redaktion mit „Ihrem" Journalisten über die Themenliste – und was noch viel wichtiger ist: über Ihren Ansprechpart-

Abb. 2.3 Gewichtung Ihrer Gesprächsinhalte beim Umgang mit Journalisten

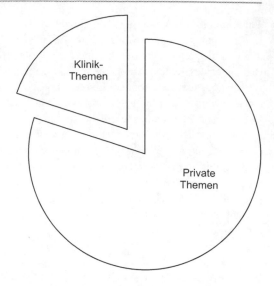

ner. Lassen Sie sich erzählen, wo er vorher gearbeitet hat, an welcher Universität er studiert oder wo er eine Ausbildung gemacht hat, ob es Familie und Kinder gibt, wohin der letzte Urlaub ging, welches Hobby er pflegt, wie es mit sportlichen Aktivitäten aussieht und ob seine Oma vielleicht an Demenz leidet. Und vielleicht hat er am nächsten Mittwoch Geburtstag (vgl. Abb. 2.3). Gut, Sie müssen nicht alles beim ersten Mal herausfinden, aber Sie sollten für diese Themen ein großes Ohr haben, ein guter Zuhörer sein und interessiert nachfassen. Denken Sie jetzt bloß nicht: Aber was ist mit meiner langen Liste mit den Krankenhaus-Themen fürs laufende Jahr? Ich kann Ihnen aus langjähriger Erfahrung versichern: Wenn Sie die persönlichen und privaten Themen breit und ausführlich behandeln, ist die Reportage über den Rehasport in Ihrer Einrichtung oder die Meldung über die neuen Endoskope zur Darmspiegelung schon so gut wie geschrieben und veröffentlicht.

▶   **Praxistipp**   Im Kontakt mit Ihren Ansprechpartnern bei den Medien sollten Sie 80 % der Zeit für privat-persönlichen Austausch und 20 % für Krankenhausthemen einplanen. Und auf den richtigen Zeitpunkt für solche Gespräche achten. Damit haben Sie die besten Chancen auf Veröffentlichungen.

2.6 Beziehungsarbeit ist Krisenprävention

Wenn Ihre Beziehung zu den wichtigen Medienvertretern vor Ort durch einen stetigen und reichhaltigen persönlichen Austausch geprägt ist, kommen Sie viel leichter durch kritische Phasen als sonst. Im Klinikalltag gibt es immer wieder und unausweichlich Krisen, hier eine kleine Auswahl:

- Hygienemängel
- Operationsfehler mit Todesfolge
- Behandlungsfehler: Patient klagt über große Schmerzen nach OP und wendet sich an die Zeitung
- Rote Zahlen: Das Krankenhaus kämpft ums wirtschaftliche Überleben

Wenn Sie vorab über ein gutes Beziehungsgeflecht zu den Journalisten vor Ort verfügen, dann können Sie die Art und Weise der Berichterstattung günstig beeinflussen. So können Sie zum Beispiel mit den Reportern sprechen und darauf hinweisen, dass nicht jedes Gerücht am Ort über eine angebliche Schließung von Abteilungen der Wahrheit entspricht und hier vielleicht sogar eine Berichterstattung ganz verhindern. Und wenn die ganz große Krise über Ihr Haus hereinbricht, dann sind gute Medienkontakte hilfreich, um relativ schnell wieder in ruhigeres Fahrwasser zu gelangen.

2.7 Checkliste

Checkliste: So klappt das mit den Presseleuten
- Finden Sie heraus, wer Ihre Ansprechpartner in den lokalen Zeitungen und anderen Medien (Wochenblätter, Radio und TV) sind
- Sie verfügen über alle Kontaktdaten Ihrer Ansprechpartner: Anschrift, Festnetz- und vor allem Mobilfunknummer, E-Mail sowie XING-Profil und Facebook-Account
- Notieren Sie, zu welchen Uhrzeiten „elektive" Telefonate geführt werden können, bei denen keine dringenden Neuigkeiten übermittelt werden müssen: Hierfür ist sowieso immer Zeit
- Lernen Sie Ihre Ansprechpartner bei den Medien kennen: Persönlicher Hintergrund, Studium, Familie, Hobbies, Geburtstag

- Pflegen Sie Ihre Kontakte zu den Medienvertretern und gratulieren Sie zum Geburtstag
- Reservieren Sie 80 % für privaten und 20 % für fachlich-thematischen Austausch
- Die Medienvertreter haben einen festen Ansprechpartner für ihre Anfragen bei Ihrer Einrichtung: „One face to the customer"
- Klinikintern I: Sie wecken Verständnis für die Belange der Medien, damit die gewünschten Ansprechpartner so schnell wie möglich zurückrufen
- Klinikintern II: Sie sorgen dafür, dass die Arbeitsweise der Medien respektiert wird und ein Gegenlesen und eine Freigabe von Artikeln nicht möglich ist

Storytelling leicht gemacht: Mit diesen Geschichten kommen Sie ins Blatt

3

Wenn Sie wollen, dass die Medien über Ihre Klinik positiv berichten, dann müssen Sie den Journalisten einen guten Grund geben, dies auch zu tun. Die Redakteure bei Presse, Funk und Fernsehen wählen ihre Themen, über die sie berichten, nach Kriterien aus, die Sie kennen sollten. Das erleichtert Ihre Arbeit ungemein. Außerdem wird in diesem Kapitel dargestellt, was die Journalisten neben guten Ideen noch benötigen und warum zufriedene Patienten (sogenannte Testimonials) so wichtig sind.

3.1 Schaffen Sie sich Ihr Korrespondentennetzwerk in der Klinik

Es ist ganz wichtig, die Mitarbeiter eines Krankenhauses für die gleich folgenden Themen und Ereignisse zu sensibilisieren. Nicht immer bekommt die Pressestelle automatisch Kenntnis von Auszeichnungen einzelner Ärzte oder Mehrlingsgeburten in der Frauenklinik. Wenn Sie jedoch immer wieder auf die Wichtigkeit solcher Meldungen aufmerksam machen und als hausinterner Ansprechpartner ernst genommen werden, dann funktioniert der Nachrichtenfluss. Um die eigene Position innerhalb einer Klinik zu festigen und auszubauen, empfiehlt es sich, die Ergebnisse Ihrer Arbeit breit und an möglichst vielen Orten zu dokumentieren. Die an einer Veröffentlichung beteiligten Akteure sowie Ihre Hinweisgeber bekommen am besten am Tag der Publikation oder Ausstrahlung den Presseausschnitt oder das Radiointerview bzw. den Link zum Fernsehbeitrag zugeschickt. Was glauben Sie, wie diese Mitarbeiter künftig Augen und Ohren offen halten für das nächste

© Springer Fachmedien Wiesbaden 2015
R. Schäfer, *Erfolgreiche PR-Arbeit für Krankenhäuser,*
DOI 10.1007/978-3-658-06361-0_3

Thema, das sie Ihnen vorschlagen können. Alle anderen Beschäftigten der Klinik erfahren von der Veröffentlichung im Intranet, in der Mitarbeiterzeitschrift und können beim Gang in die Mittagspause am Glaskasten, der vor der Kantine hängt, einen kurzen Blick aufs aktuelle Clipping oder den Verweis auf die entsprechende Website werfen.

3.2   Neuigkeiten

Journalisten sind Jäger. Sie durchforsten ihr Revier stets auf der Suche nach interessanten Geschichten, über die sie berichten können. Ganz oben auf der Liste der berichtenswerten Ereignisse steht die Neuigkeit. Redakteure möchten immer die Ersten sein, die den Lesern, Hörern oder Zuschauern das Neueste präsentieren. Für Sie und Ihr Krankenhaus geht es darum, Neuigkeiten als solche zu erkennen und für die Medien aufzubereiten.

Beispiele aus dem Klinikalltag:

Geräte Ihre Kardiologen haben gemeinsam mit der Radiologie ein Untersuchungsgerät (Kardio-CT) zur Herz-Diagnostik mit besonders brillanten und mehrfarbigen Bildern in 3D-Qualität in Betrieb genommen. Hinweis: Lassen Sie sich vom Gerätehersteller oder Ihrer Radiologie die Herzfotos schicken, sie sind für die Publikumspresse interessant.

Gebäude Nach längerer Bau-, Umbau- oder Renovierungsphase weihen Sie ein Gebäudeteil oder eine neue Station ein. Der ideale Anlass, die Journalisten einzuladen und ihnen das Ergebnis zu präsentieren. Machen Sie einen Rundgang, zeigen Sie alles – und erklären Sie viel: Das Gebäude, die Technik, die Vorzüge für die Patienten und die verbesserten Arbeitsbedingungen für die Mitarbeiter. Bei diesem Termin sollten dabei sein: der Geschäftsführer, der Ärztliche Direktor, der zuständige Chefarzt, der Architekt sowie der Pflegedirektor.

Eröffnung einer neuen Abteilung Ihre Psychiatrie ist gewachsen und kümmert sich jetzt auch um alte Menschen. Zeigen Sie alles und erklären Sie noch mehr: Was macht die Gerontopsychiatrie, warum ist das wichtig, was können Sie in Ihrem Krankenhaus besonders gut, was haben die Betroffenen und ihre Angehörigen davon?

Chefarzt Ein Glücksfall für die PR-Abteilung. Sie haben zwei schöne Anlässe für die Berichterstattung. Zunächst flechten Sie dem bisherigen Stelleninhaber einen

Lorbeerkranz und blicken zurück auf sein segensreiches Wirken in Ihrem Haus. Wenn Sie bis dato gute Pressearbeit gemacht haben, ist dieser Mediziner am Ort bestens bekannt und viele Menschen – und die Journalisten – interessieren sich für seinen Weggang und rufen sich gerne nochmals die wichtigsten Stationen seiner Vita ins Gedächtnis. Das machen Sie am besten zwei bis drei Wochen, bevor Sie den neuen Stelleninhaber vorstellen. Hierzu ist eine Pressekonferenz sehr gut geeignet. Stichwort Diversity Management: Vielfalt hält zwar langsam, aber stetig Einzug in die Kliniken. Der Mediziner-Nachwuchs wird immer weiblicher und weist zunehmend einen Migrationshintergrund auf. Besetzen Sie nun eine Chefarztposition mit einer Frau, eventuell sogar mit türkischen Wurzeln, dann ist Ihnen die Aufmerksamkeit der Medien gewiss.

Auszeichnung Ein Mitarbeiter Ihres Hauses bekommt eine Auszeichnung auf einem Fachkongress. Dies kann ein guter Aufhänger sein, die preiswürdige Methode allgemeinverständlich darzustellen. Fand der Kongress im Ausland statt oder wurde er von einer internationalen Fachgesellschaft in Deutschland abgehalten, dann gilt Ihr Chef- oder Oberarzt künftig in Ihren Pressemeldungen als „international anerkannter Spezialist für das Thema XYZ".

Fachzeitschrift Ein Mitarbeiter Ihres Hauses hat publiziert – und zwar in einer renommierten Fachzeitschrift. Leisten Sie Übersetzungsarbeit und erklären Sie den Journalisten, um was es in dem Text geht und warum es etwas Besonderes ist, dass ein Medium mit hundertjähriger Tradition einen Text Ihres Oberarztes abdruckt.

Buch Die Liste denkbarer Publikationen ist lang. Das kann das fußnotenüberquellende und faktengesättigte Fachbuch eines Chefarztes über eine neue Behandlungsmethode sein, die gerade en vogue ist, das kann der schlank und schnell formulierte Patientenratgeber sein, der sich an jedermann richtet und die gängigen Behandlungswege bei der Therapie von Volkskrankheiten erläutert oder aber es ist der neue Regionalkrimi, den einer Ihrer Beschäftigten aus der Verwaltung in seiner Freizeit verfasst hat, genauso wie das ultimative Rezeptbuch mit den regionalen Spezialitäten aus der Feder einer quirligen Mitarbeiterin, die in der Krankenhausküche beschäftigt ist. Alles prima Anlässe für Pressearbeit. Holen Sie das Optimale aus solchen Steilvorlagen heraus. Machen Sie mit einer Pressemeldung auf das Werk aufmerksam, und organisieren Sie eine Lesung in Ihrer Klinik. Binden Sie die hiesigen Buchhändler ein, die in ihren Läden den Titel vorrätig haben und mit Plakaten auf die Lesung aufmerksam machen. Organisieren Sie die Lesungen mit den Autoren aus Ihrem Haus professionell und laden Sie so viele Interessenten wie möglich ein.

Journalisten interessiert nicht nur das Buch an sich, sondern stets auch die Köpfe dahinter. Porträts der Autoren funktionieren immer: Wie sind sie zum Schreiben gekommen, wie haben sie ihr Thema gefunden, wie haben sie es aufbereitet, schreiben sie lieber nur im Urlaub oder auch nach Feierabend, wie schwierig war die Verlagssuche?

Im Falle eines Fachbuchs: Für das große Publikum in Ihrer Stadt eignen sich die Fachbücher Ihrer Chefärzte nicht. Die passende Zielgruppe erreichen Sie besser durch ein kleines Symposium, das Sie gemeinsam mit dem Sekretariat des Chefarztes organisieren können. Meistens ist es möglich, dieses Event als Fortbildungsveranstaltung für niedergelassene Mediziner zur organisieren. Wenn Sie mit vielen Fortbildungspunkten sowie einer schönen Tagungsadresse und gutem Essen locken, wird auch eine solche Buchpräsentation ein voller Erfolg.

Mehrlingsgeburt Zwillinge sind schon ganz gut, mit Drillingen haben Sie die Berichterstatter immer auf Ihrer Seite. Wenn die Eltern mögen, binden sie diese ein: Huch, ein Kind geplant, plötzlich sind es drei: Was machen wir jetzt, was brauchen wir alles, können die Großeltern helfen?

Fitness Ihre Klinik kooperiert mit einem Fitness-Studio. Dort halten Ihre Mediziner fortan Vorträge fürs allgemeine Publikum über Herz-Kreislauf-Erkrankungen, Rückenbeschwerden und Knie-Fitness. Und sollte Ihr Krankenhaus keinen eigenen Präventions- und Rehaverein mit entsprechenden Sonderkonditionen für Klinikmitarbeiter haben, dann wird es höchste Eisenbahn, mit dem besagten Fitness-Studio ein Vorzugsprogramm für die Krankenhausbeschäftigten zu vereinbaren, Stichwort: Betriebliches Gesundheitsmanagement. So ein Thema lässt sich gut an die Presse verkaufen und ist für Ihre internen Medien sowieso spannend.

Kurse Das neue Programm Ihres klinikeigenen Vereins, der ein breites Angebot an Sport-, Fitness, Präventions- und Rehabilitationskursen offeriert, ist erschienen. Sie schildern die neuen und innovativen Kurse ausführlich und bieten der Presse an, bei der ersten Kurs-Stunde „Babysingen" live dabei zu sein. Wichtig: Informieren Sie vorab die Teilnehmer, dass die Presse kommt und holen Sie sich Einverständniserklärungen für die Berichterstattung und Fotos ein. Denn nicht jeder mag sich beim Singen oder Schwitzen ablichten lassen.

Zertifizierungen Nehmen Sie die Zertifizierung zum Anlass, ausführlich darzustellen, worin der Vorzug Ihrer Einrichtung für die Patienten besteht. Zertifikate haben ein Verfallsdatum und müssen alle paar Jahre erneuert werden. Auch die Re-Zertifizierung kann ein guter Grund für Pressearbeit sein, vor allem dann, wenn Sie Neuerungen vermelden können.

Überprüfung durch MDK Pflegeeinrichtungen für Senioren werden regelmäßig vom Medizinischen Dienst der Krankenversicherung (MDK) überprüft. Das Verfahren steht zwar in der Kritik, aber wenn Ihre Einrichtung hier gute und sehr gute Noten erzielt, sollten Sie das trotzdem vermelden. Für einige Journalisten ist dies ein Artikel wert – oder aber Ihre Pressemeldung kann ein Anlass sein, über ein anderes aktuelles Thema aus dem Altenheim zu berichten nach dem Motto: „Also über die MDK-Prüfung machen wir nichts, aber wie sieht denn Ihr neues Konzept zur Betreuung von dementiell erkrankten Senioren aus?"

Auszeichnungen, Preise, Awards Wenn Sie zu den glücklichen Gewinnern eines Wettbewerbs zählen, dann berichten Sie davon. Und erklären Sie ausführlich, warum Sie den Preis bekommen haben. Natürlich verschicken Sie die Pressemeldung aus aktuellem Anlass mit einem Foto Ihres Geschäftsführers bei der Entgegennahme des Preises. Darüber hinaus platzieren Sie das Logo, das auf die Auszeichnung hinweist, auf Ihrer Website an prominenter und leicht erkennbarer Stelle.

Wenn Sie vorhaben, sich für einen der zahlreichen Awards in der Klinik-PR-Szene zu bewerben, dann hat das zwei positive Effekte: 1. Wenn Sie am Ende auf dem Treppchen stehen und eine gute Platzierung erzielt haben, können Sie damit wieder Pressearbeit machen und auf die Auszeichnung hinweisen. 2. Sie werden sich im Vorfeld Ihrer Teilnahme genau überlegen, mit welchem Projekt oder welcher Kampagne Sie antreten möchten. Und natürlich werden Sie sich so gut in Form bringen wie es geht, das heißt, Sie schauen sich die Bewertungskategorien an und optimieren Ihren Beitrag, den Sie einreichen. So ziehen Sie auf jeden Fall einen Nutzen aus Ihrer Teilnahme, auch wenn am Ende keine Medaille um Ihren Hals baumelt.

Einen nach meiner Erfahrung besonderen großen Mehrwert bringt die Teilnahme am Wettbewerb „Deutschlands beste Klinikwebsite". Veranstaltet wird er von der „Initiative Medizin Online", die wissenschaftliche Beratung liegt bei Prof. Dr. Dr. Frank Elste von der Dualen Hochschule Baden-Württemberg – Bad Mergentheim und unterstützt wird der Wettbewerb von Novartis Pharma GmbH. Die Teilnahme für Kliniken ist kostenlos und jedes Krankenhaus erhält eine ausführliche persönliche Auswertung, die viele Kriterien wie Design & Gestaltung, Bedienung sowie Organisatorische Infos berücksichtigt. Auch wer zur Preisverleihung im November auf der Medica in Düsseldorf nicht eingeladen wird, kann aus der Rückmeldung der Jury viele Anregungen zur Optimierung seines Onlineauftritts ziehen. Hier eine kleine Auswahl an Awards ohne Anspruch auf Vollständigkeit:

- Deutschlands beste Klinikwebsite, Anmeldungen ab 1. Mai, auf 100 Kliniken begrenzt, Erweiterung der Teilnehmerzahl aber möglich, www.imedon.de
- KlinikAward der rotthaus medical gmbh, verschiedene Kategorien wie „Beste Pressepräsenz", „Bester Social Media-Auftritt" oder „Bestes Patientenmarketing", www.rotthaus.com
- kommge Award: wird auf dem kommge – Kommunikationskongress der Gesundheitswirtschaft vergeben und zwar in den Preiskategorien „ bestes Klinikmarketing", „beste Patientenkommunikation", „bestes E-Health-Projekt", „bester Qualitätsbericht" und „bestes Employer Marketing", www.kommge.de
- CKiD PR-Preis: das Kürzel steht für Christliche Krankenhäuser in Deutschland, der Preis wurde 2014 erstmals ausgelobt in den Bereichen Print, Hörfunk, Video und Online, www.christliche-krankenhaeuser.de

3.3   Veranstaltungen und Aktionen

Es muss nicht immer die große mehrtägige Messe mit tausenden von Besuchern sein. Auch kleinere – und manchmal sogar nur interne Aktionen – sind Anlass für eine Berichterstattung.

Patientenvorträge Falls Sie das noch nicht initiiert haben, sollten Sie das jetzt unbedingt tun. Ihre Chef- und Oberärzte halten leicht verständliche Vorträge zur ihren Spezialgebieten wie Krampfadern oder Herzschwäche und beantworten Fragen aus dem Publikum. Vorberichte hierzu werden in den allermeisten Fällen veröffentlicht, manchmal ist sogar eine Nachberichterstattung drin. Wenn sich die Zeitungen nicht für die Nachberichterstattung interessieren, können Sie die Veranstaltungen für Ihre Patientenzeitschriften aufbereiten. Wie Sie Info-Abende für Patienten erfolgreich organisieren, erfahren Sie in Kap. 8.

Maibaum Im Altenheim stellen Mitarbeiter einen Maibaum auf und feiern mit den Bewohnern und ihren Angehörigen ein Fest. Solche Events sind zwar nicht öffentlich, mit geringem Aufwand, also selbst gemachten Fotos und einem kurzem Text, können Sie hin und wieder eine Nachberichterstattung erreichen.

Tag der offenen Tür Eine große Nummer. Eine einzelne Klinik oder gleich das ganze Haus haben sich herausgeputzt und ermöglichen den Blick hinter die Kulissen. Die einzelnen Abteilungen zeigen ihre High-Tech-Ausstattung, die viele Menschen interessiert. Sie können schon im Vorfeld einzelne Schwerpunktthemen in Absprache mit den Journalisten definieren und hierüber Berichte lancieren, jeweils mit dem Verweis am Ende des Textes auf den Tag der offenen Tür. Auch eignet sich ein Tag der offenen Tür, um zum Beispiel eine Telefonsprechstunde mit einer Tageszeitung zu machen (Näheres siehe weiter unten).

Die Gesundheitsmesse Erstreckt sich über ein ganzes Wochenende im zentralen Bürgerhaus am Ort und zieht die Massen an. Schafft im Vorfeld jede Menge Anlässe zur Berichterstattung und selbstverständlich garantiert auch die Nachberichterstattung eine schöne Medienpräsenz. Mehr dazu in Kap. 10.

Sommer- oder Familienfest Noch einmal etwas Internes, vielleicht als Mitarbeiter-Fete organisiert als ein Dankeschön der Geschäftsleitung für die gute Zusammenarbeit und das herausragende Engagement der Beschäftigten im vergangenen Jahr. Auch hierzu müssen Sie die Medien nicht extra einladen, sondern Sie stellen im Nachhinein professionelles Bild- und Textmaterial zur Verfügung.

Telefonsprechstunde mit Zeitungen Der Knüller schlechthin. Sie organisieren mit einer Zeitung am Ort eine Telefonaktion zu einem Thema, das viele Leser betrifft: Kniebeschwerden, Rückenschmerzen oder Herzprobleme. Die Zeitung lädt üblicherweise zwei, drei oder vier Experten zu einer solchen Runde ein. Sollte es eine Konkurrenz-Klinik mit der gleichen Fachrichtung am Ort geben, wird mit Sicherheit auch von dort ein Spezialist dabei sein. Und meistens gesellt sich ein niedergelassener Mediziner hinzu, wegen der Ausgewogenheit. Was den Umfang der Berichterstattung angeht, sind solche Telefonaktionen unter dem Blickwinkel Input – Output ein Traum. Ihr Chef- oder Oberarzt telefoniert zwei Stunden mit künftigen Patienten – und Sie bekommen in aller Regel drei Artikel. Einen ausführlicheren Vorbericht mehrere Tage vor dem Event, dann meist eine kurze einspaltige Meldung am Tag der Aktion – und dann nochmals einen längeren Text mit den wichtigsten Fragen sowie den Antworten der Experten als Nachbericht. Die Telefonaktion ist eine typische Kooperationsveranstaltung, bei der die Partner Tageszeitung – Ärzte ein gemeinsames Interesse an großer Aufmerksamkeit haben. Deshalb sind solche Events auch meist sehr erfolgreich. Am Telefon kann Ihr Arzt schon ein Stück Vertrauen zu dem Fragesteller aufbauen, was eine sehr gute Voraussetzung für eine spätere Behandlung ist. Und noch ein Pluspunkt: Solche Telefonaktionen können nicht schief gehen. Sollte wider Erwarten kaum ein Leser anrufen, weil das Thema eventuell zu schambesetzt ist (z. B. Hämorrhoiden oder Geschlechtskrankheiten), dann haben die Experten während der zweistündigen Aktion genug Gelegenheit, mit dem Redakteur die Themen und Fragen zu besprechen, die üblicherweise in der ärztlichen Sprechstunde zum Tragen kommen. So hat der Journalist genügend Antworten, Tipps und Hinweise eingesammelt, um ausführlich über das Thema der Sprechstunde zu schreiben.

3.4 Jubiläen, Jahreszeiten, Jahrestage

Journalisten lieben Jubiläen und Jahrestage. Der erste, der zehnte, der hundertste – diese Kategorien sind für die Medien unverrückbare Fixpunkte der Berichterstattung. Es erleichtert die Arbeit und die Medien gehen davon aus, dass ihr Publikum ebenfalls das Interesse an Jubiläen teilt.

Neujahrskind Das erste Neugeborene im Neuen Jahr kommt immer in die Zeitung. Da zum Jahreswechsel sowohl in den Kliniken als auch den Redaktionen weniger Menschen als üblich arbeiten, können Sie durch eine vorausschauende Planung ein bis zwei Wochen vorher viel Stress vermeiden. Klären Sie sowohl in der Geburtsklinik als auch gegenüber den Medien die Berichterstattung ab: Liegt der Fragebogen vor mit allen wichtigen Kenndaten wie Name des Kindes, Uhrzeit der Geburt, Name und Anschrift der Eltern etc., verfügt der Kreißsaal über eine Digitalkamera und ist dort bekannt, an welchen Redakteur das Material per E-Mail zu schicken ist?

Oder doch lieber Christkinder? Manche Redaktionen möchten aus der Neujahrs-Routine ausbrechen und bevorzugen Berichte über Erdenbürger, die am 24. Dezember auf die Welt gekommen sind. Fragen hilft, rufen Sie ein paar Tage vorher an und klären Sie es ab.

Vierstellige Geburtszahl Wenn Ihre Geburtsklinik groß genug ist, können Sie mit dem 1.000. Neugeborenen innerhalb eines Jahres mit Sicherheit bei den Medien landen.

50 Jahre Geburtsklinik Ein guter Anlass für eine Berichterstattung. Graben Sie alte Fotos aus, lassen Sie langjährige Hebammen und Mediziner berichten, wie es früher bei Geburten zuging und vielleicht gibt es noch Mütter, die vor 50 Jahren in der Jubiläumsklinik entbunden hatten und jetzt ihre Geschichte erzählen möchten.

Hohe Fallzahlen Die 100. Transplantation eines künstlichen Gelenks innerhalb eines Jahres. Damit greifen Sie gekonnt die aktuelle Qualitätsdebatte auf und dokumentieren eine ausreichend hohe Fallzahl, die für viel Erfahrung spricht und in aller Regel die gewünschten Ergebnisse hervorbringt. Wenn es richtig gut in Ihrer Unfallchirurgie läuft, dann kann sogar ein einzelner Operateur eine dreistellige Fallzahl aufweisen.

Wir stellen ein Der 1000. Mitarbeiter in unserer Klinik. Ihr Haus wächst und schafft neue Arbeitsplätze, nicht so wie in der Konkurrenzklinik, wo seit Jahren der Rotstift regiert. Zeigen Sie, wie es bei Ihnen vorangeht, lassen Sie den neuen Kollegen sowie Ihren Geschäftsführer und die Personalleitung zu Wort kommen. Handelt es sich bei dem „Neuen" um einen Pfleger – umso besser. Seit Jahren sind Kliniken in der Kritik, dass sie zwar viel Geld in neue Ärzte, Geräte und Neubauten stecken, gleichzeitig jedoch beim Pflegepersonal gnadenlos sparen. Zeigen Sie, dass Sie es anders machen.

Treue Kollegen Frau Mustermann arbeitet schon seit 25 Jahren in der Kinderklinik als Sekretärin des Chefarztes. Bieten Sie den Medien ein Porträt an nach dem Motto: Was hinter den Kulissen an wichtiger Arbeit geleistet wird von Menschen, die die Patienten gar nicht immer zu Gesicht bekommen und wie sich im vergangenen Vierteljahrhundert die Arbeitsabläufe in einem Krankenhaus gewandelt haben.

Wenn ein Thema in die Jahreszeit passt Als Anbieter von medizinischen Informationen ist es gut, sich am „allgemeinen Befinden" zu orientieren und den Herausforderungen der Jahreszeiten aktiv zu begegnen. Schauen Sie, welche Ihrer Abteilungen oder Kliniken entsprechende Hinweise geben kann.

* Pollenflugvorhersage: Was tun gegen Allergien im Frühjahr?
* Die neue Laufsaison beginnt: Wie bereite ich mich auf den nächsten Stadtlauf über zehn Kilometer vor?
* Hautsache gesund: Das richtige Sonnenbaden im Sommer
* Ohne Schnupfen und Erkältung durch den Herbst
* Nochmals Herbst: Was tun gegen den November-Blues in der dunklen Jahreszeit? Eine Frage an die Psychiatrie oder Psychologie
* Winter: mit einfachen Kräftigungsübungen sicher auf die Skipiste
* Weihnachten, Silvester und Neujahr: So machen Sie trotz des Schlemmermarathons mit der Familie eine gute Figur

Im Umkehrschluss heißt dass, dass Sie sich als Presseverantwortlicher einer Klinik einen Jahresplan erstellen sollten, der diese zeitlichen Verläufe berücksichtigt. Das hilft auch gegen das vielerorts beklagte „Sommerloch" an Themen, das ich persönlich noch nie erlebt habe.

▶ **Praxistipp** Im Sommerloch können Sie Geschichten anbieten, die zwar nicht zwingend aktuell, aber dennoch gut genug sind für Hintergrund-Stories, zum Beispiel eine Reportage über 24 Stunden auf der Intensivstation oder zum Thema Inklusion: Menschen mit Handicap arbeiten an Ihrer Klinik und berichten über ihren Job.

Jahrestage Redakteure orientieren sich gerne an Vorgängen, die ganz Deutschland oder noch besser die ganze Welt beschäftigen und sie nehmen auch gerne Jahrestage zur Anlass, die allerorten gültig sind. Mittlerweile gibt es im Bereich der Medizin und Gesundheit eine ganz Fülle solcher Termine. Etliche Termine stehen fest, das heißt am Datum ändert sich nichts. Andere Jahrestage hingegen variieren. Hier eine kleine Auswahl:

- 4. Februar: Weltkrebstag
- März: Darmkrebsmonat
- 15. März: Tag der Rückengesundheit
- Zweiter Donnerstag im März: Weltnierentag
- 5. Mai: Internationaler Hebammentag
- 31. Mai: Weltnichtrauchertag
- 21. September: Welt-Alzheimer-Tag
- 10. Oktober Internationaler Tag der seelischen Gesundheit
- 20. Oktober: Welt-Osteoporose-Tag
- 14. November: Welt-Diabetes-Tag
- 1. Dezember: Welt-AIDS-Tag (Quelle: NAKOS. Nationale Kontakt- und Informationsstelle zur Anregung und Unterstützung von Selbsthilfegruppen. http://www.nakos.de/site/data/NAKOS/Termine/2013-NAKOS-Aktionstage.pdf; 1.7.2014)

3.5 Themen, über die jeder spricht

Den allgemeinen globalen und nationalen Trends in der Berichterstattung schließen sich die Medien vor Ort immer gerne an.

Fußball-Europa- oder Weltmeisterschaft In Jahren mit gerader Endziffer ist es relativ einfach, Ratgeber zu veröffentlichen, wie sich Freizeitfußballer effektiv vor Verletzungen schützen können, wie das richtige Aufwärmen geht, dass Fair-Play auf dem Platz besser ist als der verbissene Kampf um jeden Ball und was man nach dem Spiel in Sachen Stretching machen sollte. Die allgemeine Fokussierung auf das Thema Fußball ist so mächtig, dass da kein Journalist außen vor bleiben möchte. Bringen Sie Ihre Sportmediziner ins Spiel.

Noch mehr Fußball Ein Aufhänger für Medien kann sogar folgende Situation sein: Die deutsche Mannschaft steht im Viertelfinale, das Spiel wird an einem Freitagabend ab 18 Uhr übertragen – und im Krankenhaus müssen die Leute arbeiten. Wie halten sich die fußballbegeisterten Mitarbeiter auf dem Laufenden? Oder haben sie ihre Schicht extra getauscht mit Kollegen, denen 22 Männer und ein Ball völlig egal sind? Wenn Sie als Presseverantwortlicher von den Medien eine Anfrage in solch einer Sache bekommen, bleiben Sie am Ball und liefern Sie die gewünschten Gesprächspartner. Damit zeigen Sie: Auch in unserer Klinik „menschelt" es. Die in dem Bericht vorgestellten Personen sind alle in ihrer Nachbarschaft bekannt und sorgen dafür, dass „das Krankenhaus" ein sympathisches Gesicht bekommt.

Krankenkasse Eine Krankenkasse stellt fest: Durch angebliche Behandlungsfehler sterben in deutschen Krankenhäusern jedes Jahr zig Tausende von Patienten. Weil die Krankenkasse eine der größten des Landes ist und das Thema zentral platziert, berichten alle Medien hierüber. Fast zwangsläufig rufen die Lokalredakteure bei Ihnen an und haken nach, ob es an Ihrer Klinik Informationen über Behandlungsfehler und deren Konsequenzen gibt.
Wenn Sie beim Thema Qualitätssicherung aktiv tätig sind, dann können Sie das in diesem Moment bestens vermarkten. So gibt es eine bestimmte Routine, die unter dem Namen „Team-Time-Out" vor Operationen dafür sorgen soll, dass jetzt der richtige Patient das richtige Bein amputiert bekommt. Bevor es losgeht, wird im OP eine Checkliste abgearbeitet, und jeder Anwesende, egal ob Chefarzt oder angehende OP-Schwester, darf Zweifel daran äußern, ob hier wirklich die Frau Schmidt mit -dt aus Zimmer 5 oder nicht doch die Frau Schmitt mit –tt aus Zimmer 15 liegt. Wenn solche Maßnahmen zur Erhöhung der Patientensicherheit an Ihrer Klinik üblich sind, gehen Sie auf die Medien zu und berichten Sie darüber. Das zeigt, wie ernst Sie das Thema nehmen und es schafft Vertrauen.

Lange Frostperiode Der Winter hat Deutschland im Griff, auf den Straßen stehen die LKW quer und das Rote Kreuz muss Autofahrer im Stau mit Tee und Decken versorgen, Züge fallen aus und die Heizölpreise gehen durch die Decke. Da fragt

man sich in der hiesigen Zeitungsredaktion mit Sicherheit, ob in der Notfallauf-
nahme Ihrer Klinik mehr Patienten als sonst mit Knochenbrüchen aufschlagen.
Seien Sie auf solche Fragen vorbereitet oder bieten Sie das Thema von sich aus
aktiv an.

Hygiene Ein Hygieneskandal erschüttert Deutschland, zwei Babys sind in einer
Klinik in Süddeutschland bereits verstorben. Wie sieht's eigentlich mit der Hygi-
ene in Ihrem Krankenhaus aus, welche Maßnahmen treffen Sie? Lassen Sie Ihre
Hygienespezialisten zu Wort kommen und klären Sie auf.

Sprachkenntnisse ausländischer Ärzte Den Kliniken in Deutschland geht das
Personal aus und deshalb kommen immer häufiger Mediziner aus dem Ausland
zum Zug. Die Diskussion in den Medien dreht sich um die Frage, ob die Sprachkenntnisse dieser Ärzte für Diagnose- und Therapiegespräche ausreichen. Welche
Nationen sind an Ihrer Klinik vertreten, wie sieht's mit den Sprachkenntnissen aus
und wenn es Nachholbedarf gibt: Was tun Sie, damit Ihre Ärzte das gewünschte
Level erreichen?

Transplantationen Bei der Organspende wird manipuliert und es werden Patienten berücksichtigt, die eigentlich viel länger auf eine neue Leber hätten warten
müssen. Die Medien greifen dieses Thema bereitwillig und sehr breit auf. Wie sieht
es an Ihrer Klinik aus? Finden hier Transplantationen statt – und nach welchen
Regeln oder sind Sie nur „Entnahmeklinik" und nach welchen Vorgaben werden
hier die begehrten Körperteile entnommen? Was sagt der zuständige Transplantati-
onsbeauftragte zu den Vorgängen?

3.6 Promis, Patienten, Personal

Promi-Faktor – Lesen Sie die bunten Blätter? Dort geht das so: Wenn in Holly-
wood oder in München ein Prominenter eine neue Diät macht, an Herpes leidet
oder sich wegen Depression das Leben genommen hat, dann erscheint zum nächst-
möglichen Termin im Gesundheitsteil der bunten Blätter ein ausführlicher Artikel
über: die neue Diät, Herpes oder Suizid wegen Depression.
    Auch die übrigen Medien springen auf den Zug auf und im Internet und den
sozialen Netzwerken laufen solche Themen rauf und runter. Wenn Sie einen guten
Draht zu den Medien haben und schnell sind, können Sie sich hier platzieren.
    An einem konkreten Beispiel sei hier dargestellt, wie so etwa funktionieren
kann. An einem Freitagvormittag läuft die Meldung über die Ticker, wonach sich

Bundeskanzlerin Angela Merkel einer Meniskus-OP hat unterziehen müssen. Umgehend fragt die Berliner Redaktion der Bild-Zeitung beim Kniespezialisten Dr. Wolfgang Franz in Kaiserslautern nach Hintergründen zu diesem Eingriff. Am nächsten Tag erscheint einen ganzseitiger Artikel mit einem Infokasten „6 Regeln für ein gesundes Knie" mit Hinweisen aus dem Buch „Die Knie-Sprechstunde" von Dr. Wolfgang Franz.

Promi-Faktor lokal gewendet Es müssen nicht immer Merkel oder Obama sein. „All business is local". Schauen Sie vor Ort, welche lokale Prominenz Sie als Anlass für eine Berichterstattung nehmen können. Wenn ein bekannter Vereinsvorsitzender oder jemand aus der Lokalpolitik sich in Ihrem Krankenhaus behandeln lässt, können Sie, sofern er mitspielt, seine Geschichte verwenden, nach dem Motto: „Nach Schulter-OP: Bürgermeister wieder fit"

Diesen lokalen Promi-Faktor können Sie auch gut einsetzen bei Kampagnen, bei denen Sie „Testimonials" benötigen, um auf die Wichtigkeit von Vorsorge-Untersuchungen oder die richtige Behandlung im Fall des Falles hinzuweisen. Dann berichtet ein am Ort bekannter Mensch, wie es ihm ergangen ist mit dem Herzinfarkt oder Schlaganfall und dass ihm die schnelle Einweisung in die Spezialklinik, für die Sie arbeiten, das Leben gerettet hat. Diesem Mitbürger hören die Leute viel eher zu, als wenn ein Arzt seine Klinik lobt oder Sie Statistiken mit vielen Zahlen präsentieren.

Stellen Sie sich vor, jemand bislang weniger Bekanntes aus Ihrem Ort hat eine Operation hinter sich und macht jetzt etwas Außergewöhnliches: Dann ist dies ein Aufhänger für eine Geschichte, die Sie den Medien anbieten können.

Beispiele: Nach überstandener Knie-Operation fährt ein rüstiger Rentner Mitte 70 mit dem Fahrrad auf dem Jakobsweg aus der Pfalz nach Santiago de Compostela, legt dabei über 3000 Kilometer zurück und schickt aus dem Zielort eine Postkarte an den behandelnden Arzt. Solch eine Geschichte sollten Sie sich nicht entgehen lassen und den lokalen Medien anbieten. Oder es war der Lebenstraum eines Zeitgenossen, einmal den knapp 6000 Meter hohen Kilimandscharo zu besteigen. Zwischenzeitlich machten sich leider starke Hüftbeschwerden breit, die an Ihrem Krankenhaus erfolgreich behandelt worden sind. Jetzt, mit 68 Jahren, wagt und schafft Ihr Patient den Aufstieg und berichtet nach seiner Rückkehr mit leuchtenden Augen von seinen Erlebnissen.

Kinder und Tiere Die sind ja so süß: Fotos und Geschichten mit Kindern und Tieren kommen immer gut an. Die Meldung: „St. Josef-Krankenhaus jetzt mit Online-Baby-Galerie" wird mit Sicherheit überall am Ort und in der Region veröffentlicht. Natürlich nur, wenn Sie ein bis zwei Fotos aus dieser Galerie der Zeitung zukommen lassen. Auch Geschichten über etwas ältere Kinder haben immer gute Chancen, in den Medien berücksichtigt zu werden. Reportagen aus der Kinderklinik funktionieren meistens und Stories aus der Kinderkrebsstation finden so gut wie immer ihren Weg in die Zeitung. **Oder aber** wenn Sie eine Geschichte anbieten können, bei denen ein Haustier hilft, dass das Herrchen gesund bleibt und seit neuestem Sport macht, sind Sie auf der sicheren Seite.

Patientengeschichten Weil sie von so zentraler Bedeutung sind, sei hier nochmals auf die Wichtigkeit von Patientengeschichten hingewiesen. Die bunten (Frauen-) Blätter sind jede Woche voll davon und auch im lokalen und regionalen Mediengeschehen spielen sie eine große Rolle. Patientengeschichten funktionieren stets nach diesem Muster: Das Leiden beginnt, der Betroffene geht zum ersten, zum zweiten und zum dritten Arzt, keiner kann so richtig helfen. Danach nimmt die Odyssee richtig Fahrt auf, sie kann sich über Monate und Jahre erstrecken. Bis zu jenem Moment, in dem der Betroffene von Ihrer Einrichtung erfährt, an der man sich auf die Behandlung des angesprochenen Leidens sehr gut versteht. Jetzt kommt Ihr Spezialist ins Spiel, der nach allen Regeln der Medizinkunst eine erfolgreiche Therapie durchführt. Der Patient ist happy und berichtet gerne über seine Geschichte. Natürlich ist die Story dann perfekt, wenn der ehemals Leidende dank der erfolgreichen Behandlung an Ihrer Klinik nun wieder Dinge tun kann, auf die er lange Zeit hat verzichten müssen. Dies können einfache Alltagstätigkeiten wie „Fahrrad fahren" oder „Hund ausführen" sein – es kann sich hierbei aber auch um umfangreichere sportliche Aktivitäten handeln. Achten Sie bei der Darstellung auch auf das Alter des Patienten, dann ergibt sich vielleicht etwas Ungewöhnliches nach diesem Muster: „72jähriger Knie-Patient bricht zur mehrtägigen Hüttenwanderung auf". Ergänzen Sie die Schilderungen der Patienten durch O-Töne Ihres Spezialisten zur Behandlung und setzen Sie beide gut ins Bild – dann haben Sie alle Zutaten für eine weitere Erfolgsgeschichte Ihres Hauses.

Schulung chronisch Kranker Die Zahl der Diabetespatienten steigt ständig an, das Leiden gilt mittlerweile als Volkskrankheit. Zur optimalen Behandlung gehört eine umfassende Schulung der Patienten, wie sie ihre Krankheit gut managen können. Solche Schulungen erstrecken sich über mehrere Tage, die Patienten sind stationär aufgenommen. Fragen Sie die Teilnehmer, wer in die Zeitung will und laden Sie die Journalisten für eine Reportage ein. Das Gute hierbei: Betroffene kommen zu Wort, die Patienten erzählen, wie sie die ersten Anzeichen bemerkt haben und wie umfassend und gut sie an Ihrer Klinik behandelt werden. Wenn die Patienten über ihre Schulung sprechen, dann können sie ein Vorbild und Rollenmodell für andere Patienten sein, nach dem Motto: „Ja wenn der Willy dahin geht, dann ist das für mich vielleicht auch etwas. Ich habe schließlich ebenfalls Diabetes." Dass in einer solchen Reportage Ihre Ärzte als Diabetesexperten zu Wort kommen, geschieht beinahe von selbst.

Der liebe Nachwuchs, Teil eins Pflegeschülerinnen und –schüler bestehen ihre Prüfungen und es stellen sich folgende Fragen: Was lernen die da eigentlich, wie haben sich die Anforderungen an das Pflegepersonal in den vergangenen Jahren geändert und wie schlägt sich das in den Lehrinhalten nieder, wie sind die Zukunftsaussichten, wie viele Absolventen haben schon einen Arbeitsvertrag in der Tasche und werden von Ihrem Haus übernommen? Lassen Sie in Ihrer Pressemeldung zwei bis drei junge Leute, den Leiter der Pflegeschule sowie den Pflegedienstleiter Ihres Hauses zu Wort kommen und bieten Sie als Bildmaterial Porträtfotos Ihrer Gesprächspartner sowie ein Gruppenfoto der Absolventen an.

Der liebe Nachwuchs, Teil zwei Im Praktischen Jahr (PJ) sammelt der Ärzte-Nachwuchs nach Abschluss des Studiums und vor dem Staatsexamen wertvolle praktische Erfahrung. Nach erfolgreich absolvierter Prüfung erhalten die jungen Mediziner ihre Approbation und können sich als Assistenzärzte an Kliniken bewerben. Das PJ ist eine sehr gute Gelegenheit für beide Seiten, sich gründlich kennenzulernen und es besteht die Möglichkeit, dass hieraus Arbeitsverhältnisse entstehen. In Zeiten, in denen zahlreiche Kliniken etliche Arztstellen nicht oder nur schwer besetzen können, ist das PJ ein sehr gutes Instrument zur Mitarbeitergewinnung. Kliniken versuchen bei den jungen Leuten zum Beispiel durch verbilligte oder kostenlose Wohnmöglichkeiten und gratis Essensmarken zu punkten. Kleinere Häuser versprechen sich dadurch Vorteile, dass die PJler – unter fachkundiger Anleitung – relativ schnell viele Tätigkeiten selbstständig ausführen können, zu denen sie an größeren Krankenhäusern mitunter keine Gelegenheit haben. Ihr Job als Pressereferent einer Klinik besteht darin, den PJlern eine Stimme und ein Gesicht zu geben. Lassen Sie die angehenden Mediziner erzählen, warum sie an Ihrem Haus ihr PJ absolvieren, was die Vorzüge sind und ob sie sich auch vorstellen können, hier später zu arbeiten. Nehmen Sie noch den Arzt hinzu, der als PJ-Beauftragter tätig ist, und Sie haben alle wichtigen Gesprächspartner versammelt.

Außergewöhnliche Aktivitäten Ihrer Mitarbeiter Klingt zunächst paradox. Warum sollten Sie darüber berichten, was die Pfleger, Ärzte oder Verwaltungsmitarbeiter Ihrer Klinik so alles machen, wenn Sie zuhause sind? Ganz einfach: Wenn es interessant genug für die Medien ist, geben Sie damit Ihrer Einrichtung ein Gesicht und schaffen Identifikation. Die Mitarbeiter Ihres Hauses sind schließlich die ersten und wichtigsten Botschafter Ihres Krankenhauses. Sie sind in ihrem sozialen Umfeld und der Nachbarschaft bestens bekannt und deshalb lohnt es sich, ihren außerbetrieblichen Zeitvertreib ins Visier zu nehmen. Mögliche Beispiele und Anregungen: Ein paar Motorradfreunde tun sich zusammen und knattern im Urlaub stilecht auf der Harley Davidson die Route 66 hinunter. Eine Handvoll Laufbegeisterte absolviert den London-Marathon. Fastenzeit: Mehrere Damen und Herren aus Ihrer Verwaltung tun sich zusammen, um mit dem Autofasten ab Aschermittwoch zu beginnen und bis Karsamstag den Wagen stehen zu lassen.

3.7 Ehrenamt, Ethik und sozial-ökologisches Engagement

„Grüne Damen und Herren" Da kann die medizinische Behandlung noch so gut gewesen sein: Patienten klagen regelmäßig darüber, dass weder die Ärzte noch die Pflegekräfte ausreichend Zeit haben. Denn schließlich geht es beim Gesundwerden im Krankenhaus nicht nur um die Übermittlung von Diagnosen und Therapiemöglichkeiten, die chirurgischen Eingriffe sowie die Verabreichung der Tabletten, sondern es geht auch um das Emotional-Seelische. Es geht darum, mit den Patienten nicht nur über die Befunde, sondern auch über das Befinden zu sprechen. Weil in vielen Häusern in den vergangenen Jahren am (Pflege-)Personal massiv gespart worden ist, gewinnt an diesem Punkt das Ehrenamt an Bedeutung. Für den kleinen Plausch zwischendurch oder das längere Gespräch, bei dem der Patient einmal so richtig seine Sorgen und Nöte loswerden kann, stehen traditionell die „Grünen Damen und Herren" zur Verfügung. An festen Wochentagen kommen sie regelmäßig ins Krankenhaus, gehen von Zimmer zu Zimmer und bieten sich an: für ein Gespräch oder aber sie machen kleine Besorgungen. Für manchen Patient ist dieses Angebot sehr wertvoll. Bieten Sie nun den Medien eine Reportage über die „Grünen Damen und Herren" an, lassen Sie mehrere Ehrenamtliche zu Wort kommen, warum sie diese Tätigkeit machen, was sie antreibt, was sie in der Begegnung mit den Patienten erleben und wie sie die mitunter schwierigen Gespräche verarbeiten. In gut geführten Gruppen können die „Grünen Damen und Herren" im Rahmen einer Supervisionen ihre kritischen Gespräche aufarbeiten.

Förderverein Keine Klinik ohne Förderverein. Die wesentliche Aufgabe dieser Organisation besteht darin, Geld einzusammeln, das für die Anschaffung neuer Geräte oder Hilfsmittel verwendet wird. Mindestens zwei Gründe sprechen dafür, dass Sie mit Meldungen über den Förderverein bei vielen Journalisten landen können: 1. An der Spitze des Vereins stehen meistens lokal bekannte Menschen, sei es nun ein Bürgermeister a. D. oder eine Unternehmerpersönlichkeit. Über (Lokal-) Prominenz schreiben Journalisten sehr gerne. 2. Die Anschaffungen an sich sind ja meist schon eine Meldung wert. Haben Sie nun zum Beispiel den Erwerb eines neuen Computertomographen zur besseren Herzdiagnostik zu verkünden, dann nehmen Sie zu einem solchen Pressetermin am besten Ihren Chefkardiologen, den Chefradiologen, Ihren Geschäftsführer sowie den Vorsitzenden des Fördervereins hinzu. Die Jahreshauptversammlung des Fördervereins ist ebenfalls eine Pressemeldung wert. Bei dieser Gelegenheit wird Bilanz gezogen: wie viel Geld haben wir eingespielt, für welche Projekte wurde es ausgegeben, wie viele Mitglieder haben wir, wie können wir neue gewinnen, welche Projekte sind für das nächste Jahr geplant, gibt es personelle Veränderungen im Vorstand?

Hospizhelfer Diese Menschen sind ehrenamtlich tätig und kümmern sich um sterbenskranke Menschen in Ihrem Krankenaus. Sie sind einfach da, stehen als Gesprächspartner für die Patienten und deren Angehörige bereit und können das Pflegepersonal unterstützen. Sie beschreiben in Ihrer Reportage, die Sie den Medien anbieten, die Aufgaben der Helfer und lassen, das ist ein absolutes Muss, zwei oder drei der Ehrenamtlichen selbst zu Wort kommen und porträtieren diese mit einem Foto. Wenn Sie keine Zeit haben, eine Reportage zu schreiben, sammeln Sie die zentralen Fakten ein, organisieren die zwei Ansprechpartner und bieten der Zeitungsredaktion an, sie möge selbst einen Journalisten vorbeischicken, der den Artikel verfasst.

Ethikkomitee Das interessiert viele Menschen: Wie gehen wir in unserer Klinik mit sterbenskranken Menschen um, die ihren eigenen Willen nicht mehr bekunden können und keine schriftliche Regelung hinterlegt haben, was mit ihnen in dieser Lebensphase passieren soll? Werden alle möglichen lebensverlängernden Maßnahmen umgesetzt oder treffen wir eine andere Entscheidung? An vielen Krankenhäusern gibt es eigens eingerichtete Ethikkomitees, in denen Vertreter verschiedener Disziplinen sitzen: vom Chefarzt über den Pfarrer bis hin zum Pfleger. Die Aufbereitung gegenüber den Medien kann so aussehen, dass Sie zunächst die allgemeinen Maßstäbe darstellen, nach denen in Ihrem Haus vorgegangen wird und dann die konkrete Umsetzung an zwei oder drei anonymisierten Beispielen schildern.

Hilfs-Operationen für Patienten aus Krisengebieten Mit solchen Projekten schaffen Sie es immer in die Medien. Journalisten lieben solche Aktionen und berichten stets über sie. Meistens sind die Patienten Kinder oder Jugendliche, die in ihren Heimatländern unzureichend medizinisch versorgt worden sind. Nun kommen diese jungen Menschen an Ihre Klinik und werden dort von Ihren Ärzten rundum bestens betreut. Die Patienten aus den Kriegs- und Krisengebieten dieser Erde bleiben einige Zeit in Ihrer Klinik, ehe sie wieder in ihre Heimat zurückkehren. Laden Sie die Presse ein und bringen Sie alle Beteiligten zum Reden: den jungen Patienten, den behandelnden Arzt, die Pfleger, den Dolmetscher (falls notwendig) und, falls möglich, die anderen Patienten, die ebenfalls im Zimmer liegen. Weil die Verletzungen oder Verwundungen häufig recht kompliziert sind, ist es meistens mit einer einzigen Operation gar nicht getan, so dass die jungen Patienten erneut behandelt werden müssen. Journalisten lieben solche Follow-up-Stories, die sich über einen längeren Zeitraum erstrecken und bei denen eine Entwicklung sichtbar wird. Damit Sie die Pressevertreter bei der zweiten oder dritten Operation auf den aktuellen Stand bringen, müssen Sie in Ihrer Pressemitteilung das bisherige Geschehen kurz zusammenfassen, nach dem Vorbild US-amerikanischer Serien: „Was bisher geschah". Je nachdem, wie eng Sie den Kontakt zu Ihrem Patienten aus Afrika oder Asien halten können, ist es auch möglich, dass dieser nach seiner Rückkehr in größeren Abständen ein paar Fotos und einen kurzen aktuellen Bericht über sein Befinden mailt. Bieten Sie das Material der Presse an und hinterlegen Sie es auf Ihrer Homepage.

Das Thema „Humanitäre Hilfe für die Armen dieser Welt" können Sie auch anders umsetzen. Nicht immer kommen die kleinen Patienten zu Ihnen ins Haus, sondern engagierte Ärzte gehen dorthin, wo sie gebraucht werden. Immer wieder reisen Mediziner aus Deutschland in Kriegs- und Krisengebiete, um dort ein oder zwei Wochen segensreiche Operationen durchzuführen. Sie haben eine ganze Menge zu erzählen, über die Situation vor Ort, die hygienischen Bedingungen, die Ausstattung mit Geräten und Verbrauchsmaterial, die (meist) freundliche Aufnahme durch die örtliche Bevölkerung, die Dankbarkeit der Patienten und vieles mehr. Und wenn die Ärzte bei ihren Marathoneinsätzen auch noch daran denken, ein paar Fotos zu machen, ist die Sache perfekt. Sie als Presseverantwortlicher der Klinik können das Ganze als Pressemeldung plus Bildmaterial verschicken und ein Hintergrundgespräch anbieten, sofern sich ein Journalist für weitere Details des Auslandeinsatzes interessiert.

Die humanitäre Unterstützung kann auch noch ganz anders aussehen: Manche Mediziner aus Deutschland reisen regelmäßig in andere Länder, um dort den Ärzten in Workshops moderne, schonende Operationstechniken und aktuelle Diagnoseverfahren zu zeigen. Auch darüber berichten Journalisten gerne.

Spendenaktion Ihrer Klinik Weil wir gerade beim Thema sind: Hilfsaktionen für die Armen und Benachteiligten dieser Welt können auch Sach- und Materialspenden bedeuten. Wenn Sie Ihre Klinik im wahrsten Wortsinn aufmöbeln und eine Station mit neuen Betten ausstatten, dann sind die alten Betten meistens noch so gut, dass sich Menschen in anderen Ländern darüber freuen. Die Umsetzung einer solchen Hilfsaktion ergibt meist mehrere Anlässe zur Berichterstattung.

- Sie kündigen das Ganze an und nennen Hintergründe der Hilfsaktion: Ihr Geschäftsführer spricht über die ethisch-moralische Verpflichtung seines Hauses und der Leiter des Pflegedienstes sagt etwas zur Spende an sich.
- Sie starten einen Aufruf, und bitten um Vorschläge, welche Einrichtung die Bettenspende erhalten soll. Damit zeigen Sie Offenheit und Dialogbereitschaft.
- Nachdem Sie aus den Vorschlägen geeignete Adressaten ausgewählt haben, verkünden Sie die Ergebnisse. Im nächsten Schritt geht es darum, die Transporte zu organisieren. Hier bietet es sich an, dies in Kooperation mit Hilfsorganisationen zu machen.
- Die Betten müssen ans Ziel gebracht werden: Die Abfahrt der LKW halten Sie in Bild und Ton fest und informieren die Medien.
- Die Ankunft am Zielort und die Reaktion der dortigen Verantwortlichen ist ebenfalls ein berichtenswertes Ereignis.

Restaurant ersetzt Kantine Ab heute heißt es: Schluss mit dem 08/15-Essen, wir setzen auf frische regionale Kost. Und was früher „die Kantine" war, das erinnert nach dem Umbau viel mehr an ein Restaurant. Hell, freundlich, modern. Und die Speisen und Getränke sind von ausgesuchter Qualität. Auf einer großen schwarzen Tafel steht, was es heute zu essen gibt und wer Ihre Lieferanten sind, woher das Fleisch stammt, wer den Käse macht und wo das Gemüse wächst, das bei Ihnen auf den Teller kommt. Selbstverständlich setzen Sie auf „faire" Produkte (mehr hierzu siehe weiter unten). Ihr Klinik-Restaurant eignet sich hervorragend als Veranstaltungsort für Konzerte und Lesungen, über die Sie weiter unten alles Wichtige erfahren. Übrigens: Die frühere Kantine muss sich nicht mehr verstecken, sondern wirbt als „Mustermann-Restaurant" gezielt und offensiv um Gäste aus der Nachbarschaft.

Fairtrade Als Krankenhaus werden Sie Ihrer gesellschaftlichen Verantwortung gerecht und bieten seit Neuestem in Ihrer Cafeteria Produkte an, die das Fairtrade-Siegel tragen: Gummibärchen, Salzgebäck und Schokolade. Außerdem schenken Sie ab sofort nur noch „fairen" Kaffee aus. So etwas kommt gut an, sowohl bei den Patienten als auch Ihren Mitarbeitern und der Bevölkerung. Schließlich verbessern Fairtrade-Produkte dank angemessener Bezahlung und langfristiger Lieferverträge die Lebensbedingungen der Bauern und Handwerker in Asien, Afrika und Lateinamerika. Außerdem ist bei „fair" gehandelten Produkten Kinderarbeit verboten. Setzen Sie als Krankenhaus auf „faire" Waren, dann greifen Sie damit vielleicht sogar eine Idee und Bewegung auf, die in Ihrer Kommune sowieso die Runde macht: die „Fairtrade-Town". Um diese Auszeichnung können sich Städte und Gemeinden bewerben, wenn in ausreichend vielen Einrichtungen „faire" Produkte verkauft werden. Ihr Krankenhaus zeigt damit, dass die Verantwortlichen in größeren Zusammenhängen in Kategorien der Nachhaltigkeit denken und handeln.

Das „grüne" Krankenhaus Grün ist in Kliniken in, und zwar nicht als zeitgeistiges Modethema, sondern weil Krankenhäuser einen hohen Bedarf an Strom, Wärme und Verbrauchsmaterialien haben. Und weil die Energiekosten durch die Decke gehen. Mit „grüner" Technologie können Kliniken eine Menge Geld sparen und dies wesentlich intelligenter, als wenn sie einfach Pflegestellen abbauen. Wenn Sie also an Ihrem Krankenhaus die in die Jahre gekommene Heizungs- und Lüftungsanlage erneuern, die Fenster isolieren und auf Energiesparlampen oder Leuchtdioden setzen sowie mit Geothermie heizen, dann können Sie viel Geld sparen – und Sie haben viel zu erzählen. „Grüne" Geschichten verkaufen sich gut, sie können Ihr Haus als nachhaltig wirtschaftende Einrichtung darstellen, die auf schlaue Weise den sparsamen Umgang mit Ressourcen mit ökonomisch sinnvollem Handeln verbindet. In Ihrer Geschichte sollten neben den Matadoren Ihres Hauses wie Geschäftsführer und technischer Leiter auch die beteiligten Firmen wie beratende Ingenieurbüros, Hersteller und Handwerker zu Wort kommen. Der Artikel über die grüne Mustermannklinik bietet eine gute Gelegenheit, Ihre Geschäftspartner einzubinden und ihnen eine Plattform zu bieten, sich in gutem Licht zu präsentieren. So geht PR. Wenn Ihr „grünes" Konzept überzeugt, können Sie damit auch Auszeichnungen für besonders gelungene Lösungen gewinnen. Die Auszeichnung selbst ist wieder Anlass für eine Berichterstattung über Ihr Haus.

3.8   Kunst, Kultur und Wissenschaft

Kunst im Bau Krankenhausflure und Wartebereiche sind der ideale Ort, um Farbe ins Spiel zu bringen. Die langen Wände eignen sich hervorragend als Ausstellungsfläche. Nutzen Sie diese Gelegenheit. Wenn Sie sich überlegen, Kunst ins Krankenhaus zu holen, hat das gleich mehrere Vorzüge:

1. Sie schaffen eine angenehme Atmosphäre und Sie signalisieren: Wir wissen, dass zum Gesundwerden nicht nur Hightech-Apparate und gute Chirurgen gehören, sondern auch ein angenehmes Klima. Hierzu zählen freundliches Personal, gutes Essen und eben auch Kunst im Bau.
2. Sie öffnen Ihr Haus gegenüber mehreren Akteuren. Zum einen natürlich gegenüber dem Künstler, der bei Ihnen seine Werke zeigen darf. Das macht ihn zu einem wichtigen Multiplikator für Ihr Haus, denn viele Kunstschaffende sind stark vernetzt und kennen gefühlt drei Millionen Menschen, mit denen sie gerne darüber reden, wo ihre aktuelle Ausstellung gerade zu sehen ist: in Ihrer Klinik natürlich.

3. Und wenn Sie keinen Künstler von außen holen, dann können sie „mit Bord-mitteln" die nächste Ausstellung gestalten. Vielleicht findet sich unter Ihren Pflegern oder Ärzten ein ambitionierter Hobby-Maler oder Fotograf, der seine Werke nicht verstecken muss, sondern sie am liebsten einer breiten Öffentlich-keit zeigt. Der gute Nebeneffekt: Auf diese Art und Weise erfährt der Mitarbei-ter eine große hausinterne Anerkennung und fühlt sich wertgeschätzt. Gibt es in Ihrem Haus eine psychiatrische Abteilung? Wenn die Betroffenen damit ein-verstanden sind, stellen Sie die Ergebnisse der Kunsttherapie aus. Die hier ent-standenen Werke sorgen meist für großes Erstaunen.

4. Selbstverständlich wird eine Krankenhaus-Ausstellung wie jede andere Aus-stellung mit einer Vernissage eröffnet. Gestalten Sie diese mit großer Sorgfalt: Häppchen und Schlückchen gehören dazu, Live-Musik mit Akteuren der hiesi-gen Musikschule und auf alle Fälle: gute und prägnante Ansprachen. Laden Sie interessante Redner ein, die zum Thema der Ausstellung etwas Substanzielles zu sagen haben. Im Falle der Psychiatrie-Werke kann dies der hauseigene Chef-arzt sein, der zu den Hintergründen der Werke und Ihrer Künstler überraschende Einsichten liefert.

5. Je nach Thema der Ausstellung können Sie in der Zeit, in der die Kunst zu sehen ist, eine passende Vortrags- und Diskussionsreihe organisieren. Im Jahr 2005 waren die spektakulären 2,80 Meter hohen Ganzkörperaufnahmen von Osteoporose-Patienten, die der Star-Fotograf Oliviero Toscani geschossen hat, erstmals in Deutschland zu sehen. Wenn Sie nun solch eine Ausstellung an Ihr Haus holen könnten, dann würden Sie nicht einfach nur die Fotos zeigen. Sie würden während der gesamten Zeit der Ausstellung durch Events versuchen, so viele Besucher wie nur irgend möglich anzulocken. Sie würden die Fotos zum Anlass nehmen, eine ganze Veranstaltungsreihe zum Thema Osteoporose zu organisieren: Fachvorträge, Patientenberichte, Neuigkeiten aus der Forschung, Prävention, Rehabilitation, Operationsmethoden und so weiter (mehr zum Thema Kampagnen-Organisation in Kap. 11). Und natürlich würden Sie einen Abend mit Oliviero Toscani organisieren. Weltberühmt geworden ist er, weil er für das Modelabel United Colors of Benetton das blutgetränkte T-Shirt eines erschossenen Soldaten abgelichtet hatte.

6. Wie jede gute und professionell gemachte Ausstellung endet Ihre Krankenhaus-Ausstellung mit einer Finissage. Setzen Sie einen markanten Schlusspunkt, laden Sie nochmals ein, lassen Sie gute Redner zu Wort kommen und blicken Sie schon auf die nächste Ausstellung, die Sie nach der Sommerpause eröffnen werden.

7. Sie haben einen Förderverein, der wichtige Anschaffungen für Ihr Krankenhaus finanziell unterstützt? Prima. Verkaufen oder versteigern Sie die ausgestellten

Werke und lassen den Erlös Ihrem Förderverein zukommen. Am besten funktioniert das, wenn Sie schon vor dem Verkauf der Kunstwerke erklären können, für welche Anschaffung das eingenommene Geld verwendet werden soll.
8. Wenn Sie das Potenzial von Ausstellungen wie hier skizziert ausloten, erreichen Sie folgende Dinge: a). Sie schaffen sich mehrere Anlässe zur Berichterstattung. Beispiel Psychiatrie-Kunst. Hier machen die Zeitungen vielleicht sogar als Hintergrundbericht eine Reportage über die Kunsttherapie in Ihrer Einrichtung. b) Wie in Punkt 2 bereits angesprochen, öffnen Sie Ihr Haus. Und zwar nicht nur gegenüber den Künstlern, die hier ausstellen, sondern natürlich laden Sie via Presse alle Interessierten ein – und Sie verschicken persönliche Einladungen an Geschäftspartner, niedergelassene Ärzte, lokale VIPs und die Mitglieder Ihres Fördervereins.

Musik in der Klinik Beethoven oder Glenn Miller? Solo-Piano oder Big Band? Geben Sie Ihren Mitarbeitern, Patienten und Musikliebhabern etwas auf die Ohren. Hier gilt das Gleiche wie für die Kunstaustellungen: Schauen beziehungsweise hören Sie sich in Ihrem Haus um, hier gibt es vielleicht Solomusiker, die hörenswerte Stücke präsentieren können oder ein paar Kollegen treffen sich ohnehin schon, um alle zwei Wochen am Freitagabend tüchtig einen abzujazzen. Sollten Sie wider Erwarten im eigenen Haus nicht fündig werden, dann halten Sie Ausschau nach Musikern aus Ihrem Ort.

> **Praxistipp** In konfessionellen Häusern bietet sich die Krankenhauskapelle als Ort für Musikveranstaltungen an.

Klinik-Clowns Trauriger Anlass, munterer Termin. In Ihrer Kinderklinik liegen die jungen Patienten mitunter mehrere Wochen zur Behandlung, vor allem in kinderonkologischen Abteilungen sind die Mädchen und Jungen Stammgäste. Zaubern Sie ein Lachen auf die jungen Gesichter, sorgen Sie für Abwechslung im Klinikalltag und holen sich professionelle Klinik-Clowns ins Haus. Informieren Sie ein paar Tage vor dem Auftritt die Medien und eine Berichterstattung ist Ihnen gewiss. Weil der Auftritt der bunten Männer und Frauen gute Bilder hergibt, ist ein solcher Termin fürs Fernsehen besonders spannend.

Forschung und Entwicklung Es sind nicht immer nur die Universitätsklinika, an denen Forschung und Entwicklung stattfindet. Halten Sie Augen und Ohren offen, was Ihre Ärzte an Neuigkeiten in die Welt bringen. Engagierte Mediziner sorgen häufig für die Weiterentwicklung von Operations- und Therapieverfahren. Um was geht es genau, wie funktioniert das Verfahren, welche Verbesserungen für die Patienten bringt es? Journalisten finden so etwas interessant, weil es auch Werbung für den Krankenhausstandort beziehungsweise die Kommune ist: „Doktor Mustermann aus Musterstadt entwickelt neues Verfahren in der Hüftchirurgie" ist eine Überschrift, die viele Journalisten gerne sehen. Nachdem die erste Meldung in dieser Sache veröffentlicht worden ist, behalten Sie Dr. Mustermann im Auge und fragen Sie immer wieder nach, welche Fachzeitschrift über die neue Methode berichtet hat und auf welchen Fachkongressen er das neue Verfahren vorstellen wird. Dies können Anlässe sein für eine weitere Berichterstattung. Und wenn die Neuerung Ihres innovativen Arztes ausreichend große Wellen schlägt, dann kommen mit Sicherheit Kollegen aus der ganzen Welt an Ihre Klinik, um sich aus erster Hand das neue Verfahren zeigen zu lassen. Der Aufenthalt chinesischer, indischer oder australischer Ärzte an Ihrer Klinik ist ebenfalls eine Meldung wert.

3.9   Der PR-Jahresplan mit Beispiel

Nichts geht ohne ihn: den Jahresplan für die PR-Arbeit. Er ist ein unverzichtbares Werkzeug für kluge Arbeit, mit der Sie viel Stress vermeiden und viel Anerkennung bekommen können. Neigt sich ein Jahr zu Ende, ist die hohe Zeit der Jahresplanerstellung gekommen. Sie starten Ihre Rundrufaktionen bei allen Abteilungen, welche Themen und Termine fürs nächste Jahr anstehen. Dann machen Sie einen ersten Entwurf, den Sie mit der Geschäftsleitung und dem Ärztlichen Direktor verfeinern. Bei dieser Gelegenheit schauen Sie sich mit den beiden Verantwortlichen das zurückliegende Jahr an: Was hatten wir uns vorgenommen, was haben wir in welcher Art und Weise umsetzen können, welche Ergebnisse gab es, wie waren die Reaktionen aus dem Haus, den Medien und der Stadt und was wollen wir künftig anders oder besser machen? Das Ergebnis ist ein Jahresplan, der 365 Tage lang „atmet". Es kommen kurzerhand frische Termine und Themen hinzu, andere verlieren plötzlich an Wichtigkeit, weil sich die Gefechtslage geändert hat.

Nutzen Sie Ihren PR-Plan, um am Ende eines Jahres bei den Medien die wichtigsten Termine fürs nächste Jahr anzukündigen. Hierzu besuchen Sie zwischen Mitte November und Mitte Dezember Ihre wichtigsten Redaktionen. Weil es in dieser Zeit schon stark weihnachtet, bringen Sie kleine Präsente und Ihren PR-Plan mit. Nachdem Sie Ihre Termin- und Themenliste vorgelegt haben, bekommen Sie umgehend Feedback von den Redakteuren, welches Thema auf Interesse stößt, welches eher nicht und welcher Termin noch einen besonderen Dreh benötigt, damit hieraus ein Artikel werden kann. Besprechen Sie bei diesem Termin viel Privates wie die bevorstehende Weihnachtsfeier im Kreis der Familie oder den geplanten Skiurlaub zwischen den Jahren.

Der PR-Jahresplan für ein Krankenhaus mittlerer Größenordnung mit angeschlossenen Altenpflege-Einrichtungen könnte so aussehen:

Die XY-Klinik: Der PR-Jahresplan

Januar
- Umzug der gynäkologischen Abteilung erfolgreich abgeschlossen. Presse kann neue Räume besichtigen.
- Neue Telefonanlage geht in Betrieb. Muss unbedingt intern und extern kommuniziert werden, da sich sämtliche Rufnummern geändert haben.

Februar
- Neuer Kardio-Computertomograph zur verbesserten Herzdiagnostik wird der Presse vorgestellt
- Dr. Mustermann in wissenschaftlichen Beirat der ABC-Liga gewählt
- Magen-Darm-Zentrum feiert einjähriges Bestehen: erste Bilanz

März
- Telefonaktion bei Tageszeitung zum bundesweiten Darmkrebsmonat: Vorsorge, erste Anzeichen, Diagnose und Therapie in XY-Klinik, Reha

April
- Förderverein Jahreshauptversammlung, Kennzahlen vorstellen und geplante Aktivitäten zur Mitgliedergewinnung
- Seniorenzentrum: neues Wasserbett für Snoezelen-Raum

Mai
- Jahresabschluss für zurückliegendes Jahr: Anzahl Behandlungen und Patienten sowohl stationär als auch ambulant, wie viele Mitarbeiter, Azubis, Betten; Neuanschaffungen und Baumaßnahmen im Rückblick, finanzielles Ergebnis, was bringt das neue Geschäftsjahr?
- Re-Zertifizierung des Brustzentrums

Juni
- Seniorenzentrum Bewohnerausflug

Juli/August
- Reportage: „Ein Tag auf der Geburtsstation"
- Unfallchirurgie: Patienten-Report: „Als Fußball-Schiedsrichter mit künstlichem Kniegelenk aktiv"

September
- Das neue Seniorenzentrum für dementiell erkrankte Bewohner stellt sich vor
- Prof. Mustermann hält auf internationaler Fachtagung einen viel beachteten Vortrag

Oktober
- 10 Jahre Psychiatrische Abteilung an der XY-Klinik
- Seniorenzentrum: Herbstfest
- Neue OP-Technik zur Entnahme einer körpereigenen Sehne bei der Behandlung von Kreuzbandrissen

November
*   Im Rahmen der bundesweiten Herzwoche findet eine Patientenveranstaltung im Bürgerhaus statt. In diesem Zusammenhang gibt es eine Telefonaktion bei einer Tageszeitung: Was tun bei Herzinfarkt, erste Anzeichen, Notarzt, Behandlung in XY-Klinik, Reha

Dezember
*   24. Dezember: Christkinder geboren

Weitere freie Reportagethemen ohne festen Termin
*   Freiwilliges Soziales Jahr
*   Hospiz-Arbeit, Ehrenamt
*   XY-Klinik als Akademisches Lehrkrankenhaus der Universität ABC-Stadt, PJ-Studenten im Gespräch
*   Krankenhaus-Seelsorge

3.10   Checkliste

Checkliste: Storytelling leicht gemacht: Mit diesen Geschichten kommen Sie ins Blatt
*   Lernen Sie die Kriterien kennen, nach denen Journalisten ihre Themen auswählen
*   Durchleuchten Sie Ihr Krankenhaus anhand dieser Kriterien nach guten Geschichten
*   Bauen Sie sich ein dichtes Netz von Beobachtern innerhalb der Klinik auf, die Ihnen berichtenswerte Dinge mitteilen. Sie als PR-Verantwortlicher können Ihre Augen und Ohren nicht überall haben
*   Beobachten Sie, welche „Themen des Tages" weltweit, in Deutschland und in Ihrer Stadt aktuell sind und prüfen Sie, was Sie als Krankenhaus hierzu beisteuern können oder mit welchen Anfragen Sie rechnen müssen
*   Machen Sie sich einen guten Themenplan fürs ganze Jahr, den Sie flexibel handhaben. Ihr Jahresplan „atmet", Themen kommen spontan hinzu, andere verlieren an Bedeutung und fallen raus
*   Besuchen Sie zwischen Ende November und Mitte Dezember die wichtigsten Redaktionen vor Ort und stellen Sie Ihren PR-Plan fürs nächste Jahr vor. Besprechen Sie bei diesem Termin viel Privates: Wie und wo

feiern Sie Weihnachten, welche Geschenke gibt es? Zehn Minuten reservieren Sie für Ihren Plan und die Rückmeldungen der Redakteure hierzu

• Vor jeder Kommunikation kommt die Aktion. Schlagen Sie Ihrer Geschäftsführung Aktivitäten vor, mit denen Sie positive Schlagzeilen produzieren können

Schreiben für die Zeitung 4

Schon klar: Lesen kann jeder, schreiben auch. Wenn dem tatsächlich so wäre, gäbe es nicht so viele Pressetexte, die ungelesen im (elektronischen) Mülleimer der Redakteure landen und die niemals eine Chance auf Veröffentlichung haben. In diesem Kapitel erfahren Sie, welche Anforderungen Journalisten an Pressetexte stellen, damit sie diese a) überhaupt lesen und b) eventuell hieraus einen Artikel anfertigen.

4.1 Kommen Sie gleich zur Sache: die fünf W-Fragen

In Kap. 3 haben Sie viele Themenvorschläge kennen gelernt, mit denen Sie bei den Medien landen können. Jetzt geht es darum, dass Sie diese Ideen erfolgreich umsetzen und die Energie, die in den Geschichten steckt, auf die Straße bringen. Machen Sie Journalisten auf sich aufmerksam, indem Sie ihnen eine gut gemachte Pressemeldung zuschicken. Das kommt immer an!

Erfolgreiches Schreiben für die Zeitung bedeutet, die formalen und inhaltlichen Regeln einzuhalten, die im Journalismus für die Erstellung von Artikeln gelten. Die erste und wichtigste Regel besteht darin, ohne Umschweife auf den Punkt zu kommen. Sagen Sie in den ersten drei Sätzen, um was es geht, was Ihre Nachricht ist. Damit geben Sie dem Journalisten die Möglichkeit schnell zu entscheiden: „Interessiert mich oder interessiert mich nicht."

Beantworten Sie am Anfang Ihres Artikels sofort die fünf „W"-Fragen:

Wer – Was – Wann – Wo – Wie

© Springer Fachmedien Wiesbaden 2015
R. Schäfer, *Erfolgreiche PR-Arbeit für Krankenhäuser,*
DOI 10.1007/978-3-658-06361-0_4

Fügen Sie im Geiste noch ein paar Wörter ein, dann liest sich das so:
Wer macht was zu welchem Zeitpunkt an welchem Ort auf welche Art und Weise?
Ein Beispiel: „Prof. Dr. Michael Mustermann ist der neue Chefarzt der Frauenklinik am XY-Krankenhaus. Er nimmt seine Arbeit zum 1. Juli auf. Sein wichtigstes Ziel ist der Aufbau eines Brustkrebszentrums."

Neben den genannten fünf W-Klassikern werden in der Literatur zwei weitere W-Fragen genannt: „warum" und „mit welchen Folgen". Wenn Sie hierzu Informationen haben, sollten Sie diese platzieren, ansonsten sind Journalisten mit der Beantwortung der *fünf* W-Fragen voll zufrieden.

Die Fixierung auf die W-Fragen macht deutlich, dass ein journalistischer Text ganz anders aufgebaut ist als ein Roman, eine Erzählung, ein Schulaufsatz, eine Erörterung – oder die Imagebroschüre eines Krankenhauses. Die allgemeinen Vorzüge und Stärken Ihrer Klinik können Sie in einer Pressemeldung unterbringen, nur eben nicht am Anfang, sondern am Ende des Textes, wo ausreichend Platz für ein Porträt ist. Im weiteren Verlauf dieses Kapitels erfahren Sie, wie solch ein Kurzporträt aussehen kann.

Stellen Sie Nähe her Fragen Sie sich beim Schreiben Ihrer Pressemeldung, welche Bedeutung der beschriebene Sachverhalt für die Leser, Zuhörer und Zuschauer hat und benennen Sie diese Bedeutung gleich zu Beginn Ihrer Meldung. Die Anschaffung neuer Geräte oder die Entwicklung neuer OP-Verfahren haben ja nur deshalb einen Sinn, weil sich damit zum Beispiel die Diagnosemöglichkeiten verbessern oder die Sicherheit beim Operieren erhöht wird oder weil die chirurgischen Eingriffe noch schneller und schonender vonstattengehen und die Rehabilitation noch früher beginnen kann. Nennen Sie diese Vorzüge gleich am Anfang Ihres Artikels. Damit signalisieren Sie, dass Sie Ihre Zielgruppe im Auge haben.

Vom Wichtigen zum Unwichtigen Schildern Sie zu Beginn die wichtigsten Aspekte Ihrer Nachricht und kommen Sie nach und nach auf weitere Details zu sprechen. Sie müssen gleich am Anfang das große Geschütz auffahren, um das Interesse Ihrer Ansprechpartner bei den Medien zu wecken. Hat der Journalist den Einstieg gefunden, dann können Sie weitere Einzelheiten schildern. Nicht vorher. Wenn Sie die hier genannte Regel berücksichtigen, dann erleichtern Sie den Journalisten außerdem die Arbeit, sofern sie aus Ihrem Pressetext eine Meldung machen möchten. Ist etwas zu kürzen und alles Wichtige in den ersten Zeilen beschrieben, kann der Journalist getrost mitten im Text die „Delete"-Taste drücken, um die gewünschte Länge herzustellen. Üblicherweise wird diese Goldene Regel zur Erstellung von Pressetexten mit einer auf dem Kopf stehenden Pyramide illustriert (siehe Abb. 4.1).

Abb. 4.1 Pressetexte
beantworten immer zuerst
die W-Fragen

4.2 Seien Sie ein guter Übersetzer

**Schreiben Sie nur das auf, was Sie verstanden haben und erklären kön-
nen** Schreiben Sie nichts in den Text, was Ihnen unklar ist. Das merkt der Leser
und außerdem müssen Sie damit rechnen, dass ein Journalist nachhakt und genau
zu diesem Punkt etwas wissen will. Wenn Sie dann mit den Schultern zucken,
macht das auch am Telefon keinen guten Eindruck und beschädigt Ihre Position als
kompetenter Ansprechpartner.

Für Ihr hausinternes Recherchegespräch, das Sie mit dem Chefarzt, dem Pflegedienstleiter oder dem Beauftragten für Qualitätsmanagement führen, bedeutet das:
Fragen Sie nach. Fragen Sie solange nach, bis Sie die Sache wirklich verstanden
haben. Hier gilt der Satz: „Es gibt keine dummen Fragen, nur dumme Antworten!"
Am besten, Sie fassen die schwierigen Sachverhalte während des Gesprächs in
Ihren eigenen Worten zusammen. Dann haben Sie den Gesprächspartner gleich vor
sich sitzen, der Sie korrigieren kann. Wenn Sie das Ganze in Ihren eigenen Worten
notieren, haben Sie eine gute Stichwortliste zur Erstellung des Pressetextes.

Habe ich es mit einem Gesprächspartner zum ersten Mal zu tun, sage ich immer: „Ich bin Ihr erster Leser. Wenn ich es verstanden habe, dann verstehen es
auch die Leute da draußen, für die es gedacht ist: die Journalisten und die Leser, Zuhörer und Zuschauer der verschiedenen Medien." Dieser Hinweis hilft und
schafft Verständnis für die vielen Fragen, die ich im Laufe des Gesprächs stelle
(vgl. Abb. 4.2).

Wie gründlich man für Verständlichkeit sorgen kann, wird besonders bei Aufnahmen fürs Fernsehen deutlich. So gut wie nie geben sich die TV-Redakteure mit
der ersten Antwort eines Arztes zufrieden. Fast immer enthält sie zu viele Fach-

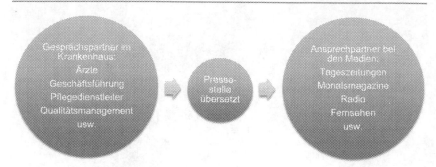

Abb. 4.2 Zentrale Funktion der Pressestelle

begriffe, die Sätze sind zu lang und am Ende weiß keiner so recht, um was es geht
– außer dem Arzt. Es ist ein übliches Bild, dass während der Dreharbeiten für einen
Fernsehbeitrag die Auskünfte des Mediziners viele Male aufgezeichnet werden,
ehe der Redakteur zufrieden ist. Er hat schließlich sein Publikum vor Augen, das
die Sätze des Arztes auf Anhieb verstehen muss, selten Medizin studiert hat und
häufig genug noch auf einen zweiten Bildschirm (Smartphone, iPad o.ä.) schaut.

In diesem Zusammenhang ganz wichtig: Fremdwörter übersetzen. Der Arzt
und Kabarettist Eckart von Hirschhausen bringt es auf den Punkt: Mit Latein und
Griechisch verwenden die Mediziner zwei tote Sprachen, um dem Wunder des
Lebens Ausdruck zu verleihen. Als Presseverantwortlicher einer Klinik haben Sie
hier oft Übersetzungsarbeit zu leisten. Das gelingt am besten, wenn Sie, wie oben
erwähnt, hartnäckig nachfragen, was das lateinische oder griechische Wort auf
Deutsch bedeutet.

Zu diesem Thema gibt es ein passendes Sprichwort: „Der klassische Arzt spricht
Latein, der moderne Arzt spricht Englisch und der gute Arzt spricht die Sprache
seiner Patienten" In den meisten Fällen ist die Sprache der Patienten deutsch. Sie
sollten sich daran halten.

Auch von der Verwendung englischer Ausdrücke ist abzuraten. Zwar tauchen
englische Begriffe mittlerweile überall in unserer Alltagssprache auf und sugge-
rieren, dass allen Nutzern die Bedeutung klar ist. Doch es wird schlichtweg über-
schätzt, wie viele Menschen gut Englisch sprechen können. Deshalb: Ein Tool ist
ein Werkzeug und kein Tool.

> **Praxistipp** Leisten Sie Übersetzungsarbeit. Verwenden Sie zuerst das
> deutsche Wort und notieren in Klammern den lateinischen, griechi-
> schen oder englischen Fachausdruck: Kniescheibe (lat.: Patella).

Übersetzungsarbeit in diesem Sinne kann übrigens einen sehr positiven Nebeneffekt haben. Wenn Sie wie beschrieben hartnäckig nachfragen und auf der Verwendung von deutschen Begriffen sowie einer leicht verständlichen Beschreibung von Verfahren und Methoden bestehen, kann dies dazu führen, dass ihr ärztlicher Ansprechpartner dies künftig berücksichtigt und bei seinen Patientengesprächen auf mehr Verständlichkeit achtet. Schließlich hat er von Ihnen erfahren, wie unverständlich die Fachsprache ist und wie einfach er für eine gute Kommunikation sorgen kann.

4.3   Attraktive Wörter, aktiver Stil

Hände weg von solchen Hauptwörtern Klärung, Durchführung, Umsetzung, Implementierung, Realisierung, Inkraftsetzung – und Stopp. Länger soll diese Liste gar nicht sein, auch so ist klar: Texte mit diesen Begriffen wecken kein Interesse. Sie erinnern an Briefe vom Amt, an Strafzettel oder Steuerbescheide. Sie sollten deshalb den *Nominalstil ignorieren* und solche Wörter nicht in Ihren Pressemeldungen verwenden. „Im Rahmen der Klärung der Nachfolgefrage des vakanten Postens des Leiters der Herzklinik konnte jetzt ein Ergebnis erzielt werden" geht auch anders: „Prof. Mustermann ist der neue Leiter der Herzklinik." Punkt.

> ⯈   **Praxistipp**   Fragen Sie sich: Geht es kürzer? Würde ich einem Bekannten davon in dieser Art und Weise erzählen? Würde ich diese Begriffe verwenden?

In diesem Zusammenhang: Bleiben Sie aktiv Nichts langweilt mehr als Texte mit Passiv-Formulierungen. Das erinnert ebenfalls an Behördendeutsch: „Ihnen wird vorgeworfen…" Die Akteure können sich hinter den Passiv-Formulierungen gut verbergen, sie tauchen als handelnde Personen nicht auf. Aber Sie als Vertreter eines Krankenhauses haben ja nichts zu verbergen, Sie möchten gesehen werden. Schauen Sie sich die Sachverhalte, die Sie schildern, genau an: Wer macht was? Benennen Sie die Akteure so oft wie möglich.

Beispiele

Anstatt „…werden unsere Besucher gebeten, den Desinfektionsspender für Hände im Foyer zu benutzen", texten Sie lieber: „Deshalb bittet Hygienefachmann Max Mustermann alle Besucher, den Desinfektionsspender im Foyer zu benutzen."

Über eine Vernissage in Ihrer Klinik könnten Sie schreiben: „Ausstellung wird am Freitag eröffnet". Das tun Sie aber nicht. Sie schreiben stattdessen: „Patienten zeigen ab Freitag Ihre Kunstwerke".

Die Patienten in Ihrer Klinik werden nicht einfach in ihrem Bett oder einem Rollstuhl zur OP oder zur Untersuchung gebracht, sondern die Mitarbeiter des Patientenservices fahren sie dort hin.

In einer Reportage über die Leistung Ihrer Krankenhausküche könnte es heißen: „Jeden Tag werden über 2000 Mahlzeiten zubereitet." Viel besser schmeckt aber: „Das 50köpfige Team um Küchenchef Boris Immerlecker bereitet Tag für Tag über 2000 Mahlzeiten zu."

> **Praxistipp** Sie können Ihre gesamte Einrichtung zu einem Akteur machen: „St. Katharinen-Hospital lädt zum Tag der offenen Tür" anstatt: „Am St. Katharinen-Hospital wird ein Tag der offenen Tür durchgeführt".

Ersetzen Sie Phrasen und Klischees Mit Ihren Pressetexten wollen Sie die größtmögliche Aufmerksamkeit erzielen. Einige Zutaten haben Sie bereits kennen gelernt. Neuigkeiten ohne Umschweife zu benennen und ein aktiver Schreibstil gehören dazu. Was nicht dazu gehört, sind Phrasen und Sprachklischees. Sie ermüden und bergen die Gefahr, dass Ihre Leser die Lust an der Lektüre verlieren.

Beispiele

Wenn Sie einen Tag der offenen Tür organisieren, haben viele Mitarbeiter Ihrer Klinik vorher viel Arbeit. Jeder weiß das. Es spricht nichts dafür, dass Sie reflexhaft schreiben: die Vorbereitungen laufen auf Hochtouren. Schildern Sie lieber an drei oder vier Beispielen, was die Beschäftigten Ihres Krankenhauses tun, um den Tag der offenen Tür zu einem gelungenen Ereignis für Ihre Besucher und Ihre Mitarbeiter zu machen.

Wenn erfahrene Hebammen ihre Tipps und Tricks weitergeben, wie Mütter mit ihren Neugeborenen gut umgehen können, dann sollten Sie die Hebammen nicht aus dem Nähkästchen plaudern lassen. Klingt albern. Hebammen arbeiten im Kreißsaal nicht mit Nähkästchen, sondern leisten professionelle und verantwortungsvolle Arbeit.

Ein Chefarzt, der viele Jahre bei Ihnen gearbeitet hat, geht in Rente. In den verdienten Ruhestand sollten Sie ihn deshalb aber noch lange nicht schicken. Zum einen ist eine solche Formulierung so ausgetreten wie ein Kaugummi in der Fußgängerzone und zum anderen sind Chefärzte noch extrem rührig, auch wenn sie nicht mehr an Ihrer Klinik arbeiten.

In Ihrer Patientenbibliothek stehen interessante Neuerscheinungen, die sich die Patienten während des stationären Aufenthaltes ausleihen können. Wenn Sie es unterlassen, diese Menschen als Bücherwürmer und Leseratten zu verunglimpfen, haben Sie in Ihrer Pressemitteilung ein gutes Werk getan. Ihr Verein für Prävention und Rehasport bietet seit Neuestem Kurse zum Aquajogging an. Dass die Teilnehmer voller Freude zu Beginn der Trainingsstunde ins kühle Nass springen, sollten Sie andere schreiben lassen. Sie können es besser!

Beschreiben Sie die gleiche Person oder die gleiche Sache mit dem gleichen Wort. Erinnern Sie sich noch an Ihren Deutschunterricht? In Wortfeldern sollen Schüler so viele Varianten eines Begriffs finden wie möglich. Für gehen also laufen, schlendern, bummeln, latschen und so weiter. Wer das einmal eingeübt hat, beherzigt es offenbar ein Leben lang. Auch beim Verfassen von Pressetexten. Doch hier hat das angestrengte Suchen nach Synonymen nichts verloren. Wenn Sie einen Sachverhalt oder eine Person im Text erstmals vorgestellt haben, dann sollten Sie bei den hier gewählten Begriffen bleiben, wenn Sie im weiteren Verlauf nochmals auf diesen Sachverhalt oder diese Person zu sprechen kommen. Die neue leitende Hebamme Monika Mustermann ist in Ihrem Text nichts anderes als Monika Mustermann, die neue leitende Hebamme. Selbstverständlich können Sie berichten, dass sie zwei Kinder hat und in Berlin aufwuchs, doch „Die zweifache Mutter" oder „Die Berlinerin" ist als Satzeinstieg völlig ungeeignet. Es schafft Verwirrung und der Leser fragt sich, ob Sie hier plötzlich eine weitere Person vorstellen möchten.

4.4 Ihre Sätze sitzen

Satzlänge: In der Kürze liegt die Klarheit Überlassen Sie Bandwurmsätze den anderen. Sie schreiben kurz und prägnant. 12 bis 18 Wörter pro Satz sind meistens genug. Packen Sie nicht mehr als einen Nebensatz hinein. Ein einfacher Test gibt Ihnen Auskunft darüber, ob Ihre Satzlänge angemessen ist: Lesen Sie Ihren Satz laut vor. Wenn Sie dabei dreimal tief Luft holen müssen, sollten Sie diese Riesenwurst in zwei bis drei mundgerechte Happen aufteilen.

Hauptsachen in Hauptsätze. Verwenden Sie für die wichtigen Aussagen nur Hauptsätze, Nebensätze reservieren Sie für nebensächliche Erläuterungen, Vertiefungen und Betrachtungen. Fragen Sie sich: Was sind die zentralen Punkte, um die es geht? Diese Aussagen kleiden Sie in Hauptsätze, alles andere verstauen Sie in Nebensätzen. Beispiel Jubiläum Schmerzfreies Krankenhaus: „Die Mustermann-

Klinik ist seit fünf Jahren ‚Schmerzfreies Krankenhaus'. Tausenden von Patienten blieben dadurch viele Schmerzen nach Operationen erspart." Die Hauptsache steht im ersten Hauptsatz, die Hintergrundinformation kommt danach und nichts wird auf folgende Art kombiniert: „Weil das Mustermann-Krankenhaus seit fünf Jahren ‚Schmerzfreies Krankenhaus' ist, blieben zahlreichen Patienten viele Schmerzen nach Operationen erspart."

Zu den Nebensätzen gibt es noch folgendes zu beachten: Pfriemeln Sie keine Nebensätze in Hauptsätze hinein. Dort haben die Nebensätze nichts zu suchen, sondern sie stiften nur Verwirrung. Die Nebensätze bringen Zusatzinformationen ins Spiel, mit denen der Leser in diesem Moment noch gar nichts anfangen kann – weil er die Hauptsache noch nicht vollständig erfasst hat: „Das neue Ärztehaus wird, nachdem die ersten Mieter wie die Radiologische Praxis Mustermann und die Apotheke Am Sonnigen Berg schon seit Ende der Osterferien präsent sind, am 1. Juli offiziell eingeweiht." Nachdem im ersten Satzteil etwas angekündigt wird, folgen gefühlt 100 Wörter mit Zusatzinformationen, ehe der eigentliche Sachverhalt benannt wird: die Einweihung am 1. Juli. Wenn Sie das entzerren und zunächst in aller Ruhe von der Einweihung am 1. Juli berichten und danach auf die ersten Mieter zu sprechen kommen, liest sich das viel flüssiger.

4.5   Zitieren und vergleichen Sie

Lassen Sie Ihre Gesprächspartner zu Wort kommen Zitieren Sie Ihre Gesprächspartner, damit Sie Sachen zusammenfassen können und Ihrer Mitteilung eine persönliche Note geben. „Außerdem wissen die Journalisten dadurch sofort, welche Quelle Sie für die Information angezapft haben", erklärt der Leiter der Unternehmenskommunikation, Dr. Peter Expert.

Wenn Sie nicht selbst diese sogenannten O-Töne verwenden, kann es Ihnen passieren, dass die Journalisten später auf Basis Ihrer Meldung solche Zitate eigenständig einbauen. Also: Sorgen Sie für die Zitate lieber gleich selbst. Mit folgenden Verben können Sie Ihre Gesprächspartner Dinge sagen lassen: sagt, erklärt, bilanziert, meint, ergänzt oder kommentiert. „Manchmal erfüllt auch ein ganz einfaches ‚so' ebenfalls diesen Zweck", so Dr. Peter Expert abschließend.

Machen Sie Sachverhalte anschaulich Längenangaben, Flächenangaben, Kilometerangaben – alles sehr abstrakte Dinge, die man sich nur schwer vorstellen kann. Deshalb: Geben Sie Ihrem Leser eine Idee davon, was Ihre Zahlen, Daten und Fakten bedeuten. Verwenden Sie Vergleichsmaßstäbe, mit denen die Menschen etwas anfangen können, die sie kennen.

Beispiele

Viele Leute haben eine Vorstellung von der Größe eines Fußballfeldes. Wenn Sie über Ihren Neubau schreiben, illustrieren Sie dies am besten so: „Die Geschossfläche umfasst 30.000 Quadratmeter, was der Fläche von rund vier Fußballfeldern entspricht."

Die Mitarbeiter des Patientenservices legen in vielen Krankenhäusern jeden Tag viele Kilometer zurück, um die Patienten in ihrem Bett oder im Rollstuhl durch die Klinik zur nächsten Untersuchung oder OP zu rollen. Wie viele Kilometer sind es im Jahr bei Ihnen? Reicht es für „einmal um die ganze Welt", also rund 40.000 Kilometer, oder immerhin noch für die 6200 Kilometer von Frankfurt nach New York?

Der Chefarzt einer Frauenklinik geht nach einem Vierteljahrhundert in den Ruhestand. In dieser Zeit sind Tausende von Jungen und Mädchen auf der Geburtsstation zur Welt gekommen. Wenn Sie diese Zahl veranschaulichen und in Beziehung setzen zur Einwohnerzahl des Ortes oder einzelner Stadtteile, haben die Leser der Lokalzeitung eine sehr genaue Vorstellung davon, was die vielen Babies bedeuten. „Die Zahl der Neugeborenen, die in der Amtszeit von Dr. Mustermann auf die Welt gekommen sind, entspricht der Einwohnerzahl der Gartenstadt".

4.6   Ihre Überschriften machen neugierig

Gelungene Überschriften sind ein toller Einstieg in den Text. Überschriften setzen sich aus Hauptzeile und Unterzeile zusammen. Überschriften haben eine klare Aussage und sie geben den wichtigsten Inhalt Ihrer Pressemeldung wieder.

Suchen Sie nach unerwarteten Kombinationen oder knackigen Zitaten, die Sie aus Ihrem Text ziehen können. Wenn Sie hier Treffer landen, haben Sie die Aufmerksamkeit der Journalisten gewonnen.

So könnte es gehen:

- Über einen neuen Lungenspezialisten, der seine Arbeit auf den Punkt bringt: „Atmen ist Leben"
- Über eine neue leitende Hebamme, die den Eltern nach der Geburt ihres Kindes eines anbieten möchte, nämlich: „Flitterwochen zu dritt"
- Über einen Krankenhausseelsorger, der seine Erfahrung zusammenfasst: „Patienten sind die besten Lehrmeister"

Wenn Sie das Zitat alleine in der Hauptzeile stehen lassen, dann mit Anführungszeichen. Wenn Sie die Person voranstellen, von der das Zitat stammt, dann benötigen Sie keine „Gänsefüßchen", wie hier beim Spatenstich eines Erweiterungsbaus:Klinikdirektor: Hier entsteht eine feine und sichere Geburtshilfe

Nun ist nicht an jedem Tag Weihnachten und manche Pressemeldung kommt trotz aller kreativer Mühe ein wenig nüchterner daher. Oder aber Ihr Gesprächspartner hat eben seine Arbeit nicht überschriftenreif auf den Punkt gebracht. Kein Problem. Sagen Sie in Ihrer Hauptzeile kurz und knapp, um was es geht: „Infotag Diabetes am Samstag". Damit lassen Sie den Journalisten auch die Möglichkeit, selbst die Sache noch etwas prickelnder zu gestalten. Manche Redakteure betrachten es als Herausforderung, mit einem eigenen Einfall zu glänzen. Zumal sie sicher gehen wollen, nicht mit der gleichen Überschrift zu erscheinen wie das lokale Konkurrenzblatt, an das Ihre Pressemeldung ebenfalls gegangen ist. In der Unterzeile präzisieren Sie den Sachverhalt. Die Unterzeilen geben wichtige ergänzende Informationen zur Beantwortung der W-Fragen.

Infotag Diabetes am Samstag Mustermannklinik: Fachvorträge und Ernährungsberatung von 11 bis 14 Uhr

> **Praxistipp** In der Überschrift gibt es weder Punkt noch Komma und
auch keine Ausrufezeichen.

4.7   Formale Hinweise, technische Details und Testläufe

Vor- und Zuname, Titel und Funktion Journalisten wollen immer wissen, wie die Menschen heißen. In journalistischen Texten heißen sie aber nicht „Frau Mustermann", sondern „Monika Mustermann". Also lassen Sie die Anrede Frau oder Herr in Ihren Pressemeldungen weg und erkundigen sich lieber nach dem Vornamen Ihres Gesprächspartners. Das erspart lästiges Nachfragen aus den Redaktionen.

Im Krankenhaus arbeiten viele Menschen mit akademischen Titeln. Diesen schreiben Sie bei der ersten Erwähnung auf, im weiteren Verlauf des Textes können Sie ihn weglassen.

Die Beschäftigten in der Klinik haben eine Funktion: Chefarzt oder Leiter der Abteilung Hauswirtschaft oder Mitglied der Geschäftsführung. Sobald Sie einen dieser Zeitgenossen in Ihrem Text zum ersten Mal erwähnen, müssen Sie seine Funktion beschreiben.

➤ **Praxistipp** Um Bandwurmkonstruktionen zu vermeiden, können Sie folgende elegantere Lösung wählen: Sie erwähnen im ersten Satz Titel und Namen und schieben zu Beginn des nächsten Satzes die Funktion nach: „… sagt Prof. Dr. Michael Mustermann. Der Chefarzt der Klinik für Innere Medizin empfiehlt allen Patienten… "

Zahlen und Maßangaben Schreiben Sie immer alles aus und verwenden Sie keine Abkürzungen. Es heißt nicht „cm", sondern Zentimeter, genauso wie Kilometer (statt km) und Kilogramm (statt kg). Die Zahlen von 1 bis 12 schreiben Sie ebenfalls als Wort und nicht als Ziffer: eins, zwei, drei bis zwölf und erst ab der Ziffer dreizehn können Sie die 13 notieren.

➤ **Praxistipp** Machen Sie sich die Mühe, diese scheinbaren Kleinigkeiten zu berücksichtigen. Sie ersparen den Redakteuren eine Menge Korrekturen und arbeiten auch in dieser Hinsicht an Ihrem guten Ruf bei den Journalisten. Texte, die wenig Arbeit machen, sind willkommener als Artikel, die von Grund auf umgeschrieben und verändert werden müssen.

Bildunterschrift Keine Pressemeldung ohne gute Bilder. Am Ende Ihres Pressetextes gibt es die Zwischenzeile: „Bildunterschrift" mit allen Vor- und Nachnamen der abgelichteten Menschen und einer kurzen Erklärung, bei welchem Anlass die Fotos entstanden sind.

Ansprechpartner Nennen Sie am Ende des Textes zwei Ansprechpartner:

1. Einmal den oder die Experten, die in dem Text zu Wort kommen samt Funktionsbeschreibung und Kontaktdaten. Klären Sie zuvor die Kleiderordnung in Ihrem Haus ab, ob die Presse dort direkt anrufen kann oder ob sowieso alle Medienanfragen über die Pressestelle laufen sollen.
2. Ansprechpartner für die Presse mit allen Kontaktdaten. Das sind Sie. Kurzporträt am Fuß des Textes. Erstellen Sie ein Kurzporträt, das in wenigen Sätzen Ihre Einrichtung beschreibt und das Sie am Fuß jeder Meldung anfügen, die Sie verschicken. Wenn Sie bei dem kostenlosen Portal www.openpr.de Meldungen veröffentlichen, müssen Sie diese Angabe auch einstellen.

Universitätsklinikum und Medizinische Fakultät Heidelberg
Krankenversorgung, Forschung und Lehre von internationalem Rang
Das Universitätsklinikum Heidelberg ist eines der bedeutendsten medizinischen Zentren in Deutschland; die Medizinische Fakultät der Universität Heidelberg zählt zu den international renommierten biomedizinischen Forschungseinrichtungen in Europa. Gemeinsames Ziel ist die Entwicklung innovativer Diagnostik und Therapien sowie ihre rasche Umsetzung für den Patienten. Klinikum und Fakultät beschäftigen rund 11.000 Mitarbeiterinnen und Mitarbeiter und engagieren sich in Ausbildung und Qualifizierung. In mehr als 50 klinischen Fachabteilungen mit ca. 2.200 Betten werden jährlich rund 118.000 Patienten voll- bzw. teilstationär und 1.000.000 mal Patienten ambulant behandelt. Das Heidelberger Curriculum Medicinale (HeiCuMed) steht an der Spitze der medizinischen Ausbildungsgänge in Deutschland. Derzeit studieren ca. 3.500 angehende Ärztinnen und Ärzte in Heidelberg. (https://www.klinikum. uni-heidelberg.de/fileadmin/pressestelle/Hochmodern.pdf; Zugriff: 31.7.2014)

Technische Details Der Aufbau, die Sprache und der Stil sind für das Gelingen einer guten Pressemitteilung wichtig. Damit Ihr Text richtig ankommt, müssen Sie ferner einige technische Aspekte berücksichtigen.

- Verfassen Sie Ihren Text als Word-Dokument.
- Lassen Sie Ihren Text fortlaufend in den Rechner fließen, zwar mit Punkt und Komma, jedoch ohne jede weitere Bearbeitung: Sie fügen keine unnötigen Leerzeichen ein und trennen auch nichts. Das Silbentrennprogramm ist für Sie tabu. Längere Wörter rutschen dann zwar als Ganzes in die nächste Zeile und es entsteht weißer Raum in der Zeile davor. Macht nichts. Jeden Trennstrich, den Sie einfügen, müssen Journalisten mitunter mühsam wieder entfernen. Sie sind hierüber nicht erfreut.
- Bauen Sie Bilder nicht in die Textdatei ein. Speichern Sie Bilder als eigene Datei im JPEG-Format ab und verschicken Sie sie gemeinsam mit Ihrem Text.

Die Textlänge Hängt davon ab, was Sie zu sagen haben. Manchmal reichen ein paar Zeilen aus, manchmal füllen Sie vielleicht mit Ihrer Meldung zwei ganze Seiten. Solange Sie interessante Sachverhalte schildern, die für eine Veröffentlichung in Frage kommen, gibt es kein Limit. Wenn Sie allerdings beginnen, aus Ihrer Imagebroschüre zu zitieren und nichts Neues mitzuteilen haben, wird es höchste Zeit, zum Ende zu kommen.

Texte auf dem Prüfstand Der Bildschirm täuscht. Machen Sie sich auf jeden Fall von Ihrem Text einen Ausdruck. Papier und Bleistift (beziehungsweise Rotstift) sind der Korrektur am Bildschirm haushoch überlegen. Sie werden auf dem Papier Fehler entdecken, die Sie auf dem Bildschirm beim besten Willen nicht gefunden haben. Danach folgt Stufe zwei des Texttests. Das Gute hieran ist, dass Sie auch diesen Schritt alleine gehen können. Ziehen Sie sich in ein ruhiges Eck zurück und lesen Sie den Artikel laut vor. Sie werden staunen, wie schnell Sie die Passagen bemerken, bei denen es ruckelt und hakt. Hier stolpern Sie beim Lesen und verlieren schnell den Faden. Dies gibt Ihnen wertvolle Hinweise, wo Sie nochmals Hand anlegen müssen. Nach der ersten Solo-Testfahrt laden Sie einen Kollegen ein und bitten Sie ihn um Rückmeldung. Vier Augen sehen bekanntlich mehr als zwei und der frische Blick von außen beantwortet schnell die Frage, ob Ihre Meldung von Dritten verstanden wird.

4.8   Wie und wann schreiben Sie am besten?

Seitdem Menschen Texte erstellen, müssen sie die Frage klären, wie und wann sie das am besten schaffen. Um in überschaubarer Zeit zu einem guten Ergebnis zu kommen, ist es hilfreich, sich selbst zu kennen. Welcher Schreibtyp sind Sie? Der Vollgasschreiber oder der strukturierte Stop-and-Go-Schreiber? Verfassen Sie Texte lieber morgens oder nachmittags (vgl. Abb. 4.3)

Das *Vollgasschreiben* funktioniert so: Sie lesen sich Ihre Aufzeichnung durch, breiten die Notizen und andere Quellen konzentrisch um Ihren PC aus, gehen vorher nochmals auf die Toilette, holen sich einen Kaffee und hängen das Schild „Bitte nicht stören" an Ihre Bürotür. Ihre E-Mails und alle Social-Media-Kanäle ignorieren Sie ab jetzt. Dann geht's los: Sie bilden ganze Sätze und Absätze um die Stichworte herum und lassen die Tasten glühen. Sie achten nicht auf Rechtschreibfehler, ob Sie Dinge vielleicht doppelt erwähnt haben und ob der Aufbau super stringent ist. Sie machen nur eines: Sie schreiben alles auf, was wichtig ist und machen Masse, Textmasse um genau zu sein. Wenn Sie sich leer geschrieben haben, atmen Sie auf, machen eine Pause, lockern die Schultern, lüften quer und gehen den Text nochmals Schritt für Schritt durch. Jetzt ist Zeit für Korrekturen, die Sie entspannt vornehmen können, weil Sie ja schon ein gutes Stück produziert haben. Der Feinschliff ist schnell erledigt. Ganz zum Schluss setzen Sie Ihrer Pressemeldung noch die Krone auf und komponieren eine treffende Überschrift samt Unterzeile.

Abb. 4.3 Die Schreibtypen im Überblick

Das *Stop-and-Go-Schreiben* funktioniert ebenfalls am besten, wenn Sie ungestört am Stück arbeiten, sich weder von Kollegen noch vom Telefon oder E-Mails ablenken lassen. Das planvollere Vorgehen bei der Texterstellung fängt schon bei der Überschrift an, die Sie als erstes erstellen. Somit haben Sie Ihren Rahmen gespannt, der Ihnen die Richtung für den Text vorgibt. Bevor Sie ans Ausformulieren gehen, haben Sie sich genau überlegt, welche Informationen im ersten, zweiten und dritten Absatz dargestellt werden sollen. Sie machen sich genauestens Gedanken über Ihre Formulierungen, die Sie im wahrsten Sinne des Wortes druckreif zu Papier bringen. Ihre Sätze sitzen auf Anhieb und bedürfen keiner Korrektur. Das spart später wertvolle Zeit. Absatz um Absatz arbeiten Sie sich langsam aber stetig voran.

Auch die Frage nach der besten Tageszeit ist wichtig. Manchen Menschen fließen am frühen Morgen die Formulierungen gerade so in die Tasten. Sie machen es wie Gustav Aschenbach aus „Der Tod in Venedig", der „die Kräfte, die er im Schlaf gesammelt, in zwei oder drei inbrünstig gewissenhaften Morgenstunden der Kunst zum Opfer dar(bringt, Ergänzung RS)." (Mann, 2012, Seite 181). Andere Autoren dagegen haben zu diesem Zeitpunkt noch lange nicht ihre Betriebstemperatur erreicht, sie fühlen sich erst am Nachmittag oder Abend so richtig wohl beim Schreiben.

Ob Vollgasschreiber oder Morgentyp: Probieren Sie einfach verschiedene Vorgehensweisen und verschiedene Tageszeiten aus und versuchen Sie, Ihre Texte genau mit diesem Vorgehen und genau zu diesem Zeitpunkt zu erstellen. Das wird Ihnen viel unnötige Mühe und Zeit ersparen.

4.9 Pressemeldungen: Drei Beispiele

Beispiel 1

Pressemeldung, Mustercity, 15. Juni 2014

Brillante Bilder aus dem Darm Mustermannklinik: Endoskopische Geräte der neuesten Generation im Einsatz

Mehr Komfort für Patienten bietet die neueste Generation der endoskopischen Geräte, die seit kurzem in der Inneren Medizin am Mustermannkrankenhaus im Einsatz ist. Die 15 High-Tech-Apparate sind dünner als ihre Vorgänger und sie liefern bis dahin nicht gekannte brillante Bilder aus den Verdauungsorganen. „Alles in HD-Qualität", nennt Chefarzt Dr. med. Musterdoktor ein Stichwort, das seine Patienten normalerweise von ihrem Flachbildschirm im Wohnzimmer kennen. Farbfilter erhöhen zudem den Kontrast oder lassen Blutgefäße deutlicher hervortreten. Am Mustermannkrankenhaus werden die endoskopischen Geräte eingesetzt, um innerhalb des gesamten Magen-Darm-Traktes zu diagnostizieren und zu therapieren.

Beispiel Darmkrebs: Diese Erkrankung ist die zweithäufigste Krebserkrankung bei Männern und Frauen. Dem wäre durch Vorsorgeuntersuchungen leicht vorzubeugen. „Bei endoskopischen Untersuchungen des Darms können wir Diagnose und Therapie in einem Arbeitsgang erledigen", erklärt Dr. Musterdoktor. Wenn er oder einer seiner zwei Oberärzte während einer Darmspiegelung auf Polypen trifft, werden diese gleich entfernt und zur weiteren Gewebeuntersuchung in die Pathologie geschickt. „Nicht jeder Polyp entwickelt sich zu einem Krebsgeschwür, aber jeder Tumor war zuvor ein Polyp", erklärt Dr. Musterdoktor dieses Vorgehen. „Und weil man nicht weiß, welcher Polyp sich zu Krebs entwickelt, werden alle entfernt." Die spätere Auswertung des Gewebes gibt Aufschluss, ob eine weitere Behandlung notwendig ist.

Im Zuge der Krebsvorsorge hat jeder Versicherte der Gesetzlichen Krankenkassen ab dem 55. Lebensjahr Anspruch auf eine solche Untersuchung. Wird dabei nichts gefunden, hat man nach Auskunft von Dr. Musterdoktor zehn Jahre Zeit bis zur nächsten Kontrolle. Und wenn auch hier alles im grünen Bereich ist, „können Sie das Thema Darmkrebs vergessen", so Dr. Musterdoktor.

Natürlich weiß der erfahrene Chefarzt um die Befürchtungen, die seine Patienten vor einer Darmspiegelung haben. Jedoch: „Das Schlimmste daran ist eigentlich das Trinken des Abführmittels davor", so der Chefarzt, der bedauert, dass noch kein Mittel mit einem angenehmeren Geschmack erhältlich sei. Rund 90 % der Patienten lassen sich mittlerweile vor der Untersuchung eine Spritze geben „und bekommen nichts mit", so Dr. Musterdoktor.

Dass die Untersuchungen so reibungslos vonstattengehen, hängt natürlich auch mit den neuen Geräten zusammen. Gerade einmal 11,3 Millimeter dünn ist das Endoskop für den Darm, die Maße für den Magen liegen bei 9,8 Millimeter. Wer jetzt jedoch darauf hofft, dass die Geräte künftig noch schlanker werden, muss eines wissen: „Die Entwicklung der Geräte geht dahin, sie nicht noch dünner, sondern noch besser in ihrer Bildqualität zu machen", prognostiziert Dr. Musterdoktor.

Beispiel 2

Pressemeldung, Musterstadt, 10. November 2014

Mehr Mobilität – weniger Schmerzen mit einem neuen Gelenk
Infotag „Das künstliche Hüft- und Kniegelenk" am Mustermannkrankenhaus am Samstag, 15. November, von 11.00 bis 13.30 Uhr

Mehr Beweglichkeit – weniger Schmerzen: Wie Arthrosepatienten dies erreichen können, zeigt der nächste Infotag am Mustermannkrankenhaus. Am Samstag, dem 15. November, geht es von 11 bis 13.30 Uhr darum, wie man mit einem neuen künstlichen Gelenk in der Hüfte oder im Knie wieder mobil werden kann. „Wenn der Knorpelverschleiß schon weit fortgeschritten ist, stellt ein künstliches Gelenk eine sehr gute Behandlungsmöglichkeit dar", weiß Dr. Michael Musterdoktor aus langjähriger Erfahrung. Der Chefarzt der Abteilung für Orthopädie und Unfallchirurgie, Hand-, Fuß- und Wiederherstellungschirurgie wird das maßgefertigte künstliche Kniegelenk vorstellen. Der Eintritt ist frei, eine Voranmeldung ist nicht notwendig. Der Infotag findet im Mehrzweckraum des Wohnheims hinter dem Parkplatz statt.

Zum Auftakt der Veranstaltung klärt Dr. med. Manfred Musterarzt, Leitender Oberarzt der Abteilung Orthopädie und Unfallchirurgie, Hand-, Fuß- und Wiederherstellungschirurgie die Frage „Was ist Arthrose?". Hierbei geht es um die Ursachen des Knorpelverschleißes und darum, mit welchen Symptomen sich dieser äußert. Ein von Arthrose häufig betroffenes Gelenk ist die Hüfte, der medizinische Ausdruck ist Coxarthrose. Wenn die nicht-operativen Maßnahmen ausgereizt sind, stellt der Einbau eines künstlichen Gelenks einen guten Behandlungsweg dar. In seinem Vortrag beschreibt Dr. Musterdoktor die unterschiedlichen Prothesen-Systeme, ihre Vor- und Nachteile und den Ablauf einer Hüftgelenksoperation am Mustermannkrankenhaus. „Als zertifiziertes schmerzfreies Krankenhaus sorgen wir dafür, dass unsere Patienten nach dem Eingriff nur minimale Beschwerden verspüren", so Dr. Musterarzt.

Bewegung hilft immer. Sowohl zur Vorbeugung von Arthrose als auch bei der Reha im Anschluss an eine Operation. Mit einfachen praktischen Übungen regt die Leiterin der klinikeigenen Physiotherapie, Maria Mustertrainerin, die Besucherinnen und Besucher des Infotages zum Mitmachen an.

Anschließend haben sich die Gäste eine Pause samt Imbiss verdient, ehe die zweite Halbzeit der Veranstaltung dem Kniegelenk vorbehalten ist.

Recht häufig ist nur ein Teil des Knies vom Knorpelverschleiß betroffen, der Einbau einer Teilprothese reicht hier völlig aus. Liegen ausgedehntere Flächen einer Arthrose vor, ist eine Totalendoprothese (TEP) nötig. In seinem Vortrag wird Dr. med. Manfred Musterdoktor über die verschiedenen Prothesentypen und den Ablauf der Operation sprechen.

Seit einiger Zeit können sich Patienten am Mustermannkrankenhaus sogar ihre Prothese maßanfertigen lassen. „In unserer Stadt verfügen wir über die größte Erfahrung mit dieser Methode", erklärt Dr. Musterdoktor, der das Verfahren gemeinsam mit seinem niedergelassenen Kollegen Dr. med. Fritz Facharzt anbietet. Das Duo hat schon weit mehr als 100 individuell angepasste Kniegelenke implantiert. „Mit unserem Verfahren passen wir das Implantat dem Knie an und nicht umgekehrt", erklärt Dr. med. Musterdoktor die grundsätzlich andere Herangehensweise gegenüber dem Einbau eines Standardmodells. Weil das Implantat jetzt viel besser sitzt, muss während der Operation weniger Knochen entfernt werden. Das hat entscheidende Vorzüge für die Patienten. „Wir gehen wie die Entwickler der Prothesen davon aus, dass die Prothesen auf Grund der optimierten Passform länger halten werden und dass die Funktion ebenfalls besser ist." Sollte in späteren Jahren erneut eine Operation notwendig sein, ist außerdem mehr Knochensubstanz vorhanden, was für den Einbau eines neuen Implantats von entscheidender Bedeutung ist. Weil immer mehr jüngere Menschen unter einer Kniegelenkarthrose leiden, aber trotzdem noch sportlich aktiv sein wollen, ist das individuell angepasste Knie für diese Patientengruppe besonders geeignet.

Mit einem praktischen Teil endet der Infotag. Maria Mustertrainerin wird die Physiotherapie vor und nach einer Operation aufzeigen.

Hinweis auf Homepage: www.xyz.de

Beispiel 3

Pressemitteilung, Musterstadt, 10. Oktober 2014

Für alle Fragen rund ums Neugeborene
„Still-Café und Babytreff" an Mustermannklinik unter neuer Leitung – Monika Mustermann übernimmt von Petra Platzhalter

**Monika Mustermann ist die neue Leiterin des „Still-Cafés und Babytreffs"
im Mustermannkrankenhaus. Sie hat die Aufgabe von Petra Platzhalter übernommen, die dieses Beratungsangebot am Krankenhaus aufgebaut hatte. Im
Rahmen einer kleinen Feierstunde gab's von Olaf Ohnenamen, dem Leiter
des Zentrum für Rehasport und Vorsorge, Dank und Anerkennung für die
geleistete Arbeit und Blumen für die Damen.**

„Ich hätte ja noch gerne mein zehnjähriges Jubiläum gefeiert." Wenn Petra
Platzhalter über ihren Abschied aus dem Still-Café spricht, merkt man ihr an, mit
wie viel Herzblut sie diese Aufgabe wahrgenommen hat. Im Januar 2015 hätte
sie die runde Zahl erreicht, nun zwangen sie gesundheitliche Probleme zum Auf-
hören. Petra Platzhalter blickt auf eine dreißigjährige Erfahrung als Stillberaterin
zurück. Nachdem die geburtshilfliche Abteilung am St. Josefs-Krankenhaus 2004
geschlossen wurde, endete dort ihre zwölfjährige Arbeit als Stillbeauftragte und
Leiterin der Elternschule. Doch kurz darauf konnte sie mit Unterstützung des da-
maligen Chefarztes der Frauenklinik, Dr. Walter Weißnichtwieichheiß, am Mustermannkrankenhaus ein Still-Café aufbauen.

Einige Hundert Frauen haben in den darauf folgenden Jahren mit ihren Babys
Rat und Unterstützung gesucht. „Ich habe sie gerne während dieser Zeit begleitet
und viele haben regelmäßig im ersten Lebensjahr ihres Kindes teilgenommen", berichtet Petra Platzhalter. Nicht nur Stillprobleme finden ihren Raum, sondern alle
Fragen rund um das Leben mit einem Neugeborenen wie Schlafverhalten, Ernäh-
rungsfragen und Erziehung. Beispiel Durchschlafen: „Ein gestilltes Kind schläft
nicht durch", weiß Petra Platzhalter. Stillende Mamas müssen ihren Babies häufiger kleinere Mahlzeiten verabreichen als dies mit Fertignahrung nötig ist. „Am
Anfang ist es wichtig, dass sich die Mutter vom Kind leiten lässt", so Platzhalter.

Sowohl Petra Platzhalter als auch ihre Nachfolgerin Monika Mustermann betonen, dass die wöchentlichen Treffen offen sind für alle frischgebackenen Mütter.
Auch wenn sie nicht (mehr) stillen sollten. Und dass alle Fragen rund um das Baby
ihren Platz haben. „Die Mütter bringen ihre Themen mit, die wir hier besprechen
können", steckt Monika Mustermann den Rahmen ab. Sie ist ausgebildete Stillberaterin und Mutter von drei Kindern. „Alle drei kamen am Mustermannkrankenhaus zur Welt", beschreibt sie ihre enge Bindung an das Haus. Und seit drei
Jahren leitet Mustermann nun schon die Babymassagekurse, die am Zentrum für
Rehasport und Vorsorge angeboten werden.

Pläne für die Zukunft hat Monika Mustermann auch schon entwickelt. Sie
möchte einmal pro Monat ein Schwerpunktthema besprechen, wie etwa „Koliken"
oder „unruhige Kinder". Dennoch werde es auch an diesen Tagen ausreichend Zeit
für dringende Anliegen der Teilnehmerinnen geben. „Die Mütter sollen sich wohl-
fühlen", gibt Mustermann ein zentrales Ziel der Treffen vor.

Infokasten
Still-Café und Baby-Treff
Mustermannkrankenhaus
Donnerstags von 10 bis 12 Uhr
Keine Anmeldung erforderlich
Gebühr: 3,00 Euro pro Treffen
Kontakt:
Zentrum für Rehasport und Vorsorge
Tel. 0123/45678
E-Mail: info@mustermann-rehasport.de
Internet: www.mustermann-rehasport.de

4.10   Checkliste

Checkliste: Schreiben für die Zeitung
- Sie kommen in Ihrer Pressemeldung gleich zur Sache und beantworten die W-Fragen
- Sie sind ein guter Übersetzer und schreiben nur das auf, was Sie verstanden haben
- Sie verwenden wirkungsvolle Wörter und pflegen einen aktiven Stil
- Sie bilden Sätze, die sitzen
- Sie lassen Ihre Gesprächspartner zu Wort kommen
- Sie berücksichtigen die formalen Regeln eines Pressetextes und schreiben Zentimeter anstatt cm
- Sie testen Ihren Text, bevor Sie ihn verschicken
- Sie wissen, welcher Schreibtyp Sie sind und ob Sie am besten morgens oder am Nachmittag, mit klarer Gliederung vorab oder am liebsten einfach drauf los schreiben

Zwei, drei, „Cheese!" und klick: So machen Sie gute Pressefotos

5

Bis hierhin haben Sie erfahren, wie gute Texte entstehen. Nur: Ohne ein gutes Bild ist ein guter Text nichts wert. Journalisten verwenden eine Pressemeldung viel lieber, wenn Sie ein gutes Bild dazu liefern oder wenn Sie anbieten, dass die Zeitungsfotografen in Ihrer Klinik selbst eines schießen können. Journalisten wissen: Die Leser finden den Einstieg in den Text über das Bild. Nehmen Sie doch einfach einmal selbst eine Zeitung in die Hand und überprüfen Sie sich: Wohin geht Ihr Blick zuerst? Zum Bild oder zum Text?

> ▷ **Praxistipp** Wenn Sie zwei oder drei gute, seitenfüllende Fotos mitliefern, nimmt Ihr Artikel mehr Platz in der Zeitung ein und wirkt viel wichtiger als ohne die Bilder.

Mit einem guten Bild können Sie eine mittelmäßige Pressemeldung retten und erreichen, dass sie vielleicht noch veröffentlicht wird. Umgekehrt können Sie mit einem richtig schlechten Foto Ihren eigenen guten Pressetext torpedieren, der schlimmstenfalls nicht erscheint, weil das Foto fehlt.

5.1 Nutzen Sie die Kraft guter Bilder

Mit einem guten Bild müssen Sie viel weniger erklären. Der oft zitierte Satz: „Ein Bild sagt mehr als tausend Worte" stimmt nirgends so sehr wie im Journalismus und nirgends so sehr wie in der Pressearbeit für ein Krankenhaus. Ein gutes Bild

© Springer Fachmedien Wiesbaden 2015
R. Schäfer, *Erfolgreiche PR-Arbeit für Krankenhäuser*,
DOI 10.1007/978-3-658-06361-0_5

transportiert nicht nur Sachinformationen, sondern ist immer auch emotional. Gute Fotos berühren, erstaunen, begeistern, ängstigen, ermutigen, animieren, machen zornig oder wütend oder entführen den Betrachter in andere Welten. Fotos aus dem Krankenhaus, die die Themen Diagnose, Therapie und Reha illustrieren sollen, reihen sich hier ein. Sie können ermutigen und Hoffnung machen – oder sie können ab- und erschrecken.

Motivauswahl Wenn Sie anhand einer Patientengeschichte zeigen wollen, wie mobil Betroffene mit einem neuen Kniegelenk sein können, dann zeigen Sie am besten die Patienten bei Sport, Spiel und Spaß. Und zwar so, dass der Betrachter dies auch sieht. Wenn Sie dagegen Fotos aus dem OP anbieten mit Chirurgen in grüner Kluft mit Mundschutz, die mit chirurgischen Geräten im Knie stecken, dann hat bestimmt kaum noch ein Leser und potenzieller Patient große Lust, sich einem solchem Eingriff zu unterziehen.

Mit Ihrer Fotoauswahl sollten Sie dagegen Hoffnung machen und aufzeigen, was die Leute nach einer erfolgreichen Therapie wieder unternehmen können. Ihre Fotos zeigen das Ziel und wecken positive Emotionen. Ein Ziel vor Augen zu haben, ist der größte Motivator jeder Therapie und Behandlung. Nur wenn die Betroffenen wissen, warum Sie ins Fitness-Studio gehen sollen, warum Sie nicht rauchen sollen oder warum diese oder jene Operation jetzt gut für sie ist, machen sie auch aktiv mit und befördern durch ihre positive Haltung den Heilungsprozess.

Wenn Sie dagegen Bilder von geöffneten Gelenken oder dem geöffneten Bauchraum zeigen, gehen Menschen auf Distanz. Solche Fotos mögen zwar für ärztliche Fachkollegen und Medizinstudenten interessant sein, der potenzielle Patient schaltet dagegen ab. OP-Fotos signalisieren „Gefahr", so etwas möchte niemand mit seinem Körper geschehen lassen, es wird ja eine sehr große Verletzung gezeigt, außerdem viel Blut und so weiter. Das versucht jeder Mensch zu verhindern und abzuwehren.

Ähnliches gilt für Röntgen-Fotos, die das Defizit in einem Gelenk oder an einem Knochen zeigen. Eine positive Ansprache, bei der aus Betroffenen später Patienten werden sollen, verzichtet auf solche Bilder, sondern zeigt mit Hilfe von Fotos, welche positiven Ziele erreicht werden können und welche Ressourcen in jedem Einzelnen stecken.

> **Merke** Wer den Finger in die Wunde legt, macht sie größer. Bedenken Sie dies bitte bei der Bildauswahl für Ihre Texte, Flyer und Website.

5.2 Solche Fotos will jeder sehen

Hier folgen Ratschläge, wie Sie als PR-Verantwortlicher Bilder machen können, die den Anforderungen der Medien gerecht werden. Mit Spaß am Fotografieren und der Umsetzung der unten genannten Tipps liefern Sie die gewünschten Bilder. Mit welcher Kamera? Pressetaugliche Fotos können Ihnen mittlerweile mit dem Smartphone gelingen, Sie können aber genauso gut mit einer einfachen Digitalkamera arbeiten oder zu einer digitalen Spiegelreflexkamera greifen. Um für unterschiedliche Situationen gewappnet zu sein, bin ich seit vielen Jahren mit einer digitalen Spiegelreflexkamera von Canon (EOS 400 D) unterwegs. Da können Sie auch einmal einen größeren Blitz aufstecken, wenn Sie mehr Licht benötigen oder mit dem Teleobjektiv ein paar Porträtaufnahmen schießen.

Machen Sie so viele Fotos wie möglich Dieser Hinweis ist mir einer der Wichtigsten. Egal wie ausgefallen Ihre Motividee ist oder welch weltweite Prominenz Ihr Prominenter hat, den Sie vor der Kamera platzieren: Wenn Sie die Szene nicht gut einfangen, können Sie später am PC nichts mehr retten. Sie werden sich wundern, wie oft der eine oder andere Zeitgenosse gerade etwas ungünstig dreinschaut, den Kopf wegdreht oder die Augen geschlossen hält – und zwar just in jenem Moment, in dem Sie die Aufnahme machen. Scheuen Sie sich nicht, von jedem Motiv mehrere Bilder zu machen. Drücken Sie so oft ab, wie es die Geduld Ihrer Mitstreiter zulässt. Halten Sie diese bei Laune, erzählen Sie einen Witz und fordern Sie die Truppe immer wieder auf, zu Ihnen zu schauen und zu lächeln. Acht bis zehn Bilder sollten da schnell zusammenkommen. Die Zeiten teurer Rollfilme sind vorbei, Digitalaufnahmen kosten nichts und lassen sich bequem später am PC auswählen oder löschen.

Mit ruhiger Hand Scharf ist gut. Zumindest beim Fotografieren. Verwackelte Bilder bringen nichts. Halten Sie Ihre Kamera gut fest, am besten immer mit zwei Händen und wackeln Sie nicht, wenn Sie auf den Auslöser drücken. Wenn Sie mit einem Smartphone arbeiten, gilt dieser Hinweis ganz besonders. Das in einer Hand gehaltene Smartphone erlaubt zwar das Knipsen von „Selfies" fürs Internet, für die Presse sind die Ergebnisse dagegen ungeeignet.

Das Wichtigste ins Zentrum Was Sie zeigen wollen, zeigen Sie in ganzer Pracht. Gehen Sie so nah wie möglich an Ihr Motiv heran. Verzichten Sie auf Beiwerk wie Böden, Decken, Wände, Pflanzen. Das Drumherum will keiner sehen und es erklärt nichts (vgl. Abb. 5.1).

Abb. 5.1 Optimale Größe
des Motivs im Vergleich
zum Gesamtbild

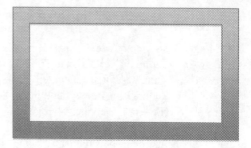

Motive Redaktionen werden täglich von Texten und Fotos überrollt. Je gelungener Ihr Text und je stärker Ihr Foto, desto größer sind Ihre Chancen auf eine Veröffentlichung. Vermeiden Sie Fotos, auf denen mehrere Menschen nebeneinander stehen und in die Kamera blicken. Bestenfalls hält einer von ihnen eine Urkunde in den Händen. Solche Bilder erinnern an den Ehrungsabend bei einem Männergesangverein. Wenn schon Gruppenfotos, dann wählen Sie die Variante mit richtig großen Gruppen, das sticht schon wieder ins Auge: Alle neuen oder frisch examinierten Pflegeschüler versammeln sich, die gesamte Diakonie-Station ist präsent, alle Chefärzte lächeln gemeinsam in die Kamera.

Versuchen Sie, mit aufgelockerten Motiven zu überzeugen. Bei der Präsentation Ihres neuen Computertomographen legen Sie Ihren Geschäftsführer auf das Gerät und stellen Ihren Herzspezialisten daneben. Das Thema „gesunde Ernährung" illustrieren Sie mit einer überbordenden Obstschale, die von allen Akteuren Ihrer Pressekonferenz gemeinsam gehalten wird. Das Thema Fitnesskurse für Ältere zeigt: Senioren mit Spaß beim Ballspielen oder beim gleichzeitigen Auseinanderziehen ihrer Tubes.

Promis nach vorne Es ist wie bei der Pressekonferenz: Wenn Sie einen prominenten Zeitgenossen haben, der Ihrer Einrichtung oder Ihrer Veranstaltung einen Besuch abstattet, muss er auf das Foto. Gemeinsam mit Ihrem Geschäftsführer und Ärztlichen Direktor.

> **Praxistipp** Sorgen Sie dafür, dass Ihr Auftraggeber oder Ihr Chef auf
> den Fotos eine gute Figur macht. Menschen freuen sich über gute
> Fotos, die von ihnen veröffentlicht werden. Das stärkt Ihre Position im
> Haus.

Ein schöner Rücken hat noch nie entzückt Fotografieren bei Veranstaltungen bedeutet häufig, dass Sie bestimmte Situationen erst herstellen müssen. Das heißt, Sie müssen Menschen zu einer Gruppe formieren, eng zusammenstellen und bitten, in Ihre Richtung zu schauen. Zwei, drei, „Cheese!" und klick. Zeigen Sie immer Gesichter! Die wenigsten Menschen stehen zufällig so, dass es automatisch ein gutes Foto ergibt. Gedankenloses In-die-Menge-Knipsen ergibt dann meist eine stattliche Anzahl von Rückenansichten. Und natürlich sollten Sie niemanden fotografieren, der dies nicht will. Vielleicht möchte jemand gerade nicht sein Foto in der Zeitung sehen, das bei Ihrer Gesundheitsmesse gemacht worden ist. Wenn Sie Kinder ablichten, müssen Sie die Erlaubnis der Eltern einholen.

Man ist hier viel los... Sie möchten zeigen, dass auf Ihrer Gesundheitsmesse wirklich viele Leute sind? Besuchermassen aus der Masse heraus zu fotografieren klappt nicht. Die Fotos werden nicht gut. Verschaffen Sie sich lieber einen Überblick. Steigen Sie auf einen Stuhl oder Tisch und schon haben Sie eine Perspektive, aus der Sie das gewünschte Foto machen können. In die entgegengesetzte Richtung geht es bei kleineren Motiven. Wenn Sie Kinder ablichten möchten, gehen Sie am besten in die Hocke. „Von oben herab" kommen die Knirpse nicht so gut zur Geltung.

Gestellte Bilder Auch hier gilt: Manchmal muss man Fotos arrangieren, um bestimmte Sachverhalte zeigen zu können. Der Doktor beschreibt am Schreibtisch in seinem Sprechzimmer am Wirbelsäulenmodell einer „Patientin" die Behandlung. Sie sitzt gegenüber und ist recht unscharf eingefangen, der Fokus liegt auf dem Arzt und den Wirbeln und dem Kugelschreiber, der auf eine Bandscheibe gerichtet ist. Achten Sie darauf, dass die „Patientin" nicht wirklich zu erkennen ist, vor allem, wenn Sie das Bild den lokalen Medien anbieten. Ihre auf dem Foto als „Patientin" agierende Mitarbeiterin wird von ihren Freunden, Bekannten und Nachbarn in der Zeitung schnell erkannt.

Bleiben Sie aktiv – wie beim Texten Um die abzulichtenden Menschen nicht einfach in einer Reihe aufzustellen, fragen Sie sich: Welche Tätigkeit oder Bewegung können Sie zeigen, was machen die Leute normalerweise, kann man Sie hierbei zeigen und Sie bitten, kurz aufzuschauen zum Fotografen?

Schwierige Themen bebildern Es gibt Themen, die sind für Ihr Haus sehr wichtig, weil damit bestimmte Haltungen und Standpunkte vermittelt werden, die für Ihr Image prägend sind. Der Umgang mit Sterben und Tod ist so ein Gebiet. Wenn Sie ein Ethikkomitee haben, das darüber befindet, welche Eingriffe bei schwerstkranken Patienten vorgenommen werden sollten oder gerade nicht mehr, dann lässt sich ein Artikel hierzu bebildern, indem Sie die Mitglieder dieses Komitees auf der Intensivstation um ein Krankenbett mit vielen Monitoren im Hintergrund versammeln. Der Journalist erkennt sofort den Zusammenhang.

Technik Manche medizintechnischen Sachverhalte lassen sich in extrem faszinierenden Fotos darstellen. Die neue Generation der Kardio-CTs liefert Bilder des Herzens, die sind einfach atemberaubend: eine dreidimensional anmutende Darstellung des Herzmuskels plus farbig abgesetzte Herzkranzgefäße, die sich über den Muskel schlängeln. Organisieren Sie diese Bilder entweder von der Presseabteilung des Herstellers oder Ihrer klinikeigenen Radiologischen Abteilung. Solche Aufnahmen eignen sich hervorragend für die vierfarbigen Monatsmagazine in Ihrer Stadt, aber auch die Tageszeitungen sind für solch außergewöhnliches Bildmaterial dankbar.

Porträtaufnahmen Wenn Sie den nächsten Diabetes-Vortrag ankündigen, wollen Sie auch zeigen, wie der Referent aussieht. Am besten erkennt man das auf einem aktuellen Bild und nicht auf dem passbildähnlichen Produkt, das Ihren heutigen Chefarzt als Assistenzarzt in einem weit zurückliegenden Jahrzehnt zeigt. Also: Aktuelle Fotos müssen her. Und zwar von allen Chef- und Oberärzten sowie jenen Fachkräften, die immer wieder als Referenten auftreten oder in anderer Weise in Pressemitteilungen zu Wort kommen. Als Beispiele seien hier genannt: Ihr Geschäftsführer, der Pflegedienstdirektor, die Leitende Hebamme sowie der Leiter Ihrer Reha-Einrichtung für Schlaganfallpatienten. Die komplette Liste aller wichtigen Funktionsträger kennen Sie selbst am besten.

Wenn Ihnen eine Bildergalerie Ihrer wichtigsten Köpfe fehlt, sollten Sie so schnell wie möglich einen zentralen Fototermin vereinbaren. Lassen Sie diese Fotos von einem Profi machen. Klären Sie vorher mit ihm ab, welcher zentrale Raum in Ihrer Klinik mit einem entsprechend freundlichen und neutralen Hintergrund für die Erstellung von Porträtaufnahmen gut geeignet ist. Organisieren Sie einen zentralen Termin und laden Sie alle Leute ein, von denen Sie die Fotos brauchen. Stimmen Sie sich intern mit Ihrer Geschäftsleitung ab, wie die Mitarbeiter gekleidet sein sollen und geben Sie dies für alle verbindlich vor. Wenn es heißt, alle Ärzte im Arztkittel mit Namensschild, dann gilt das für alle. Geben Sie Ihrem Fotografen einen klaren Arbeitsauftrag, dass er Porträtfotos machen soll, die für die Klinikhomepage und die dortige Präsentation der jeweiligen Abteilungen (Unfallchirurgie: „Unser Team") sowie für die Illustration von Pressemeldungen eingesetzt werden können.

Formale Hinweise und technische Details

Namen sind Nachrichten Jeder will wissen: Wer ist denn da zu sehen? Vor allem Journalisten und ihre Leser interessiert das, deshalb notieren Sie für jedes Foto, wer abgelichtet ist. Von links nach rechts mit Vor- und Zuname und ggf. mit Funktion. Wenn Sie gleich beim Fotografieren diese Angaben aufschreiben, ersparen Sie sich hinterher lästiges Nachtelefonieren. Diese Namensliste samt erklärenden Ergänzungen geben Sie ganz am Ende Ihrer Pressemeldung an unter dem Titel „Bildunterschrift".

Hoch und quer Zeitungs- und Zeitschriftenredakteure denken in Spalten, die sie mit Bildern und Text zu füllen haben. Um den Journalisten die Arbeit zu erleichtern, bieten Sie am besten zu jedem Thema Fotos sowohl im Quer- als auch im Hochformat an. Somit haben die Journalisten mehr Auswahl, um das Layout der Zeitungsseite optimal zu gestalten. Und Sie wissen ja: Je mehr gute Fotos Sie anbieten, desto größer ist die Wahrscheinlichkeit für einen richtig großen Artikel in der nächsten Ausgabe.

> **Praxistipp** Damit Sie über Bilder im Quer- und Hochformat verfügen, müssen Sie diese vorher machen. Also beim Fototermin die Kamera auch mal drehen und dann ein paar Mal auf den Auslöser drücken.

Auflösung und Dateigröße Stellen Sie an Ihrer Kamera immer die höchste Aufnahmequalität ein. Somit haben Sie alle Varianten parat, sowohl für die vierfarbigen Stadtmagazine, die eine hohe Auflösung verlangen als auch für die Klinikhomepage. Für Ihre Homepage können Sie die Größe der Bilder recht einfach mit einem Bildbearbeitungsprogramm reduzieren oder beim Hochladen (Upload) passiert das automatisch. Sie können aus jedem großen Bild ein kleines machen, aber nicht aus einem kleinen ein großes. Sieht nicht gut aus. Zur Auflösung: Machen Sie immer Bilder mit 300 dpi (dots per inch, also: Punkte pro Zoll). Damit sind sie auf der sicheren Seite, mehr dpi braucht niemand. Wenn Sie allerdings zu wenig liefern, können Magazine mit Ihren Bildern nichts anfangen. Die Dateigröße Ihrer Bilder sollte mindestens ein Megabyte (MB) betragen und das Maß von zwei bis drei MB nicht überschreiten. Als Speicherformat hat sich „JPEG" etabliert und wird meiner Erfahrung nach von allen Medien akzeptiert.

Wie viel darf's denn sein? Einerseits wollen Sie so viele gute Fotos in der Zeitung unterbringen wie es geht, das wertet Ihren Artikel auf, der damit mehr Raum auf der Seite einnehmen kann. Aber: viel ist nicht immer gut, nur weil es viel ist. Also: Wählen Sie aus Ihrem Fundus die besten zwei, drei Fotos aus und versorgen Sie die Medien damit. Aber nur, wenn die Bilder Nummer zwei und Nummer drei mit anderen Motiven etwas anderes aussagen als Bild Nummer eins. Ansonsten entscheiden Sie sich fürs beste Bild und fügen dies bei. Die Größe Ihrer E-Mail bewegt sich damit im unteren bis mittleren MB-Bereich. Sie verschicken keine E-Mail mit mehr als zehn MB.

Rote Augen sind nicht schick Aktivieren Sie beim Blitzen die Rote-Augen-Funktion. Vorher dran Denken erspart Ihnen die spätere Bearbeitung am PC.

5.3   Checkliste

Checkliste: Zwei, drei „Cheese" und klick: So machen Sie gute Pressefotos
- Fotos sind immer der Einstieg ins Thema – jeder Leser schaut zuerst aufs Foto, danach auf den Text
- Gute Fotos retten mittelmäßige Texte – umgekehrt gilt diese Regel nicht
- Ihre Fotos wecken positive Gefühle, sie machen Hoffnung anstatt Angst
- Machen Sie bei einem Fototermin so viele Bilder wie möglich
- Sie arrangieren Menschen und Motive, Sie zeigen Gesichter und keine Rücken-an-Rücken-Ansichten
- Namen sind Nachrichten: Sie kennen die abgelichteten Personen mit Vor- und Nachnamen und vermerken das in Ihrem Pressetext unter „Bildunterschrift"
- Rote Augen sind nicht schick
- Sie bieten der Presse Bilder im Hoch- und Querformat an

Da hat man etwas in der Hand: Krankenhausbroschüren, Flyer, Patientenzeitschriften und Mitarbeitermagazine

6

Texte, die tatsächlich informieren und leicht zu lesen sind sowie Fotos, die man gerne anschaut – das waren die Themen bis hierhin. Nun haben Sie damit die ideale Ausgangsbasis geschaffen, um wichtiges und wertvolles Material zu erstellen, damit Sie Ihre Patienten und solche, die es bald einmal sein sollen, informieren und von den Vorzügen Ihres Krankenhauses überzeugen können. In diesem Abschnitt geht es um Imagebroschüren, Flyer sowie Patientenzeitschriften. Und weil neben den Patienten die Krankenhausmitarbeiter Ihre wichtigsten Multiplikatoren sind, erfahren Sie, wie Sie diese zentrale Zielgruppe gut und unterhaltsam informieren und somit emotional ans Haus binden können.

6.1 Die Krankenhausbroschüre

Wer sind wir eigentlich, wie wollen wir gesehen werden und warum sollten sich Patienten gerade bei uns behandeln lassen? In einer Krankenhausbroschüre haben Sie die beste Gelegenheit, hierauf zu antworten. So eine Broschüre ist auch heute noch wichtig, kaum ein Geschäftsführer, der darauf verzichten möchte und kaum ein Patient (oder potenzieller Patient), der nicht in ihr blättert. Während des stationären Aufenthalts hat man ja schließlich ein bisschen Zeit.

In einer solchen Broschüre zeigen Sie Ihr Haus von seiner besten Seite und geben einen umfassenden Überblick über das Leistungsspektrum. In den meisten Fällen ist es ja so, dass solch eine Broschüre schon vorliegt und Sie (oder jemand anderes Wichtiges im Haus) denken: Die vorliegende Fassung müsste einmal gründlich überarbeitet werden. Zwischenzeitlich ist der eine oder andere Chefarzt

© Springer Fachmedien Wiesbaden 2015
R. Schäfer, *Erfolgreiche PR-Arbeit für Krankenhäuser,*
DOI 10.1007/978-3-658-06361-0_6

gar nicht mehr da, ein neues Gebäude ist auf Ihrem Klinikgelände entstanden und
die Cafeteria präsentiert sich auch in neuem Glanz. Außerdem: Die Bildsprache
und das Layout Ihrer vorliegenden Broschüre sind vielleicht nicht mehr zeitgemäß.
Also: Ran an die Arbeit und für einen frischen Auftritt gesorgt. Stehlen Sie mit den
Augen und organisieren Sie sich Broschüren von anderen Häusern: Was gefällt Ihnen hieran, was überzeugt Sie und was möchten Sie ganz anders machen? Binden
Sie zu einem recht frühen Zeitpunkt Ihren freien Grafiker oder Ihre Werbeagentur
ein. Die machen erste Entwürfe und wenn die Richtung feststeht, ist erkennbar,
was an Texten, Fotos und Grafiken benötigt wird. Setzen Sie sich mit Ihrem Geschäftsführer zusammen und klären Sie die Inhalte ab.

Denken Sie dabei an folgende Punkte:

- Inhaltsverzeichnis
- Grußwort des Geschäftsführers mit persönlicher Ansprache des Lesers
- Die Geschichte des Hauses: wo kommen wir her und wo stehen wir heute in der
  Stadt und in der Region?
- Leitbild in Kurzform: An welchen Ideen, Grundsätzen und Haltungen orientie-
  ren sich die Mitarbeiter Ihres Krankenhauses bei der Behandlung der Patienten?
- Was ist das Besondere an unserer Einrichtung, wo liegt der Unterschied zu an-
  deren Häusern in der Region?
- Gesamtüberblick über das medizinische Angebot
- Ihre Abteilungen und Kliniken im Detail: Behandlungsschwerpunkte, besonde-
  re Konzepte und Verfahren sowie deren Nutzen für den Patienten, Fallzahlen,
  Zertifikate
- Die Ausstattung der Patientenzimmer: Telefon, TV, W-LAN und mehrere Me-
  nüs zur Auswahl
- Das Upgrade: die Hotelklinik mit noch mehr Komfort
- Und was kommt nach der OP? Ihre Reha-Einrichtungen stellen sich vor
- Die Pflegekräfte – und eventuell Verweis auf die Ausbildung derselben
- Der Förderverein der Klinik
- Der klinikeigene Verein für Vorsorge und Rehabilitation
- Die Selbsthilfegruppen
- Angeschlossene Einrichtungen wie Altenpflege oder Diakoniestation
- Hospizdienst
- Weitere Arztpraxen an Ihrem Krankenhaus
- Praktische Informationen: Aufzählung aller Abteilungen und angeschlossenen
  Einrichtungen mit Kontaktdaten wie Telefon, Fax und E-Mail, Sprechstunden,
  Anfahrtsbeschreibung (mit PKW sowie Bus und Bahn) und Lageplan des Kran-
  kenhauses mit allen Standorten, Parkplätzen und Haltestellen der Busse und
  Straßenbahnen

Versehen Sie bitte alle Fotos mit einer Bildunterschrift, damit Ihre Leser wissen, ob der abgebildete Doktor auch tatsächlich wie vermutet der Chefarzt ist.

> **Praxistipp** Krankenhausbroschüren müssen aktuell sein. In Kranken-
> häusern ändert sich vieles in kurzer Zeit. Produzieren Sie Ihre Broschü-
> ren nicht auf Vorrat und für die Ewigkeit, sondern in kleiner Stückzahl
> und aktualisieren Sie sie lieber in kürzeren Abständen. Vergleichen Sie
> die Herstellungskosten und prüfen Sie die Angebote von Online-Dru-
> ckereien wie print24.com

6.2 Flyer

Die oben beschriebenen Krankenhausbroschüren sind umfangreich und enthalten viele Informationen, die nicht jedermann immer benötigt. Viele Patienten sind gezielt auf der Suche nach einer bestimmten Abteilung und deren Behandlungsspektrum. Geben Sie diesen Patienten einen schlanken Flyer an die Hand. Ein kurzes, schnelles Produkt, das auf einen Blick über künstliche Hüftgelenke oder Sodbrennen informiert. Nennen Sie in diesem Flyer die Ansprechpartner mit Kontaktdaten (Telefon, Fax, E-Mail-Adresse), Sprechstunden sowie Anfahrts- und Parkmöglichkeit.

Bilder oder keine? Ja, diese Frage sollten Sie sich einmal stellen und sich Flyer anschauen, die ganz ohne Fotos auskommen. Auch diese können klasse aussehen, wenn Sie grafisch gut gestaltet sind. Die aktuellen Flyer des Alice-Hospitals Darmstadt sind ein schönes Beispiel hierfür. Und wenn Sie Fotos verwenden, dann bitte keine mit Blick aufs gut durchblutete Zwerchfell während einer Operation oder ein geöffnetes Knie.

> **Praxistipp** Achten Sie auf einen einheitlichen Auftritt und unterbinden
> Sie grafischen Wildwuchs. Sämtliche Flyer Ihrer Klinik folgen dem glei-
> chen Corporate Design und werden am besten vom gleichen Grafiker
> oder der gleichen Agentur betreut. Das erhöht die Wiedererkennbar-
> keit enorm.

Selbstverständlich liegen die Flyer an Ihrem Krankenhaus aus, im Foyer und, thematisch angepasst, in den Wartebereichen der Abteilungen. Die Ärzte geben die Flyer ihren Patienten zum Nachlesen und Vertiefen. Und prüfen Sie, ob Sie mit den Flyern auch Ihre Zuweiser versorgen können.

6.3 Patientenzeitschriften

Sie sind das optimale Medium, um Ihre Patienten mit allem spannenden und interessanten Geschichten, Nachrichten und Hinweisen zu versorgen, für die in den Flyern und der Krankenhausbroschüre überhaupt kein Platz ist. Patientenzeitschriften informieren in einem regelmäßigen Turnus über das Klinikgeschehen – und vielleicht sogar weit darüber hinaus.

Das Konzept Sie können eine Patientenzeitschrift als reines „Krankenhaus-Blatt" gestalten, dann dreht sich alles um Ihr Haus. Sie können das Medium aber auch öffnen und versuchen, mit einer breiteren Themenauswahl eine breitere Zielgruppe anzusprechen. Thematisch könnte eine Öffnung bedeuten, dass Sie zum Beispiel Ausflugs- und Kinotipps berücksichtigen oder jahreszeitlich angepasst über die schönsten Baggerseen oder die besten Eislaufbahnen in der Region berichten. Baggerseen, Eislaufbahnen und Biergärten sind übrigens Themen, bei denen Sie Ihre Leser gut einbinden können. Entweder nach dem Motto: Schicken Sie uns Ihre beliebtesten Orte mit Foto und kurzer Begründung, warum es dort so toll ist, oder Sie stellen eine Auswahl vor und fordern Ihre Leser zur Abstimmung auf, um die besten Drei zu küren. Die hier skizzierte Themenauswahl folgt also viel mehr dem Prinzip einer Tageszeitung oder eines monatlichen Stadtmagazins als den sonst üblichen Themen einer Patientenzeitschrift. In Stadtmagazinen und Tageszeitungen finden Sie viele Themen und Ideen, die Sie auf Ihr Krankenhaus übertragen können.

Warum sollten Sie das tun? Sie können sich damit als Krankenhaus anders positionieren als bislang. Sie kümmern sich nicht nur um Gallensteine und Augenleiden, sondern Sie fassen den Gesundheitsbegriff weiter und geben Tipps und Hinweise, wo und wie Ihre Leser etwas für Ihre Gesundheit tun können. Dass Sie in diesem Zusammenhang eine regelmäßige Rubrik eines stadtbekannten Küchenchefs mit jahreszeitlich angepassten Rezepten veröffentlichen, liegt auf der Hand.

Die weiteren Inhalte Neben den Kochrezepten und den Biergärten gibt es für Patientenzeitschriften natürlich Themen, die gesetzt sind und über die Sie unbedingt berichten sollten:

- Alle Neuigkeiten: neue Ärzte, neue Gebäude, neue Geräte, neue Therapieverfahren
- Nachberichte über Patientenvorträge Ihrer Mediziner
- Ausflug der Altenpflege in den Zoo
- Nachbericht über die Gesundheitsmesse
- Ankündigungen von Vorträgen und anderen Veranstaltungen

Die Umsetzung Wer macht das alles? Das hängt von vielen Faktoren ab: Wie umfangreich soll Ihr Magazin werden? Wie oft soll es erscheinen? Mit oder ohne Werbung? Wenn Werbung, wer akquiriert die Anzeigen? Wer soll die Texte und Fotos beisteuern und wer macht die grafische Gestaltung? Prüfen Sie Ihre Ressourcen und machen Sie das selbst, was geht und geben Sie das außer Haus, was die externen Dienstleister erledigen sollen.

Die Verteilung Wenn Sie über den Krankenhaustellerrand hinausschauen und thematisch weit gefasst sind, dann sollten Sie auch versuchen, möglichst viele Menschen in Ihrer Stadt zu erreichen – und eben nicht nur Ihre jetzigen und früheren Patienten. Legen Sie Ihr Heft überall dort aus, wo die Menschen zusammenkommen: in Kultureinrichtungen, im Foyer der Volkshochschule, der Stadtbücherei, dem Bürgerhaus, im Rathaus, bei Apotheken und bei Sportvereinen. Und stellen Sie's ins Internet, damit sich jeder Ihr Magazin herunterladen kann. Niedergelassene Ärzte und Zuweiser versorgen Sie sowieso mit den druckfrischen Ausgaben.

6.4 Mitarbeitermagazine

Die besten und wichtigsten Botschafter Ihres Krankenhauses sind zum einen zufriedenen Patienten und zum anderen gut informierte Mitarbeiter. Nicht erst aus der Zeitung oder von der Nachbarin möchten die Klinikbeschäftigen die Neuigkeiten von Station 2a erfahren, sondern am liebsten von Ihnen, aus erster Hand – und als Erster. Ein Mitarbeitermagazin ist eine gute Möglichkeit, Ihre Beschäftigten auf dem Laufenden zu halten und sie ans Haus zu binden.

> **Praxistipp** Denken Sie an das gute alte schwarze Brett. Nicht jeder Ihrer Beschäftigten nimmt das Mitarbeitermagazin zur Kenntnis. Hängen Sie wichtige Informationen aus.

Die Umsetzung Wie oft wollen und wie oft können Sie mit dem Magazin erscheinen? Genügt ein Quartalsrhythmus oder ist bei Ihnen so viel los, dass Sie schneller rudern müssen?

Es bietet sich an, aus dem Kreis der Mitarbeiter eine Redaktion zu bilden, die die Texte und Fotos beisteuert. Je bunter die Mischung, desto bunter das Heft: Wenn nur Verwaltungsleute zusammen sitzen, ist mit einem anderen Magazin zu rechnen als wenn sich Pflegekräfte, Physiotherapeuten, Mediziner, Küchenkräfte und Techniker zu einer Redaktion zusammentun.

Weil das Kerngeschäft dieser Kollegen ja ein ganz anderes als das Schreiben ist, sind sie für Tipps und Hinweise vielleicht sogar ganz dankbar: Bieten Sie als PR-Profi an, hin und wieder kurze Coaching-Einheiten einzulegen und zu erklären, wie ein gutes Foto aussieht und was einen Text lesenswert macht. Außerdem müssen Sie sich Klarheit darüber verschaffen, ob die Erstellung und Gestaltung des Heftes über Ihren Bildschirm läuft oder dies von Externen, also einem freier Grafiker etwa oder eine Agentur erledigt wird. Und bitte: Gönnen Sie Ihrem Magazin einen festen Umschlag und machen Sie Ihr Heft bunt. Kein Mensch möchte sich heute mehr Schwarz-Weiß-Fotos anschauen. Außer sie sind von Starfotografen wie Horst Hamann oder dem Künstlerpaar Bernd und Hilla Becher.

Themen der Mitarbeitermagazine
Die Inhalte unterscheiden sich natürlich rasant von den oben genannten Inhalten einer Patientenzeitschrift. Schließlich gibt es in einem Krankenhaus, wie in jedem anderen Unternehmen auch, viele interne Dinge, die die Leute draußen kaum interessieren. Themen für eine Mitarbeiterzeitung sind:

Editorial des Geschäftsführers Eine wichtige Rubrik, sollte nie fehlen, weil hier deutlich wird, dass sich die Spitze Ihres Hauses mit allen wichtigen (und weniger wichtigen) Vorgängen befasst. Dass sie also mitbekommt, was alle mitbekommen und dazu etwas zu sagen hat. Der Geschäftsführer hält immer Rückblick auf die vergangenen Monate und weist den Weg nach vorne. Er weiß, was die Kollegen in letzter Zeit wieder geleistet haben und er teilt offen mit, was demnächst passiert. Und er gibt allem einen Sinn und ordnet das Geschehen ein.

Mitarbeitervertretung (MAV) Anlässlich der Neuwahlen dieses Gremiums erklärt ein MAV-Vertreter, was die MAV macht. Schließlich hält sich das hartnäckige Vorurteil, die MAV sei im Grunde nur ein Komitee zur Organisation von Betriebsfesten und Ausflügen. Der Beitrag skizziert die weiteren Aufgaben: Die MAV schlichtet Konflikte, wenn zum Beispiel zu viele Überstunden anfallen oder hat ein Auge darauf, ob Kündigungen rechtens sind und ob die Bezahlung der Mitarbeiter korrekt abläuft.

Qualitätsmanagement Schon wieder eine Zertifizierung, gefühlt bestimmt die dritte in diesem Jahr, alles steht Kopf und auf Station herrscht wegen des Besuchs der Visitoren völliger Ausnahmezustand. So die Wahrnehmung des einen oder anderen Mitarbeiters, wenn sich eine Klinik für eine der mehr oder minder begehrten Zertifikate warmläuft. Der Beauftragte für Qualitätsmanagement versucht im Vorfeld, in der Mitarbeiterzeitschrift den Sinn und Zweck und die Hintergründe zu erläutern und warum sich die Plackerei lohnt.

Neue Azubis Nicht immer springen die Lokalzeitungen auf dieses Thema an. Aber hausintern sollte das Krankenhaus die neuen Kollegen vorstellen und nebenbei dafür Werbung machen, dass man sich um den Nachwuchs kümmert.

Rückblick auf das Sommerfest Noch so ein Thema, das für Presse, Funk und Fernsehen nicht so prickelnd ist, für die interne Kommunikation dagegen sehr. Schließlich war Kaiserwetter, Groß und Klein hatten ihren Spaß, die gegrillten Steaks waren richtig lecker, die Musik einfach spitze und viele blieben bis weit in den späten Abend hinein. Obwohl also jeder weiß, was los war, liest es jeder nochmals gerne nach. Und jeder, wirklich jeder, schaut als erstes in der Bildergalerie nach, ob auch er abgedruckt ist und auf dem Foto gut ausschaut.

Betriebsausflüge Vor allem jene, die gerne mit wollten, aber nicht konnten, also die „Daheimgebliebenen" interessiert es: Wo ging's denn hin, wie war das Wetter, was haben sich die Kollegen angeschaut, was haben sie besucht und gelernt, wie war die Stimmung und das Essen (und Trinken)? Das Gruppenfoto vor der Porta Nigra in Trier oder dem Brandenburger Tor in Berlin darf nicht fehlen.

> **Praxistipp** Vor dem Ausflug daran denken, dass danach hierüber etwas erscheinen soll. Nur was im Kasten ist, kann man verwenden, also: einen Fotograf bestimmen und einen Chronisten ausdeuten, der zumindest die wichtigsten Stationen notiert. Den Rest können Sie im Gespräch im Krankenhaus rekonstruieren.

Vorschau auf besondere Ereignisse Binden Sie Ihre Mitarbeiter ein, bereiten Sie sie rechtzeitig auf besondere Ereignisse vor, damit diese auch wissen, was auf sie zukommt. Tage der offenen Tür, Umbaumaßnahmen, große Jubiläumsfeiern: Je früher die Belegschaft von solchen Dingen erfährt, umso besser. Schließlich sind ja etliche Kollegen an den Vorarbeiten beteiligt (Tag offenen Tür) oder davon betroffen (Baumaßnahmen auf Station 7) und darüber hinaus ist es gut, wenn jeder Mitarbeiter im Haus die Termine und Maßnahmen kennt und hierüber kompetent Auskunft geben kann.

Was macht eigentlich ein...? Nehmen wir mal einen Medizin-Controller oder IT-Bereichsleiter: Was machen die denn genau? Worin besteht ihre Aufgabe und was können die vielleicht einmal für mich tun? Und wie erreiche ich die? Fragen über Fragen, die einem sofort einfallen, wenn man von bestimmten Tätigkeiten im Haus hört. Und auf die Ihre Mitarbeiterzeitschrift kompetent und ausführlich antworten kann. Lassen Sie doch Ihre Spezialisten einfach in einem Interview ausführlich zu

Wort kommen und Ihre Arbeit beschreiben. Ein schönes Porträtbild dazu, ein kleiner Infokasten mit Angaben zu Alter, Familienstand, Kinder, Ausbildung und seit wann am Haus und am Ende des Artikels die Kontaktdaten: Fertig ist der Lesespaß.

Betriebliches Gesundheitsmanagement (BGM) Wenn Sie so etwas in Ihrem Magazin breiter darstellen, haben sowohl Krankenhausleitung als auch Belegschaft etwas davon: Die Kollegen, die sich angesprochen fühlen und sich endlich einmal darum kümmern, dass ihr Schreibtisch auf die richtige Höhe gebracht wird und der Computer den optimalen Abstand zu den Augen hat. Dies sorgt nämlich für einen entspannten Nacken und einen wacheren Blick. Oder die Leser belegen nach erfolgter Lektüre Ihres Artikels den Rückenkurs im klinikeigenen Sport- und Reha-Verein, der für Kollegen doch glatt die Hälfte kostet. Oder vielleicht sogar gar nichts. Und plötzlich zwickt es im Kreuz nicht mehr so arg wie vor dem Kurs. So etwas erfreut natürlich auch die Chefs, die im besten Falle weniger Krankmeldungen sehen und, wenn es ganz gut läuft, noch zufriedenere Mitarbeiter bekommen als ohne Rückenkurs.

Das BGM können Sie in vielen Variationen lebendig darstellen: Machen Sie doch einfach eine Serie daraus oder räumen Sie diesem Thema, weil so wichtig, eine eigene Rubrik ein. Schildern Sie die vielen Maßnahmen zur Verhältnisprävention (Arbeitsplatzgestaltung) und Verhaltensprävention (Wirbelsäulengymnastik, Raucherentwöhnungstraining, Anti-Stress-Kurse), die Ihr Haus in diesem Bereich ergreift. Lassen Sie die Geschäftsführung zu Wort kommen, warum BGM für das Haus so wichtig ist und zur Strategie des Unternehmens zählt. Lassen Sie den BGM- Beauftragten zu Wort kommen und erklären, was er macht. Und, ganz wichtig: Geben Sie zufriedenen und begeisterten Kursteilnehmern Gesicht und Stimme, machen Sie Interviews mit ihnen oder lassen Sie sie im Rahmen von Reportagen zu Wort kommen.

Und wenn Ihr Haus eine recht offene Unternehmenskultur hat, dann können Sie sich auch an die heikleren Bereiche des BGM heranwagen. Diese haben mit Führungskultur und Teamentwicklung zu tun. Wenn es also zum Beispiel in einer Abteilung immer Knatsch gegeben hat mit vielen Auseinandersetzungen, hohen Fehlzeiten und ständigen Fluktuationen. Und wie es Ihr Haus geschafft hat, hier für ein entspannteres Miteinander zu sorgen. Auch das ist gelebte BGM und weist weit über den Rücken- oder Yogakurs hinaus. Und ist ein extrem spannendes Thema für Ihr nächstes Mitarbeitermagazin.

Innerbetriebliche Fortbildungen (IBF) O. k., zu Arbeitssicherheit und Brandschutz und solchen Themen muss man hin, gehört zum Pflichtprogramm. Doch darüber hinaus bietet die Innerbetriebliche Fortbildung viele interessante Kurse an, die die Teilnehmer in persönlicher Hinsicht bereichern können. Kurse zu Themen wie „Gewaltfreier Kommunikation" oder „Aktives Zuhören" oder „Grundlagen ethischen Handelns". Nicht immer ist einem ja sofort klar, welche Inhalte sich hinter solchen Ankündigungen verbergen. Dafür gibt es ja eine Mitarbeiterzeitschrift, in der beispielhaft solche Kurse ausführlich vorgestellt werden. Plus professionellem Porträtbild des Referenten, der Nennung der Anmeldemöglichkeit und einem Verweis auf das gesamte IBF-Programm.

Mitarbeiter privat Ein Mitarbeitermagazin ist ein Magazin von und für Mitarbeiter. Und kein Verlautbarungsorgan der Geschäftsleitung. Geben Sie Ihrer Belegschaft eine kräftige Stimme. Bisher kamen die Kollegen im professionellen Rahmen zu Wort. Doch auch das Private interessiert, wenn denn die Leute darüber reden wollen. Nehmen Sie einen jahreszeitlichen Aufhänger und gestalten Sie in der Maiausgabe eine Doppelseite mit Porträtfotos und vier, fünf knackigen Sätzen zur Frage: Wo geht's denn hin im Sommerurlaub? Schon mal dort gewesen? Was ist da so toll? Ist das auch etwas für Familien mit Kindern? In der Novemberausgabe dreht sich alles ums Fest der Feste. Ganz spontan fallen mir hier drei mögliche Fragen ein (wäre also Stoff für drei Jahrgänge Ihrer Zeitschrift): Was schenken Sie in diesem Jahr? Was wünschen Sie sich in diesem Jahr? Wie feiern Sie Weihnachten?

Mitarbeiter kulturell Ja, es gibt auch ein Leben außerhalb der Klinik. Manch einer mag es kaum glauben. Und dann tun Mitarbeiter Dinge, die sind auch für andere interessant. Sie gehen zum Beispiel ins Theater oder ins Kino oder sie schauen eine Folge nach der nächsten einer extrem angesagten neuen Serie einer dieser US-amerikanischen Anbieter wie HBO oder Netflix. Lassen Sie die Kollegen davon erzählen und richten Sie eine Rubrik für solche Empfehlungen und Tipps in Ihrer Zeitschrift ein. Wie gesagt: Es müssen nicht nur Hinweise auf die neue historisch-kritische Werkausgabe von Thomas Mann sein oder das nächste Konzert mit Stücken von György Ligeti. Eine feurige Beschreibung, warum fast das ganze letzte Wochenende fürs Anschauen der Serie „Breaking bad" drauf ging, findet sicherlich auch viele Leser. Und geschieht im Einklang mit dem Feuilleton führender deutscher Tageszeitungen.

Selbsthilfegruppen (SHG) Krankenhäuser sind Anlaufstellen für Selbsthilfegruppen, die sich dort treffen. Manche Kliniken haben eigene Koordinationsstellen für SHG eingerichtet, die deren Arbeit nach Kräften unterstützen. Stellen Sie in einer losen Serie die an Ihrem Haus beheimateten SHG vor. Die SHG können vor allem für chronisch kranke Patienten eine wertvolle Stütze im Alltag sein. Und es ist gut, wenn Ihre Mitarbeiter dieses Angebot kennen.

Pressespiegel Damit Ihre Mitarbeiter wissen, was draußen über Ihr Haus geschrieben und gelesen wird, sollten Sie einen Pressespiegel in Ihrem Magazin platzieren. Entweder Sie müssen sich dabei auf eine Auswahl der wichtigsten und besten Beiträge konzentrieren oder Sie können einfach alles veröffentlichen – hängt von der Menge der Zeitungsartikel und dem Platz ab, den Sie im Mitarbeitermagazin zur Verfügung haben.

Zum Entspannen Bilderrätsel mit fünf eingebauten Fehlern im rechten Bild, Kreuzworträtsel oder Sudoku: Lassen Sie Ihr Heft locker ausklingen. Die Leser danken es Ihnen.

6.5   Checkliste

Checkliste: Da hat man etwas in der Hand: Krankenhausbroschüren, Flyer, Patientenzeitschriften und Mitarbeitermagazine

- Bevor Sie Ihre Krankenhausbroschüre neu auflegen, schauen Sie sich um: Was machen andere Häuser, wie sehen deren Broschüren aus, was gefällt Ihnen, was nicht?
- Binden Sie Ihren Grafikdesigner oder die Agentur frühzeitig ein
- Ihre Krankenhausbroschüre zeigt, was Sie von anderen Häusern unterscheidet, wie Ihr Leistungsspektrum aussieht, welchen besonderen Nutzen Patienten haben und skizziert die Geschichte Ihres Hauses sowie die Visionen für die Zukunft
- Ihre Flyer zu verschiedenen Indikationen sind leicht lesbar
- Versorgen Sie mit den Flyern und der Krankenhausbroschüre Ihre Zuweiser
- Sie haben für Ihre Patientenzeitschrift ein klares Konzept: Entweder als reines „Krankenhaus-Blatt" oder ein Magazin, das mit breiter Artikelauswahl das Thema Gesundheit regional abbildet
- Sie betrachten Ihr Mitarbeitermagazin als wichtiges Medium zur internen Kommunikation
- Sie bilden eine Redaktion aus dem Kreis der Krankenhausbeschäftigten
- Sie machen eine Mitarbeiterzeitschrift von Mitarbeitern für Mitarbeiter: Die Beschäftigten Ihres Hauses kommen prominent zu Wort.

Vom Storytelling zum Storyselling: So erreichen unsere Geschichten die richtigen Medien

So, nach diesem Ausflug in die Welt der Broschüren und Flyer jetzt zurück zur Pressearbeit. Sie haben bis hierhin einen perfekten Text erstellt, der allen journalistischen Anforderungen gerecht wird und Sie haben für sehenswerte Fotos gesorgt. In diesem Kapitel erfahren Sie, wie Sie die Medienvertreter mit Ihrem wertvollen Material am besten erreichen. Die Frage, „Wie kommen die Meldungen zu den Journalisten?" kann auf ganz verschiedene Art und Weise beantwortet werden.

7.1 Der Presseverteiler

Wie in Kap. 2 bereits erwähnt, kennen Sie Ihre Ansprechpartner bei den Medien und verfügen über sämtliche Kontaktdaten. Sie wissen auch, wen Sie auf welchem Kanal am besten erreichen. Bei den meisten Journalisten klappt das per E-Mail ganz gut, aber es gibt auch Journalisten, die Sie per Fax oder ganz klassisch auf dem Postweg ansprechen können. Finden Sie es heraus und hinterlegen Sie diese Informationen.

> **Praxistipp** Sie schicken Ihr Material an die individuellen E-Mail-Adressen der Journalisten genauso wie an die Redaktions-Sammeladressen der jeweiligen Zeitung (redaktion@mustermannzeitung.de). So kommt Ihre Botschaft in jedem Fall an.

Für viele Kliniken spielt sich der Großteil der Pressearbeit im lokalen und regionalen Rahmen ab. Sie wollen die Publikumspresse mit ihren Tageszeitungen, Wo-

R. Schäfer, *Erfolgreiche PR-Arbeit für Krankenhäuser,*
DOI 10.1007/978-3-658-06361-0_7

chenblättern sowie regionalen Radio- und TV-Stationen erreichen. Was zur Image-
bildung einer Klinik aber auch beiträgt, sind Artikel in Fachmedien, die sich zum
Beispiel an Mediziner richten. Eine regelmäßige positive Erwähnung in Medien
wie dem Deutschen Ärzteblatt mag zwar auf den ersten Blick nicht für mehr Patienten sorgen. Dafür steigt aber die Sichtbarkeit Ihres Hauses in der Fachwelt,
was mittel- und langfristig zu positiven Effekten führen kann. Vielleicht schauen
niedergelassene Mediziner aus Ihrer Nachbarschaft in diese Hefte und werden auf
Ihr Krankenhaus aufmerksam, wodurch sie daran denken, Ihnen künftig verstärkt
Patienten zuzuweisen. Oder Ärzte kommen auf die Idee, sich bei Ihnen auf offene
Stellen zu bewerben.

Neben der Publikumspresse vor Ort und den Fachmedien können Sie vor allem
die bundesweit erscheinenden Zeitschriften und TV-Sender mit Informationen be-
liefern.

Das heißt, Sie überlegen sich vor dem Versand einer Meldung, für welche Zielgruppen sie interessant ist und wählen die Adressen aus. Die Medien aus der Nachbarschaft bekommen sowieso immer alle Meldungen, die Sie verschicken. Die
Fachmedien sollten Sie darüber hinaus kontaktieren, wenn es für deren Leserschaft
interessant ist, also zum Beispiel, wenn an Ihrem Haus eine neue Operationsmethode entwickelt oder einer Ihrer Ärzte von einer medizinischen Fachgesellschaft
ausgezeichnet wurde (siehe Abb. 7.1).

Abb. 7.1 Der
Presseverteiler

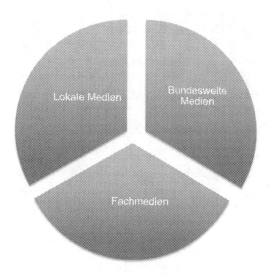

> **Praxistipp** Strukturieren Sie Ihren Medienverteiler so einfach wie möglich. Die drei oben genannten Rubriken reichen völlig aus: Medien aus der Nachbarschaft mit allen Ansprechpartnern bei Presse, Funk und Fernsehen; die Fachmedien sowie die bundesweiten Medien.

7.2 Die Presseaussendung per E-Mail

Es ist die gängigste Methode, um Journalisten über Neuigkeiten aus Ihrer Klinik zu informieren. Die Presseaussendung per E-Mail ist zudem schnell erledigt.

Betreffzeile Ihr Türöffner. Sie haben wenig Platz, also nutzen Sie ihn. Machen Sie mit Ihrer Betreffzeile neugierig und bringen Sie die Journalisten dazu, Ihre E-Mail zu öffnen und zu lesen. Formulieren Sie so konkret wie möglich und unterlassen Sie Betreffzeilen nach dem Motto: „Wichtige Pressemeldung der Mustermannklinik". Dass es wichtig ist, versteht sich von selbst, denn ansonsten hätten Sie keinesfalls einen Pressetext verfasst. Sagen Sie in der Betreffzeile sofort, um was es geht: „Neuer Chefarzt Chirurgie Mustermannklinik" oder „Einladung PK Gesundheitsmesse Mustermannklinik" oder „Mustermannklinik: 1000. Geburt in diesem Jahr".

Dateigröße und Anhänge Je schlanker Ihre E-Mails, desto besser kommen Sie an. Bewegen Sie sich mit der Dateigröße Ihrer Fotos im unteren bis mittleren einstelligen MB-Bereich und überschreiten Sie die zehn MB auf keinen Fall. Manche Ansprechpartner in den Redaktionen räumen zum Beispiel nicht regelmäßig ihr Postfach leer, so dass es schnell einmal überläuft und keine neuen Zusendungen mehr aufnimmt. Oder der Server der Zeitung macht bei 15 MB großen Anhängen einfach zu.

> **Praxistipp** Um es Ihren Empfängern so einfach wie möglich zu machen, kopieren Sie Ihre Pressemeldung in die E-Mail hinein. So erfassen die Journalisten auf einen Blick Ihr Anliegen, ohne eine weitere Datei öffnen zu müssen. Manchen Journalisten dauert es schon zu lange, wenn sie auch nur eine pdf betrachten sollen, weil sie keine Lust haben, dem Adobe-Reader beim Hochfahren zuschauen zu müssen.

Online-Pressebereich Ihrer Klinik Das ist die Schatzkammer Ihrer Einrichtung für den Kontakt mit den Medien. Hier hinterlegen Sie alle Meldungen und Fotos, damit sich interessierte Journalisten so schnell wie möglich bedienen und sich einen Überblick über Ihre Aktivitäten verschaffen können. Und Sie zeigen im Pressespiegel, was bereits über Ihr Krankenhaus in den Medien erschienen ist und gesendet wurde. Was Journalisten nicht schätzen: Wenn sie sich erst mit einer umständlichen Anmeldeprozedur den Weg zu Ihrem Pressematerial freischalten müssen. Journalisten lieben so etwas nicht. Also: Hängen Sie keine Schlösser vor Ihre Schatzkammer, sondern laden Sie alle Medienvertreter ein, hier so schnell und unkompliziert wie möglich zugreifen zu können. Und hinterlegen Sie im Presse-bereich Ihre Kontaktdaten, damit sich die Journalisten per E-Mail oder telefonisch bei Ihnen melden können. Für weitere Interviewanfragen zum Beispiel oder für weitere Bilder. Mehr zum Online-Pressebereich in Kap. 13.

Richtiger Zeitpunkt Auf den richtigen Moment kommt es häufig an im Leben. So auch beim Versand Ihrer Pressemeldungen. Er sollte nicht zu früh und nicht zu spät stattfinden. Wenn Sie einen wirklich guten Patientenvortrag anzukündi-gen haben, der allerdings erst in sechs Wochen stattfindet, dann ist diese Meldung höchstens für Journalisten von Stadtmagazinen interessant, die monatlich erschei-nen und einen Vorlauf von vier Wochen haben. Die Tageszeitungsleute winken ab und es kann Ihnen passieren, dass die Sache durchrutscht, weil sich Ihr avisierter Termin noch gar nicht im Blickfeld der Journalisten befindet. Abzuraten ist auch von Zusendungen am Wochenende, wenn es nicht eine ganz dringende Exklusiv-Meldung ist (Nobelpreis für einen Ihrer Mediziner oder so etwas). Samstags sind die meisten Redaktionen nicht besetzt, weil sonntags keine Lokalzeitung erscheint. Und am Sonntag fahren die Lokalredaktionen mit reduzierter Schicht. Die besten Bedingungen also, dass Ihre Meldung sang- und klanglos untergeht. Wenn Sie es einrichten können, halten Sie sich an die gängigen Bürozeiten von Journalisten und denken Sie daran, dass in den späten Nachmittagsstunden nur noch die Fertigstel-lung der aktuellen Ausgabe zählt.

BCC Journalisten reagieren allergisch, wenn sie sehen, dass die an sie gerich-tete E-Mail auch noch an 348 Kollegen ging – und sämtliche E-Mail-Adressen im Kopfbereich der E-Mail zu lesen sind. Um keine Verstimmungen zu produzieren, verfahren Sie wie folgt: Sie schicken die Meldung an sich selbst, fügen also bei „An" Ihre eigene Adresse ein. In „BCC" öffnen Sie Ihren gewünschten Verteiler und ab geht die Post.

7.3   Die Exklusivgeschichte

Bundesweit Nicht immer wollen Sie, dass so viele Medien wie möglich über Ihr Haus schreiben, sondern Sie möchten Ihr Material exklusiv vermarkten. Das bietet sich an, wenn Sie zum Beispiel bundesweite Zeitschriften im Visier haben, die an

einer Patientengeschichte interessiert sind. Wenn ein Blatt mit einer großen Auflage anbeißt, dann wollen diese die Story ganz für sich alleine. Mit dem gleichen
Material können Sie nicht noch woanders landen. Je nachdem, wie die Artikel aufbereitet sind, ist das dann aber ein Glücksfall für Ihr Haus, denn neben dem Patienten kommt der behandelnde Arzt zu Wort. Und das Allerbeste: In den Infokästen
finden sich alle Kontaktdaten Ihrer Einrichtung. Sie können davon ausgehen, dass
in den Tagen nach der Veröffentlichung das Telefon im Sekretariat der Abteilung
nicht mehr stillsteht.

Lokale Exklusiv-Geschichte Grundsätzlich sollten Sie versuchen, stets alle
Medien vor Ort gleichermaßen einzubinden, so dass sich keine Zeitung oder Radio-
station benachteiligt fühlt. Unter diesen Umständen kann Exklusivität bedeuten,
dass Sie eine Telefonaktion mit einer Zeitungsredaktion durchführen. Warum das
eine prima Sache ist, die nicht schiefgehen kann, haben Sie ja bereits in Kap. 3
erfahren.

7.4   Interviewtraining für Presse, Funk und TV

Sie haben bis hierhin alles richtig gemacht: Interessantes Thema, tolle Fotos und
Ihre Aussendung hat auch die richtigen Journalisten zum richtigen Zeitpunkt erreicht. Nun kann es Ihnen schnell passieren, dass das angebotene Material den
Journalisten nicht ausreicht, diese also mehr wollen und sich für einen Termin in
Ihrem Krankenhaus ankündigen.
   Zeitungsleute brauchen einen guten Text und gute Bilder. Und vielleicht genügt ihnen ja Ihre Aussendung nicht, und die Journalisten möchten noch viel mehr
wissen. Am besten während eines Gesprächs mit den Ansprechpartnern, die Sie
im Text zitiert und genannt haben. Klären Sie das gleich bei Ihrer hausinternen
Recherche ab, dass sich eventuell noch ein Journalist direkt mit Ihrem Chefradiologen unterhalten möchte.

Fragen abstimmen Im Radio und im Fernsehen bringen Texte und Bilder nichts.
Außer auf der Homepage der Sender, mittlerweile hat ja jede Anstalt ihre eigene
Website. Töne und bewegte Bilder müssen her und zwar von den Hauptakteuren,
um die es in den Geschichten geht. Nun ist es ja nicht so, dass jeder Chefarzt oder
jede „Grüne Dame" oder jeder Hospizhelfer täglich mehrere Interviews gibt und
über viel Routine auf diesem Gebiet verfügt. Tragen Sie also als PR-Verantwortlicher dazu bei, den Stress, den ein solches Interview mit sich bringt, so weit wie
möglich zu reduzieren:

- Klären Sie ab, was die Journalisten wissen wollen. Lassen Sie sich die Fragen vorab zumailen oder zumindest den thematischen Rahmen abstecken, in dem sich das Gespräch bewegt.
- Was meistens klappt: Vereinbaren Sie, dass es sich nicht um eine Liveschaltung handelt, sondern dass das Material später von den Journalisten zusammenge- schnitten wird und die gröbsten Versprecher oder langen „Ähs" der Interview- partner nicht mehr zu hören und zu sehen sein werden.
- Wenn Ihre Interviewpartner, sprich Klinikmitarbeiter, dies wünschen und dazu bereit sind: Machen Sie doch einfach ein kleines Probeinterview mit ihnen vor- ab. Sie selbst übernehmen die Rolle des fragenden Journalisten und der Klinik- mitarbeiter spielt – sich selbst. Gehen Sie die vier oder fünf Fragen durch und lassen Sie Ihren Kollegen die Antworten finden und formulieren. Mit jedem Durchgang wächst die Sicherheit.

Als ganze Person wirken Je authentischer Ihre Gesprächspartner sich verhalten, desto sympathischer kommen sie im Radio und TV rüber. Beispiel Dialekt: Es hat wenig Sinn, alle Gesprächspartner auf ein makelloses Oxford-Deutsch einschwö- ren zu wollen. Ihre Kollegen arbeiten ja im Krankenhaus und nicht beim Fernsehen oder beim Film. Und sie haben auch kein monatelanges Sprechtraining absolviert. Deshalb wird man den meisten von ihnen anhören, ob sie aus Oberbayern, Mann- heim oder Berlin stammen. Das ist auch gut so und sorgt für Pluspunkte beim Hörer und Zuschauer.

Journalisten beim Radio und beim Fernsehen lieben es, wenn ihre Gesprächs- partner in ganzen Sätzen antworten und zu Beginn ihrer Ausführungen nochmals die Frage aufgreifen. Wenn also die Frage nach der Dauer der Baumaßnahmen nicht asthmatisch kurz mit „Eineinhalb Jahre" beantwortet wird, sondern wenn der Geschäftsführer einen ganzen Satz bildet und sagt: „Die Sanierungsarbeiten auf der Station 1B haben insgesamt eineinhalb Jahre gedauert." Solch eine Aussage können die Journalisten wunderbar aus ihrem Mitschnitt sezieren und in ihrem Beitrag einbauen.

Ihr Kollege aus der Klinik, der ins Fernsehen kommt, ist ein Spezialist auf seinem Gebiet, ansonsten würde ihn der TV-Journalist nicht interviewen. Exper- tentum im Fernsehen äußert sich jedoch ganz anders als Expertentum in medizi- nischen Fachkreisen. Je leichter und schneller Ihr Chefarzt „vom Mann auf der Straße" verstanden wird, wenn er im TV über Schulterschmerzen oder Diabetes spricht, desto besser. Klare und kurze Sätze in einfachem Deutsch sind das, worauf es im Fernsehen ankommt. Medizinische Fachbegriffe haben im Fernsehen und im Radio keinen Platz, dafür ist auf der nächsten Fachtagung sowie im nächsten Fach- artikel des „Journals for xy" noch genügend Platz.

Im Fernsehen sind die Personen zu hören und zu sehen. Klären Sie ab, zu welcher Gestik Ihr Klinikmitarbeiter neigt. Je weniger er mit den Händen spricht, umso besser. Und wenn er unbedingt die Hände zum Reden benötigt, dann ist es gut, diese auf Brusthöhe zu halten und nicht vors Gesicht zu führen. Auch wenn es schwerer fällt als gedacht: Der direkte Blick in die Kamera ist tabu. Dies lässt sich dadurch vermeiden, dass man den Blick zum Interviewpartner richtet.

Auf das Äußere achten Wenn das Fernsehen kommt, sitzen die Haare und blitzt das saubere Hemd. Selten kommt das Fernsehen überraschend, außer bei Notfällen, dann gelten aber andere Maßstäbe. Ansonsten: Frisch frisiert und mit frischer Garderobe geht es vor die Kamera. Das verschafft Sicherheit. Bei der Wahl des Designs ist darauf zu achten, dass Kameras kleine Muster nicht mögen. Fischgrat-Sakkos wirken im Fernsehen suboptimal, weil deren Muster bei der Wiedergabe im TV im wahrsten Wortsinn dauernd schwimmt und die Zuschauer ablenkt. Und die Fingernägel sind übrigens auch in der Reihe, weil die Hände im Fernsehen ebenfalls zu sehen sind.

Fernsehaufnahmen sind grundsätzlich in zwei verschiedenen Umgebungen möglich. Entweder ein Fernsehteam kommt bei Ihnen an der Klinik vorbei und dreht an verschiedenen Orten, sammelt also unterschiedliche Szenen ein. Dann ist die Frage nach der Maske schnell geklärt, denn jeder, der hier vor die Kamera tritt, ist dafür selbst verantwortlich. Und wer später im Fernsehen zu sehen sein wird, sollte darauf achten, dass die Stirn nicht vor Schweißtropfen glitzert und die plötzlich über Nacht aufgetauchten Pickel leuchten wie Fliegenpilze. Puder und Abdeckstifte helfen, das Beste in einer solchen Situation herauszuholen. Ganz anders dagegen ist die Lage, wenn es heißt: Das Interview findet im Studio statt. Dann ist eine gründliche und aufwändige Maske ein Muss. Das bedeutet, rechtzeitig vor Ort zu sein und sich in die Hände der TV-Mitarbeiter zu begeben, die das Beste aus jedem Gesicht herausholen.

> **Praxistipp** Erschrecken Sie oder Ihre Klinikmitarbeiter nicht, wie „dick"
> in der Maske beim Fernsehen aufgetragen wird. Später im Studio ist die
> Wirkung eine ganz andere, und zwar eine positive.

Wenn Fernsehaufnahmen an Ihrer Klinik geplant sind, wollen TV-Redakteure meist so viel zeigen und so viele bewegte Bilder einsammeln wie möglich. Also neben Ihrem medizinischen Experten sollen häufig noch andere interessante Dinge ins Bild gesetzt werden, die den beschriebenen Sachverhalt veranschaulichen. Halten Sie hiernach Ausschau und kümmern Sie sich eventuell darum, dass die gewünschten Szenen eingefangen werden können: Ein Kniepatient zeigt Übungen, die er während der Reha gemacht hat. Medizingeschichte zum Anfassen präsentieren Sie bei den Dreharbeiten zum 50jährigen Jubiläum der Geburtsklinik, denn plötzlich ist da ein alter Hebammenkoffer samt Hörrohr aufgebraucht. Wunderbar!

7.5   Eine Pressekonferenz organisieren

Eine Pressekonferenz ist eine tolle Veranstaltung, um auf einen Schlag viele wichtige Medien zu erreichen. Voraussetzung ist, dass Sie auch wirklich etwas zu sagen haben und die Sache handwerklich sauber umsetzen. Eine Pressekonferenz, sie wird von vielen Journalisten einfach PK oder Preko genannt, bietet sich aus mehreren Gründen an:

1. Ihre Nachricht ist so wichtig ist, dass ein Presseversand zu banal erscheint. Eine PK gibt Ihrem Thema eine besondere Bedeutung.
2. Sie haben etwas zu zeigen, was sich in einem Text oder am Telefon nur schwer erklären lässt. Ein neues aufregendes technisches Gerät etwa oder Sie nehmen einen neuen Gebäudetrakt in Betrieb mit integriertem Veranstaltungssaal im obersten Stockwerk samt tollem Blick über die Stadt.
3. Sie ermöglichen mehreren Vertretern Ihres Hauses wie zum Beispiel dem Geschäftsführer oder dem Ärztlichen Direktor in einen direkten Austausch mit den Journalisten zu gehen. Und zwar mit allen während derselben Veranstaltung, sozusagen auf einen Schlag. Solche direkten Kontakte sind für die Beziehungs- und Kontaktpflege sehr wichtig.
4. Es gibt Kooperationspartner und Mitstreiter, die während der PK ebenfalls zu Wort kommen und die Bedeutung des Themas unterstreichen.

Eine Pressekonferenz zu organisieren, ist leichter als gedacht. Folgende Punkte sollten Sie berücksichtigen:

Thema. Überlegen Sie ganz genau, ob Ihr Thema den Aufwand einer PK rechtfertigt und stellen Sie sich zunächst folgende Fragen:

• Wann hatten wir zuletzt „die Presse" im Haus?
• Ist der zeitliche Abstand eventuell zu kurz gewählt und die Journalisten sagen: „Was, schon wieder eine PK in der Mustermann-Klinik, da waren wir doch erst vor drei Wochen"?

- Hat Ihr Thema genug Zugkraft oder reicht der Versand einer gut gemachten Pressemeldung samt ausdrucksstarker Fotos völlig aus?
- Mit welchen Zusatzinformationen oder zusätzlichen Teilnehmern auf dem Podium können wir die geplante PK aufwerten und für Journalisten noch attraktiver machen?

▶ **Praxistipp** Sollten Sie sich unsicher sein, ob Ihre geplante PK bei den Journalisten ankommt und diese den Termin auch wahrnehmen werden, rufen Sie doch einfach bei ein oder zwei Journalisten Ihres Vertrauens an und klären diese Frage ab. Dies spart möglicherweise viel Aufwand und Zeit.

Folgende Anlässe sind ein guter Aufhänger für eine PK:

- Einweihung eines neuen Ärztehauses an Ihrer Klinik mit kooperierenden niedergelassenen Medizinern
- Ankündigung einer Gesundheitsmesse, zu der mehrere tausend Besucher erwartet werden
- Vorstellung einer neuen Chefärztin (sehr gut) – oder eines neuen Chefarztes (funktioniert auch meistens)

Die Besetzung des Podiums Hierbei handelt es sich um die Teilnehmer an der PK, die Sie in Ihrem Haus und bei Ihren Kooperationspartnern zusammentrommeln und die als Gesprächspartner der Presse zur Verfügung stehen. Das Podium sollte immer so prominent wie möglich besetzt sein. Damit steigern Sie das Interesse an Ihrer Veranstaltung.

Beispiel

Die Unfallchirurgische Klinik eines Krankenhauses wird als Internationales Referenzzentrum für Endoprothetik ausgezeichnet. Die Auszeichnung wird von dem Hersteller von Prothesen vergeben. Dies ist zwar ein ganz schöner Anlass für eine PK. Dennoch hat das Ganze ein bestimmtes „Geschmäckle", weil der Prothesenhersteller dahinter steht und das kommerzielle Interesse deutlich ist. Deshalb laden Sie zur PK den Oberbürgermeister ein. Dieser lobt die internationale Strahlkraft der Klinik, die auch Patienten aus dem Ausland anzieht. Außerdem betont das Stadtoberhaupt die Bedeutung der Klinik für den hiesigen Gesundheitsstandort und wie wichtig eine gute medizinische Versorgung der Bevölkerung ist. Die Ausführungen des OB werden von allen Medien aufge-

griffen und verbreitet. Er ist sozusagen Ihr Testimonial, ein wichtiger Fürspre-
cher für Ihre Klink, getreu der alten Definition von PR: „Tue Gutes und lass
andere darüber sprechen". Dieses Ergebnis rechtfertigt auf jeden Fall die lange
Vorbereitungszeit, die die Terminabstimmung mit dem Vorzimmer des Ober-
bürgermeisters erfordert.

Termin. Steht ebenfalls ganz am Anfang. Klären Sie, ob es zu dem gewünschten
Termin noch andere Veranstaltungen in Ihrer Einrichtung oder Stadt gibt, die even-
tuell kollidieren und die wegen ihrer Bedeutung von den Journalisten auf jeden
Fall wahrgenommen werden. Je nachdem, wen Sie dabei haben möchten, kann
es schon einmal sechs bis acht Wochen bis zur geplanten PK dauern. Prominente
Menschen haben viel zu tun. Richten Sie Ihre Terminabstimmung danach aus, wer
auf jedem Fall auf dem Podium sitzen soll oder muss. Je weiter unten die anderen
PK-Teilnehmer in der Hierarchie stehen, desto leichter ist hier die Koordination.

Ablauf organisieren Besprechen Sie sich rechtzeitig mit den Podiumsteilnehmern: Wer begrüßt, wer moderiert, wer sagt was wann? Ein Briefing im Vorfeld
der PK ist sinnvoll, um sicherzugehen, dass a) alles Wichtige auch gesagt wird und
b) es keine Wiederholungen gibt.

Raum Wo soll die Pressekonferenz stattfinden? In Ihrer Klinik oder außerhalb?
Nun, wenn Sie Ihren neuen OP-Trakt zeigen wollen, ist das einfach. Wenn Sie
aber mit etlichen Kooperationspartnern eine Veranstaltungsreihe zur Vermeidung
und Therapie von Volkskrankheiten ankündigen möchten, ist das schon nicht mehr
so selbstverständlich. Abstimmung ist hier gefragt und ein Gespür, welcher Ort
der richtige ist. Bei externen Räumen fragen Sie sich: Sind diese gut erreichbar
und bekannt? Ist der Rahmen angemessen? Gibt es genügend Parkplätze? Welchen
Raum favorisieren Ihre Kooperationspartner?

> **Praxistipp** Wenn die PK nicht bei Ihnen im Haus stattfindet: Machen
> Sie auf jeden Fall einen Vor-Ort-Termin und schauen Sie sich den Raum
> vorher an.

Der Raum sollte nicht zu groß und nicht zu klein sein. Ist er zu groß, fühlen sich
die Akteure schnell verloren und es sieht gar nicht mehr so wichtig aus, was Sie
zu sagen haben. Zu klein sollte er auch nicht sein, denn wenn Sie Hörfunk- und
TV-Journalisten dabei haben möchten, brauchen diese immer mehr Platz als Print-
Journalisten, die nur ihren Block und Bleistift unterbringen müssen. Nach dem
offiziellen Teil der Veranstaltung benötigen die Hörfunk- und TV-Journalisten jeweils einen eigenen Bereich, damit sie ihre Aufzeichnungen machen können. Da

muss immer etwas Abstand herrschen und denken Sie daran: TV-Teams bestehen
meist aus drei Leuten: dem Redakteur, dem Kameramann und dem Tontechniker.
Ein Raum für 20 bis 25 Personen reicht in den meisten Fällen aus.

Die Raumausstattung. Das ist Ihre Bühne, hier wird das Stück gegeben und um
diese Requisiten und das Bühnenbild sollten Sie sich kümmern:

- Wie sind Tische und Stühle angeordnet? Versammeln Sie alle Teilnehmer Ihrer
  PK an einem großen runden Tisch oder sitzen die Journalisten vom Podium
  getrennt?
- Welche Technik brauchen Sie? Macht einer Ihrer Podiumsteilnehmer eine klei-
  ne Präsentation und braucht einen Beamer? Dann halten Sie unbedingt eine
  Ersatzbirne parat und organisieren eine Leinwand. Welche Möglichkeit der Ver-
  dunkelung gibt es?
- Stromanschlüsse: wie viele gibt es und wo sind diese? Benötigen Sie ein Verlän-
  gerungskabel?
- Wenn Sie nun eine richtig große PK in einem größeren Raum als oben beschrieben organisieren, klären Sie ab, ob eine Tonanlage nötig ist. Arbeiten Sie mit
  Krawattenmikrofonen, die Sie ans Revers stecken oder mit Handmikros.
- Möchte einer Ihrer Klinikvertreter seine Ausführungen an einem Flipchart illustrieren? Denken Sie an Papier und frische Filzstifte. Häufig liegen Flipcharts
  keine frischen Filzstifte bei, sondern ausgetrocknete Knochen, die statt schwar-
  zer Linien maximal eine blassgraue Darstellung ermöglichen.
- Schreibblöcke und Kugelschreiber: Falls Ihre Einrichtung so etwas mit eigenem
  Logo vorhält, legen Sie dieses Material aus.
- Namensschilder für die Podiumsteilnehmer: Wenn Sie nur lokale Medienvertreter dabei haben, die im Haus ein- und ausgehen und die Klinikteilnehmer
  an der PK schon kennen, wirken Schilder albern, ansonsten sollten Sie jedem
  Podiumsvertreter ein Namensschild spendieren mit Vorname, Nachname und
  Funktion.
- Namensliste der Medienvertreter: Damit Sie wissen, wer da war, haben Sie sich
  eine Liste aller Journalisten angefertigt und haken die Namen ab. Journalisten,
  die Sie noch nicht kennen, fragen Sie nach Ihrem Namen und Ihren Kontaktdaten.
- Ganz praktisch: Wenn Sie die PK nicht in Ihrer Klinik geben, sondern ein Auswärtsspiel bestreiten, klären Sie die Frage, wo ist die nächste Toilette ist.
- Häppchen und Schlückchen: Die Getränke für eine PK heißen „Konferenzge-
  tränke" und damit ist gemeint: Kaffee, Tee, Wasser, Säfte. Wenn Sie mögen,
  können Sie die Getränke ergänzen durch belegte Brötchen oder leichtes Gebäck. Denken Sie daran, Getränke und Gebäck rechtzeitig zu bestellen. Verzichten Sie auf alkoholische Getränke.

Dauer Sie dürfen über alles reden, nur nicht über eine Stunde. Also planen Sie maximal 60 min für den offiziellen Teil Ihrer Veranstaltung ein. Die Ausführungen der Podiumsteilnehmer sollten nach fünf bis sieben Minuten zu Ende sein, damit Sie noch ausreichend Zeit für Fragen der Journalisten haben. Eine größere Zeitreserve sollten Sie auch vorsehen für die Fotografen. Diese wollen selten Ihre nebeneinander sitzenden Podiumsvertreter ablichten. Das heißt, mitunter müssen Sie mit dem ganzen Tross noch kurz auf Wanderschaft gehen um zum Beispiel vor der Tür im Freien ein besseres Bildmotiv zu finden.

> **Praxistipp** Fotografen von Tageszeitungen sind meistens extrem ungeduldig und haben es am liebsten, wenn sie nicht bis zum Ende aller Ansprachen ausharren müssen, sondern ihre Bilder gleich zu Beginn der PK machen können. Mit etwas Flexibilität kann diesen Menschen schnell geholfen werden. Also: Richten Sie sich darauf ein, dass die PK mit einem schnellen Fotoshooting beginnt.

Nachdem die Klinikvertreter zu Wort gekommen sind und alle Journalistenfragen im offiziellen Teil beantwortet haben, kommen die Radio- und TV-Redakteure zu ihrem Recht. Wie oben erwähnt, ziehen sich diese mit ihren Gesprächspartnern in ein ruhiges Eck zurück, um die O-Töne einzufangen.

Die richtige Uhrzeit Machen Sie Ihre PK um 11 Uhr. Immer. Um 11 Uhr sind die Journalisten fit, viele haben am Abend vorher noch ihre Seite fertig gestellt oder waren auf einem Abendtermin und die Gemeinderatssitzung hat dann doch wieder länger gedauert als gedacht. Wenn Sie die PK um 11 Uhr machen, dann kommen Sie am nächsten Tag in die Zeitung, weil die Journalisten genug Zeit haben, die Geschichte zu schreiben. Auch für die Journalisten von Radio- und TV-Stationen ist 11 Uhr günstig, weil sie den Beitrag umgehend fertig machen können, der im Laufe des Nachmittags oder Abends ausgestrahlt werden kann und somit aktuell ist.

Pressemappe Fangen Sie rechtzeitig an, sich um die Pressemappe zu kümmern, denn sie ist ein Muss für Ihre PK. Mit einer gut gemachten Pressemappe versorgen Sie die Journalisten mit aktuellen Informationen und haben außerdem die Möglichkeit, weiterführendes und vertiefendes Material über Ihre Einrichtung zu platzieren. In eine Pressemappe gehören:

• Deckblatt als Inhaltsverzeichnis
• Pressetext zum aktuellen Anlass
• Präsentationen oder Reden der Podiumsteilnehmer

- Wenn es inhaltlich passt: auch ein bis zwei ältere Pressetexte zum gleichen oder ähnlichen Thema
- Bilder: Porträtfotos der Podiumsteilnehmer sowie Aufnahmen, die zum Thema passen
- Hintergrund-Informationen zu Ihrer Einrichtung
- Flyer und Broschüren
- Die Texte und Bilder brennen Sie auf CD-ROM

Rechtzeitig zur PK haben Sie den Pressebereich Ihrer Homepage mit dem Text- und Bildmaterial gefüttert. Wie bereits erwähnt, verzichten Sie hier auf eine Zugangsbeschränkung, die Journalisten müssen sich nicht extra anmelden.

Fotos und Videos der PK Um eine optimale Verwertung zu erzielen, müssen Sie gute Fotos und Video-Sequenzen produzieren. Die Fotos schicken Sie samt Pressemeldung im Nachgang an die Medienvertreter, die nicht anwesend waren. Mit dem Video-Material füttern Sie Ihren Youtube-Kanal. Kümmern Sie sich rechtzeitig darum, wer dieses Material während der PK produziert.

Einladung Hier machen Sie die Journalisten neugierig auf das Thema. Nehmen Sie einfach den Einstieg in Ihre Pressemitteilung, die Sie zur PK sowieso geschrieben haben. Anstatt „Pressemitteilung" wählen Sie die Überschrift „Einladung zur Pressekonferenz", Ihre Überschrift können Sie übernehmen. Nach ein bis zwei Sätzen – Sie wollen ja nicht zu viel verraten, sonst kommt ja kein Journalist mehr – folgt der Satz: „Aus diesem Grund möchten wir Sie gerne ganz herzlich zu einem Pressegespräch einladen." Sie geben den Ort samt Postleitzahl und die Straße bekannt.

Ferner stehen in der Einladung das Datum, die Uhrzeit (11 Uhr) sowie die Teilnehmer samt Funktion. Sie können Ihre Einladung schließen mit diesem Satz: „Bitte teilen Sie uns mit, ob wir Sie zu der Veranstaltung begrüßen dürfen."

Der Versand der Einladung Den größten Teil Ihres Presseverteilers pflegen Sie per E-Mail. Aber: Es gibt auch Medien, vor allem Radio und TV, da kommt es ganz gut an, wenn man ihnen Einladungen oder Pressemeldungen per Fax schickt. Ein Fax ist heute wieder etwas Besonderes und wird nicht so schnell weggeworfen wie eine E-Mail in den elektronischen Mülleimer geklickt wird.

Wenn Sie per Fax einladen, müssen Sie auch eine Antwort formuliert haben, die die Journalisten einfach ankreuzen, mit Redaktionsstempel versehen und an Sie zurückfaxen können (vgl. Abb. 7.2)

Antwort

Bitte per Fax an: 01234-5678

O   Ja, ich komme zur Pressekonferenz der Mustermannklinik
am Mittwoch, 9. April, 11.00 Uhr.

O   Nein, ich kann leider nicht kommen. Senden Sie mir bitte
nach der Veranstaltung die Unterlagen (Pressetext und
Bildmaterial) zu.

O   Nein, ich benötige keine Informationen.

Datum:

Redaktion: _____

           _____

           _____

Unterschrift: _____

Abb. 7.2 Antwortmöglichkeit bei Presseeinladungen per Fax

Wann sollen Sie die Einladung versenden? In der Praxis hat es sich bewährt, eine Einladung zu einer PK acht bis neun Tage vorher zu verschicken. Sie haben eine PK für Mittwoch, den 22., angesetzt. Dann verschicken Sie die Einladung in der Woche zuvor am Montag, dem 13.

Ist die Einladung angekommen? Nachdem Sie Ihre PK angekündigt haben, warten Sie ein paar Tage – und dann machen Sie das, was Sie immer machen sollten, wenn Sie etwas Wichtiges mitzuteilen haben: Sie haken nach. Die Einladung ging am Montag raus, dann ist Donnerstag eine gute Gelegenheit, all jene Redakteure anzurufen, von denen Sie noch keine Rückmeldung erhalten haben.

Der Vorteil des Nachhakens: Sie haben wieder einen Aufhänger für ein persönliches Gespräch. Sie erfahren, ob Ihre Einladung angekommen ist. Falls nicht, ist noch genügend Zeit für die Redaktion, die Besetzung des Termins am nächsten Mittwoch zu planen. Stellt sich heraus, dass die Redaktion nicht an Ihrer PK interessiert ist, können Sie nachfragen, woran es liegt. Vielleicht können Sie das Thema noch retten, das Ihr Gesprächspartner zwar aufbereiten möchte, jedoch mit einem anderen Aufhänger und anderen Gesprächspartnern als Sie auf der PK aufbieten werden. Nachdem Sie alle Journalisten abgeklappert haben, stellen Sie eine Liste mit den Medienvertretern zusammen, die sich angekündigt haben und verschicken Sie diese Aufstellung an die Podiumsteilnehmer. Und vergessen Sie den Geschäftsführer Ihrer Klinik nicht, denn dieser weiß vorher ganz gerne, welcher Journalist zur Berichterstattung erscheint.

Parkplätze Reservieren Sie Parkplätze für die Journalisten und weisen Sie den Pförtner darauf hin, dass er die Medienvertreter freundlich behandelt. Pluspunkte sammeln Sie außerdem, wenn Sie den Journalisten die Parkgebühren erstatten und ihnen ein entsprechendes Ticket zur kostenlosen Ausfahrt am Ende der PK aushändigen.

Beschilderung der Wege Sorgen Sie dafür, dass die Medienvertreter den Weg vom Parkplatz zu Ihrem Raum leicht finden. Hängen oder stellen Sie Schilder auf. Dies gilt vor allem, wenn Sie Journalisten dabei haben, die nicht in Ihrem Haus ein- und ausgehen, wenn Sie sich erstmals in einem ganz neuen Gebäude Ihrer Klinik treffen oder wenn Sie ein Auswärtsspiel geben und sich vielleicht sogar selbst noch etwas zurechtfinden müssen.

Clipping Ein ganz wichtiger Punkt: Sammeln Sie alles, was im Zusammenhang mit der PK an Veröffentlichungen erschienen ist. Offline- und online. Machen Sie eine Zusammenstellung und lassen Sie diese den Podiumsteilnehmern sowie Ihrem Vorgesetzten oder Auftraggeber zukommen. Solche Erfolgsnachweise festigen Ihre Position im Haus und unterstreichen die Bedeutung von Presse- und Öffentlichkeitsarbeit für Ihre Einrichtung.

7.6 Checkliste

Checkliste: Vom Storytelling zum Storyselling: So erreichen unsere Geschichten die richtigen Medien
- Ihr Presseverteiler ist stets aktuell und in drei Bereiche unterteilt: lokale Medien vor Ort mit Presse, Funk und TV, die überregionalen Medien sowie die Fachpresse
- Ihre Betreffzeile sitzt, weckt Neugier und zwingt die Journalisten dazu, Ihre E-Mail zu öffnen und zu lesen
- Ihre Presseaussendungen sind schlank und schnell: Sie kopieren Ihren Pressetext direkt in die E-Mail hinein
- Sie verschicken Ihre Meldungen zum bestmöglichen Zeitpunkt

- Sie nutzen die BCC-Funktion
- Sie vermarkten einzelne Geschichten exklusiv, sowohl lokal als auch bundesweit
- Wenn „das Radio" oder „das Fernsehen" kommt, dann bereiten Sie Ihre Ansprechpartner im Haus gut darauf vor
- Auftritte im Radio oder Fernsehen sind zwar aufregend, aber weniger schlimm als befürchtet
- Eine Pressekonferenz zu organisieren ist leichter getan als gedacht und keine Mondmission

Schon wieder reichen die ausgelegten Visitenkarten nicht: Info-Abende für Patienten optimal organisieren

Es sind drei wichtige Instrumente, über die Sie in diesem Buch Näheres erfahren: die Pressearbeit, die Veranstaltungsorganisation und der gute Online-Auftritt. In den nächsten vier Kapiteln stehen Veranstaltungen im Mittelpunkt der Darstellung. Das Spektrum reicht vom einfachen monothematischen Info-Abend für Patienten bis zur wochenlangen Gesundheitskampagne zweier Krankenhäuser. Was ist für Sie geeignet, wen wollen Sie mit welcher Veranstaltung erreichen und wie organisieren Sie das Ganze optimal? Werfen wir zunächst einen Blick auf die einfachste Variante, Informationsabende für Patienten.

8.1 Gute Gründe für Veranstaltungen

Veranstaltungen sind ein zentraler Baustein für Klinikmarketing. Sie sind bestens geeignet, um die Zielgruppe direkt zu erreichen. Menschen gehen gerne auf Veranstaltungen, insgesamt hat sich in Deutschland in den vergangenen Jahren eine Eventkultur breit gemacht nach dem Motto: Kein Abend und kein Wochenende ohne prall gefüllten Veranstaltungskalender. Von diesem Trend können Sie profitieren.

Die Zielgruppe im Visier Mit Informationsveranstaltungen zur Gesundheit erreichen Sie punktgenau die gewünschte Zielgruppe. Nur wer sich für Ihr angebotenes Thema interessiert, der kommt auch. Dass sich jemand verläuft und aus Versehen bei Ihrer Veranstaltung zum Thema Brustkrebs auftaucht, ist unwahrscheinlich.

© Springer Fachmedien Wiesbaden 2015
R. Schäfer, *Erfolgreiche PR-Arbeit für Krankenhäuser,*
DOI 10.1007/978-3-658-06361-0_8

Die Streuverluste sind gering. Außerdem können Sie mit Ihren Veranstaltungen auch das familiäre Umfeld ansprechen. Es ist immer wieder zu beobachten, dass Ehepaare erscheinen. Entweder haben beide zufälligerweise das gleiche Leiden oder aber der eine motiviert den anderen, sich einmal kompetent zu informieren. Mit anderen Worten: Häufig schleppt die Frau den Mann mit, damit er sich endlich von einem Arzt sagen lässt, was zu tun ist. So etwas schaffen Sie nur mit einer Veranstaltung.

Der Chefarzt zum Anfassen Veranstaltungen sind die beste Möglichkeit, Ihre Ärzte ins direkte Gespräch mit den Patienten zu bringen. Patienten mögen so etwas. Nicht oft haben sie die Gelegenheit, den Chefarzt einmal direkt etwas zu fragen – und dieser nimmt sich dann noch die Zeit für eine ausführliche Antwort, schließlich ist Publikum anwesend und er will eine gute Figur machen. Die Frage- und Antwortrunden während oder im Anschluss an die Vorträge werden erfahrungsgemäß von den Besuchern sehr gerne und lange genutzt.

Mit dem Auftritt Ihrer Ärzte geben Sie Ihrer Klinik ein Gesicht, es „menschelt" und die Patienten wissen, wer Ihre Mediziner sind. Eine ähnlich persönliche Ansprache bietet Ihnen die Präsentation von Youtube-Clips, in denen sich Ärzte zu Behandlungsverfahren äußern. Mehr dazu in Kap. 13.

Partner einbinden Mit Veranstaltungen haben Sie die Möglichkeit, Partner einzubinden. Diese Partner tragen Ihr Projekt mit, bringen sich ein und machen dafür Werbung. So werden Ihre Marketingbemühungen multipliziert und es werden weitere interessante Zielgruppen angesprochen, die Sie bislang nicht erreicht haben. Welche Partner das sein können, erfahren Sie im weiteren Verlauf dieses Kapitels.

Berichte im Vorfeld und danach Veranstaltungen für Patienten bieten vielfache Anlässe für eine Berichterstattung. Im Vorfeld können Sie eventuell sogar mehrmals darauf aufmerksam machen. Und Sie bekommen möglicherweise Nachberichte im Anschluss an die Veranstaltung.

Die Vorteile von Patienten-Infoveranstaltungen sind also vielfältig (vgl. Abb. 8.1).

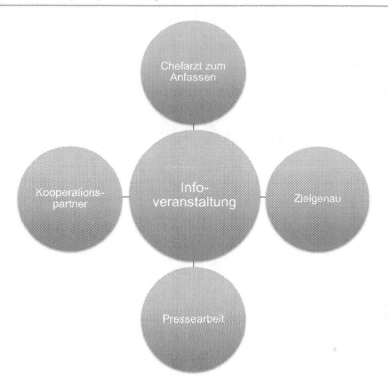

Abb. 8.1 Vorteile von Patienten-Infoveranstaltungen

8.2   So sieht ein gelungener Vortrag aus

Im Mittelpunkt einer Vortragsveranstaltung für Patienten steht: der Vortrag. Er ist unmittelbar verknüpft mit der Person des Referenten und seiner Haltung gegenüber seinem Thema und dem Publikum. Je optimistischer und empathischer der Referent seine Aufgabe wahrnimmt, desto bessere Resonanz wird er vom Publikum erhalten. Für die Gestaltung eines guten Vortrages gelten ähnliche Hinweise wie für die Gestaltung guter Pressetexte und Fotos, wobei die „Live"-Situation vor Publikum noch weitere Herausforderungen mit sich bringt.

Alle verstehen den Referenten Klingt ganz banal, ist aber für etliche Referenten eine echte Hürde. Die Zuhörer bei vielen Patientenvorträgen sind nicht mehr die Jüngsten, sie hören nicht mehr so gut wie mit 20, die Sehkraft lässt nach und die Merkfähigkeit ist auch nicht die gleiche wie in der Zeit, als diese Damen und

Herren noch zur Schule gingen. Von daher ergeben sich für die Gestaltung eines Vortrages, der ankommen soll, ein paar einfache Regeln:

- Der Referent spricht langsam und deutlich.
- Er wendet sich beim Vortrag dem Publikum zu und starrt nicht unentwegt auf den Presenter, den Beamer und die Leinwand. Der Referent sucht immer wieder den Blickkontakt mit einzelnen Zuhörern.
- Der Referent spricht in kurzen Sätzen.
- Der Referent verwendet deutsche Begriffe und lässt die lateinischen Fachausdrücke links liegen. Die griechischen auch. Wenn er sie dennoch unbedingt verwenden will, beschreibt er den Sachverhalt zunächst mit dem deutschen Wort und schiebt den Fachbegriff nach.
- Wiederholungen am Ende eines Gedankenganges helfen. Jeder im Publikum freut sich, wenn es heißt: „Ich fasse also noch einmal zusammen..." Die Zuhörer merken, dass da jemand auf ihrer Seite ist und ihnen Brücken bauen will zum besseren Verständnis seines Vortrages.
- Die Akustik stimmt. Große Räume beschallen können Opernsänger am besten, Mediziner sind für andere Dinge ausgebildet. Je nach Stimmvolumen des Referenten und Raumgröße ist eine technische Unterstützung durch Mikrofon und Lautsprecher unverzichtbar. Mehr hierzu weiter unten.

Die gute Botschaft Was ist das Anliegen des Referenten? Warum behandelt er Patienten, warum spricht er zu ihnen? Was ist sein Ziel?

Die Beantwortung dieser Fragen schlägt sich unmittelbar in dem Tonfall des Vortrags und seinen offenen und weniger offenen Botschaften nieder. Wenn ein Mediziner der Meinung ist, ab 65 sei das Leben sowieso fast vorüber, dann wird er mit einer anderen Haltung und Motivation auftreten als ein Arzt, der die Meinung vertritt, dass der menschliche Muskel noch bis ins hohe Alter trainiert werden kann. Eine positive Haltung erzeugt eine positive Reaktion, deshalb:

Mut machen statt Angst machen Wenn der Referent seinen Scheinwerfer darauf richtet, welche Therapie- und Operations- und Rehmaßnahmen viel Grund zur Hoffnung geben, dann erzeugt er eine ganz andere Stimmung als Zeitgenossen, die vor allem mit Angst und Schuldzuweisungen arbeiten.

Ziele aufzeigen Warum soll sich jemand operieren lassen? Damit er ein neues glitzerndes Hüftgelenk hat oder damit er schmerzfrei wieder mit seinen Enkeln spielen und einen fröhlichen Sonntagsspaziergang wie früher unternehmen kann? Ein Referent, der ankommen will, gibt Hinweise auf das gute Leben, das seine Patienten nach einem erfolgreichen Eingriff wieder führen können.

Erfolgsgeschichten erzählen An Beispielen lernen wir am schnellsten, wir verstehen sofort, was gemeint ist. Wenn der Referent anhand von Patientengeschichten aufzeigen kann, welche positiven Resultate seine Behandlungen hervorbringen können, dann hat er schnell die Herzen des Publikums erobert.

Risiken klar benennen Kein Eingriff ohne Risiko, keine Behandlung ohne unerwünschte Nebenwirkungen. Wer glaubwürdig bleiben will, verschweigt auch vor großem Publikum diese Sachverhalte nicht.

Lebendige Illustrationen Bei manchem Vortrag hat man den Eindruck, der Mediziner hat am Nachmittag eine Vorlesung vor Medizinstudenten absolviert – und präsentiert jetzt einfach noch einmal die gleichen Powerpoint-Folien: voller Fachausdrücke, eng beschrieben und unpassend illustriert. Die Folge: Die ersten Zuhörer schalten sofort ab, die nächste Gruppe hält noch ein paar Minuten durch und nach 20 min sehnen sich alle nur noch das Schlusswort herbei. Die Aufmerksamkeit des Publikums sichern sich gute Referenten, indem sie

- auf klare Kontraste setzen. Schwarze Schrift auf weißen Grund lässt sich einfach besser lesen als gelbe Buchstaben auf einem lila Hintergrund;
- große Buchstaben verwenden. Gut lesbar sind Buchstaben in einer Größe ab 30 Punkt, noch besser sind sie lesbar ab 40 Punkt. Große Buchstaben haben den Vorteil, dass man weniger Text unterbekommt, was der Klarheit und Übersichtlichkeit dient (vgl. Abb. 8.2);
- die Folien sparsam mit Text versehen. Je kürzer die Aussagen, umso besser, am besten sind einzelne Schlag- oder Stichworte. Lange Sätze gehören, wenn überhaupt, in schriftliche Darstellungen und nicht in Vorträge;
- auf Wörter am besten ganz verzichten und stattdessen starke Bilder verwenden. Einmal mehr gilt der Satz: Ein Bild sagt mehr als tausend Worte. Die emotionale Überzeugungskraft guter Bilder übertrifft die Wirkung guter Wörter meistens bei weitem;

Abb. 8.2 48 Punkt Schrift im Vergleich zur 12 Punkt Schrift

- Bilder auswählen mit einer motivierenden Kraft, die fröhliche Menschen zeigen bei Sport, Spiel und Spaß.
- Bilder zu medizinischen Sachverhalten in Form von blutfreien Animationen zeigen und keine Fotos von geöffneten Körperteilen oder Röntgenbilder auswählen. Welcher Zuhörer erfasst in der Kürze der Zeit ein Röntgenbild? Für den Arzt, der am Tag Dutzende solcher Bilder betrachtet, ist deren Deutung Alltag, für den Laien etwas Neues. Und wie ist es mit der Erkennbarkeit von Feinheiten auf dem Röntgenbild für die Zuhörer in den Reihen 18 bis 20?
- eine Folie zeigen und genau zu dieser Folie etwas sagen. Es gibt keinen Bruch zwischen dem gesprochenen Wort und der Illustration. Damit bündelt der Referent die Aufmerksamkeit des Publikums.

Die Fragerunde O.k., bis hierhin ist alles gut gegangen, die Folien waren stark bebildert und die Sprache des Referenten war die Sprache seiner Zuhörer. Wenn er jetzt noch die Fragerunde meistert, ist es eine gelungene Veranstaltung.

Fragen nur am Ende erlauben? Hängt ein wenig davon ab, wie sicher sich der Referent fühlt. Wenn er souverän mit Thema und Zuhörern spielen kann, dann ist es für ihn kein Problem, die Fragen auch in dem Moment zuzulassen, wenn etwas unklar ist. Das ist für die Zuhörer gut, denn der Zusammenhang ist allen unmittelbar klar und der Referent kann die Sache entsprechend dem Wunsch eines Einzelnen vertiefen.

Kein Co-Referat als Antwort Kurz und knackig ist besser als lang und ausführlich. Ansonsten werden alle nervös, die noch ihre Fragen loswerden wollen.

Dinge gerne wiederholen Der Referent erklärt bereitwillig jenen Aspekt, den er eingangs schon einmal ausführlich dargestellt hat, nur ein wenig anders, so dass es auch der Fragesteller jetzt kapiert. Im Zweifel fragt der Referent nach, ob alles angekommen ist.

Ängste ernst nehmen Ein chirurgischer Eingriff ist für die Betroffenen ein meist ein großer Einschnitt in ihrem Leben, für den Referenten sein täglich Brot. Welten treffen aufeinander, die einen haben Angst vor der Darm-OP, der andere verdient damit sein Geld. Der Referent nimmt die Befürchtungen auf und versucht nicht, den Leuten ihre Empfindungen auszureden. „Ja, Sie dürfen vor dieser OP Angst haben und ja, wir tun alles, damit diese OP bei Ihnen zum Erfolg führt."

8.3   Eine Infoveranstaltung organisieren

Der richtige Zeitpunkt Mit einer guten Terminplanung können Sie aus Ihrer Veranstaltung viel herausholen – oder aber viel falsch machen. Eines muss Ihnen klar sein: Sie haben zwar ein wichtiges Anliegen unter die Leute zu bringen – die Prävention und Therapie von Krankheiten – aber mit Ihrer Veranstaltung bewegen Sie sich in einem Konkurrenzumfeld. Damit ist nicht der Info-Abend des anderen Krankenhauses am Ort gemeint, sondern es sind die anderen Themen und Termine, die die Leute ebenfalls interessieren. Legen Sie keinen Info-Abend zum Thema Prostata auf einen Dienstag oder Mittwoch, solange deutsche Fußballmannschaften bei der Champions League mitspielen. Gegen die Paarungen Bayern München – FC Barcelona oder Dortmund gegen Chelsea können Sie nur verlieren. Ebenfalls sollten Sie populäre Volksfeste an Ihrem Ort oder in der Nachbarschaft berücksichtigen. Schließlich sprechen Sie mit Ihrem Info-Abend zur Hüftarthrose das gleiche Publikum an, das sich auch für Weinfeste begeistert. Lieber nichts anbieten sollten Sie auch an Brückentagen, viele Menschen nutzen ein verlängertes Wochenende für einen Kurzurlaub. Und je nach Thema – Kinderkrankheiten, Geburtsklinik oder die Zusammenstellung der homöopathischen Reiseapotheke – sollten Sie Schulferien umschiffen. Machen Sie solch eine Veranstaltung zwei bis drei Wochen vor dem letzten Schultag, dann haben Sie die Aufmerksamkeit Ihrer Zielgruppe noch auf Ihrer Seite.

Jahreszeiten sind ebenfalls zu berücksichtigen. Ein Allergieabend im Herbst, wenn kaum noch etwas blüht, wird mit Sicherheit kein Publikumsmagnet. Dagegen eignet sich der Hebst für Veranstaltungen rund um Gelenkbeschwerden. In der kalten und nassen Jahreszeit haben viele Betroffene stärkere Schmerzen als im Sommer und sind im Oktober oder November eher bereit, sich zu informieren.

Erstellen Sie einen Jahresplan für Ihre Vorträge Der Herbst eignet sich bestens, das nächste Jahr ins Visier zu nehmen. Welche Themen will die Geschäftsleitung nach vorne bringen? Danach klären Sie mit Ihren Medizinern ab, wer wann zu welchem Thema und wo etwas sagen will und erstellen einen Jahresplan. Parallel hierzu buchen Sie die Vortragsräume, entweder in Ihrer Klinik oder extern. Sie bringen den Plan in gestalteter und gedruckter Form unters Volk und legen ihn überall dort aus, wo er potenzielle Zuhörer findet. Außerdem gibt so ein Plan den Takt vor für Ihre Werbe- und Presseaktivitäten. Sie können in den Kalender eintragen, wann welche Anzeige geschaltet werden soll und wie die Pressearbeit auszusehen hat.

Außerdem ermöglicht die vorausschauende Planung, dass Sie rechtzeitig daran denken, genügend Flyer mit Hintergrundinformationen zum Vortragsthema sowie genügend Visitenkarten Ihres Referenten herzustellen.

Wochentage und Uhrzeit Bis auf Sonntag kann jeder Tag für Vortragsveranstaltungen funktionieren, vorausgesetzt, die Vorarbeiten und der Rahmen stimmen. Sie können von montags bis freitags ab 19 oder 20 Uhr genauso erfolgreich sein wie an einem Samstag um 11 Uhr. Ältere und ganz alte Leute gehen in der dunklen und kalten Jahreszeit abends ungern aus dem Haus, sie lassen in der Dämmerung am liebsten die Rollläden herunter und schließen die Wohnungstür ab. Dieses Publikum können Sie mit einer 11-Uhr-Veranstaltung am Samstag gut erreichen.

Termine am Samstag sind ebenfalls gut geeignet für einen Tag der offenen Tür an der Geburtsklinik. Wählen Sie hier die frühen Nachmittagsstunden und Sie bekommen all die jungen Frauen und Männer zu Gesicht, die unter der Woche ihrem Beruf nachgehen und am Abend weder Zeit noch Nerven haben, sich mit verschiedenen Gebärtechniken auseinanderzusetzen.

Unter der Woche am Abend geben Sie den Berufstätigen eine Gelegenheit zu kommen. Wenn Sie dagegen Ihre Veranstaltung an einem Donnerstag ab 16 Uhr ansetzen, dann haben Sie mit Sicherheit kaum Arbeiter und Angestellte im Publikum sitzen, dafür aber viele Rentner und Pensionäre. Nun, auch das kann ja sinnvoll sein, wenn Sie mit einem entsprechenden Thema aufwarten, von dem vor allem Menschen ab 60 betroffen sind.

8.4 Der richtige Ort

Wenn Sie in Ihrer Einrichtung einen geeigneten Vortragsraum haben, dann sollten Sie ihn weidlich nutzen. Schließlich kostet er keine zusätzliche Saalmiete, die Buchung geht hausintern meist schnell vonstatten und Sie wissen über die vorhandene technische Ausstattung bestens Bescheid.

Um jedoch Zielgruppen zu erreichen, die bislang den Weg in Ihre Klinik nicht gefunden haben, sollten Sie regelmäßig Ihre angestammte Heimstätte verlassen und Veranstaltungsorte außerhalb Ihrer Klinik bespielen.

Sie werden von den Ergebnissen begeistert sein!

Hintergrund: Nur wenige Menschen gehen gerne und freiwillig ins Krankenhaus. Dieser Ort ist bei vielen Menschen negativ besetzt. In eine Klinik geht meist nur, wer a) selbst operiert wird oder b) einen Verwandten besuchen möchte. Um Menschen zu erreichen, die höchst ungern eine Klinik aufsuchen, ist es ratsam, Informationsveranstaltungen auch außerhalb der eigenen Einrichtung anzubieten.

Und vielleicht sind es ja ganz praktische Gründe, warum Sie auf einmal neue Zielgruppen erreichen: Ihr Krankenhaus liegt eventuell etwas außerhalb und ist per Bus und Bahn nicht so gut zu erreichen, vor allem wenn man an die Heimfahrt ab 21 oder 22 Uhr denkt. Oder der Parkplatz ist vom Veranstaltungssaal noch ein ganzes Stückchen entfernt und die Wege in Ihrer Klinik sind lang und verschlungen. Wenn Sie dagegen an einen Veranstaltungsort im Herzen der Stadt denken mit guten Parkmöglichkeiten und einer optimalen Bus- und Bahnanbindung sammeln Sie Punkte beim Publikum.

Bei der Auswahl von externen Veranstaltungsorten sollten Sie auf Folgendes achten: Sie sollen zentral liegen, leicht erreichbar sind, Parkplätze und eine gute ÖPNV-Anbindung bieten und Ihrer Zielgruppe, also meist älteren Menschen, als Adresse „etwas sagen". Die Bandbreite ist groß. Dies kann der Nebensaal eines populären Gasthauses sein, wo der hiesige Männergesangverein seine Singstunden abhält oder aber das Bürgerhaus im Herzen der Stadt. Denkbar sind ferner Hallen oder Säle, in denen ganzjährig Informations- und Kulturveranstaltungen stattfinden und die über ein professionelles Management verfügen. Prüfen Sie vorab, wo Sie Ihre Zielgruppe am besten erreichen können und welche Adresse zu Ihrem Arztvortrag passt.

> **Praxistipp** Wenn Sie bei weiter entfernt liegenden Orten nicht ganz sicher sind, wo Sie Ihren Hüft-Abend durchführen möchten, fragen Sie doch einfach bei der hiesigen Presse nach. Die Lokaljournalisten können dank Ihrer genauen Kenntnis des örtlichen Geschehens meist gut einschätzen, ob Ihre geplante Veranstaltung im Gasthaus „Zum Goldenen Löwen" passt oder nicht. Außerdem haben Sie gleich einen Kontakt hergestellt, der Ihnen für Ihre Vorankündigung nützlich sein kann.

Wie groß soll der Raum sein? Dies ist eine wichtige Frage, denn ist der Raum zu groß, haben Referent und Publikum das Gefühl, hier sei nichts los. Ist er dagegen deutlich zu klein, haben Sie ein Luxusproblem, weil Sie schnell zusätzliche Stühle herbeischaffen müssen, ein Teil Ihres Publikums trotzdem stehen muss und Sie eventuell sogar Leute wieder nach Hause schicken müssen, weil der Hausmeister keinen mehr hereinlässt wegen der feuerpolizeilichen Bestimmungen. Die Größe des Raumes hängt von der Popularität Ihres Referenten und der Aktualität Ihres Themas ab. Wenn Ihr Mediziner schon einen gewissen Ruf hat, dann können Sie ruhig mit 100 bis 200 Gästen rechnen. Wenn Sie Ihren Referenten erst noch aufbauen, sollten Sie etwas kleinere Räume wählen.

> **Praxistipp** Um flexibel reagieren zu können, fragen Sie nach, ob Sie
> einen kleineren Raum mieten können, der durch eine mobile Trenn-
> wand vom ebenso großen, nicht belegten, Nachbarraum getrennt ist.
> Werden Sie nun am Abend vom Publikum beinahe überrannt, dann
> können Sie im Handumdrehen die Trennwand herausnehmen und die
> doppelte Anzahl an Stühlen bereitstellen.

8.5 Raum buchen: Verträge und Technik

Hier gibt es zwei Möglichkeiten: Entweder Sie führen Ihre Veranstaltungen in Ihrer Klinik durch oder Sie gehen nach draußen. In jedem Fall ist eine rechtzeitige
Planung segensreich. Wenn Sie einen Jahresplan erstellen, den Sie veröffentlichen,
dann müssen Sie die Räume natürlich zu Ende des Vorjahres gebucht haben. Wenn
Sie spontanere Aktivitäten lieben, dann sind sechs bis acht Wochen vor dem Abend
der richtige Moment, mit den Verantwortlichen des Bürgerhauses oder der Gast-
wirtschaft „Zum Goldenen Löwen" in Kontakt zu treten und die Verträge zu fixie-
ren.

Bestuhlung Am besten wie im Kino. Wenn Sie Ihre klinikinternen Räume
buchen, denken Sie daran: Häufig werden diese Räume auch für andere Zwecke
genutzt und müssen am Tag vor Ihrem Vortrag präpariert werden. Sagen Sie rechtzeitig Ihrem Hausmeister Bescheid, denn das Herbeischaffen von Stühlen während bereits die ersten Gäste eintreffen, macht keinen guten Eindruck und sorgt für
unnötigen Stress.

Technik Hier müssen Sie an Bild und Ton denken und diese Ausstattung müssen
Sie, wenn Sie einen externen Raum buchen, im Vertrag vereinbaren. Je nachdem,
wie groß oder klein der Veranstaltungsraum und das Stimmvolumen des Referenten sind, kann eine Tonanlage sehr hilfreich sein. Für den Referenten sind entweder ein Krawattenmikrofon oder ein Head-Set gut geeignet. Sollte zusätzlich ein
Moderator auftreten, was sehr zu empfehlen ist, dann ist dieser mit einem schnur-
losen, tragbaren Funkmikrofon ausgestattet. Mit diesem kann er im Anschluss an
den Vortrag bei der Fragerunde zu den Zuhörern gehen und ihnen das Mikro reichen. Dann können alle anderen Besucher die Fragen gut verstehen.

> **Praxistipp** Geben Sie als Moderator Ihr Mikrofon niemals aus der
> Hand, sondern halten Sie es dem Fragenden mit etwas Abstand vor den
> Mund. Wer aus dem Publikum erst einmal die Hoheit über das Mikro-

fon ergattert hat, gibt es ungern wieder her und lässt nach der ersten Frage gerne weitere folgen. Sehr zum Verdruss der übrigen Gäste, die ihr Anliegen ebenfalls äußern möchten.

Beamer & Co Powerpoint-gestützte Patientenvorträge sind heute Standard. Damit diese funktionieren, brauchen Sie

- eine Leinwand samt Verdunkelungsmöglichkeit
- einen Beamer (immer an die Ersatzbirne denken!)
- einen Laptop. Klären Sie ab, ob der Referent sein eigenes Exemplar oder lediglich einen USB-Stick mit der Präsentation mitbringt. Um auf Nummer ganz sicher zu gehen, lassen Sie sich die Präsentation ein paar Tage vorher vom Referenten zuschicken und spielen Sie sie auf den Laptop auf. Trotzdem soll er seinen USB-Stick dabei haben. Das Prinzip „Gürtel und Hosenträger" gibt bei Ereignissen wie öffentlichen Auftritten ein zusätzliches Maß an Sicherheit, das alle Beteiligten zu schätzen wissen.
- das Verbindungskabel zwischen Beamer und Laptop. Apple-Geräte benötigen eigene Adapter für die VGA-Anschlüsse. Klären Sie also, was Sie vorfinden werden.
- Stromanschlüsse für die Geräte
- einen Presenter (Ersatzbatterie!)
- einen Tisch für Beamer und Laptop in gutem Abstand zur Leinwand, möglichst so aufgestellt, dass niemand aus dem Publikum aus Versehen daran hängen bleibt

Diese Ausstattung ist das absolute Minimum. Gelingt es Ihnen, die Vortragsveranstaltung mit weiteren Kooperationspartnern zu bestreiten (mehr hierzu gleich weiter unten), dann benötigen Sie zum Beispiel ein weiteres Mikrofon für Ihren „Local Hero" sowie mehrere Tische vor dem Veranstaltungssaal. Hier präsentieren sich Ihre Kooperationspartner.

8.6   Binden Sie Kooperationspartner ein

Vortragsveranstaltungen sind, wie bereits kurz angerissen, eine sehr gute Gelegenheit zur Vernetzung, zur Einbindung von Kooperationspartnern und zur Festigung oder Anbahnung einer Zusammenarbeit mit externen Medizinern oder Einrichtungen. Sofern Sie eine Veranstaltung planen, haben Sie einen guten Aufhänger, auf mögliche Kooperationspartner zuzugehen. Und das mit einem guten Gefühl, denn

Sie kommen nicht als Bittsteller, sondern Sie bieten echten Gegenwert. Im Folgenden ein paar Beispiele für mögliche Kooperationen.

Der „Local Hero" Zuweisermarketing ganz praktisch: Die Ärzte Ihres Hauses sind in erster Linie als Operateure unterwegs und legen den Fokus auf die chirurgischen Verfahren. Hier kennen Sie sich bestens aus und hierüber sollten sie auch referieren. Die konservativen, also nicht-operativen Verfahren sind dagegen die Domäne des niedergelassenen Kollegen vor Ort: dem „Local Hero". Ihm können Sie ein Podium schaffen und in den Vortrag einbinden nach diesem Muster: Der Niedergelassene spricht über die konservativen Verfahren, während Ihr Referent die verschiedenen OP-Methoden schildert.

Zugegeben, das Einbinden des „Local Hero" macht etwas mehr Arbeit, bringt aber auch mehr Ertrag als wenn Ihr Referent alleine auf der Bühne steht. Sie sprechen am besten zunächst jene Ärzte an, mit denen Sie gerne zusammenarbeiten – oder zusammenarbeiten möchten. Neue Kooperationen können entstehen.

Der „Local Hero" taucht fortan überall mit auf: auf der Bühne beim Vortrag und in den redaktionellen Vorberichten sowie den Anzeigen. Klären Sie ab, ob und wie Sie sich die Kosten für die Saalmiete und die Anzeigen teilen.

Weil der niedergelassene Kollege öffentlichkeitswirksam eingebunden ist in die Informationsveranstaltung, hat er ein Interesse am Erfolg. Das heißt, er wird sich auch um die Werbung kümmern und möglicherweise persönlich seine Patienten ansprechen. Auf jeden Fall aber wird er die Plakate für die Veranstaltung aufhängen und die Flyer in seiner Praxis auslegen.

Buchhändler Ihr Referent hat bereits ein Buch zu seinem Spezialgebiet geschrieben? Sehr gut. Dann sollten Sie mit den Buchhändlern sprechen und ihnen anbieten, am Vortragstag einen Büchertisch zu machen. Sofern ihr Referent (noch) nicht als Autor aktiv ist, können Sie trotzdem die Buchhändler ansprechen und ihnen vorschlagen, andere Bücher zum Thema des Tages anzubieten. Solch einen Büchertisch zum Thema Ihres Vortrags kann auch in der Buchhandlung im Vorfeld des Vortrags arrangiert werden, gekrönt von einem Plakat mit dem Hinweis auf Ihre Veranstaltung. Am besten sprechen Sie die Buchhändler sechs bis acht Wochen vorher an. Mit etwas Glück kann es Ihnen passieren, dass die Buchhandlung sogar ein ganzes Schaufenster zu Ihrem Thema dekoriert samt der Plakate für Ihre Veranstaltung. Volltreffer!

Sanitätshäuser Sie sind der ideale Partner für Ihre Patientenveranstaltung. Sanitätshäuser bieten jede Menge Produkte an für die konservative Therapie sowie die Reha-Maßnahmen bei zahlreichen Krankheiten. Beispielhaft sei hier auf das breite

Spektrum an Hilfsmitteln rund um das Thema Gelenkbeschwerden oder bei der Diabetesversorgung verwiesen. Versorgen Sie das Sanitätshaus mit Plakaten und Flyern und bieten Sie an, dass das Sanitätshaus einen Infotisch bei der Vortragsveranstaltung bestücken kann.

Apotheken Apotheken sind ebenfalls die geborenen Kooperationspartner für Ihre Veranstaltung. Hier können sich zwei Trends verstärken. Genau wie Krankenhäuser immer mehr in die Öffentlichkeit gehen und mit PR-Maßnahmen auf sich aufmerksam machen, erkennen in jüngster Zeit immer mehr Apotheken die Chancen, die in verstärkter Öffentlichkeitsarbeit liegen. Auch Apotheken bieten mittlerweile Veranstaltungen an, auch Apotheker sind als Autoren für Gesundheitsthemen in Lokalzeitungen und Wochenblättern aktiv. Diesen Trend können Sie nutzen und Apotheken zu Partnern machen.

Fitness-Studios und Sportvereine In der Medizin hat ein Umdenken stattgefunden. Während bei vielen Erkrankungen jahrzehntelang die Patienten ruhig gestellt und strengste Schonung verschrieben wurde, gilt mittlerweile in vielen Bereichen ein ausgewogenes Maß an Bewegung als optimale Medizin. Die schnelle Mobilisation des Körpers nach chirurgischen Eingriffen ist mittlerweile ein wichtiges Ziel. Die Leute sollen sich bewegen, sei es nach der Implantation eines künstlichen Gelenks oder im Rahmen der Brustkrebstherapie.

Soviel zum Reha-Bereich. Und dass Sport und Bewegung einen großen Anteil dazu beitragen, erst gar nicht krank zu werden, weiß mittlerweile jedes Schulkind. Für beide Bereiche, die Vorsorge und die Nachsorge, sind Fitness-Studios und Sportvereine mit entsprechendem Angebot die idealen Kooperationspartner für Ihre Vorträge. Vielleicht kann ein Vertreter dieser Einrichtungen kurz auf der Bühne einen Hinweis auf entsprechende Kurse geben, auf jeden Fall bietet sich ein Infotisch im Foyer an.

Wenn Sie, wie oben vorgeschlagen, auf der Suche nach externen Veranstaltungsorten sind, sollten Sie an Fitness-Studios und Sportvereine denken. Vor allem für Vorträge rund um den Bewegungsapparat sind sie der ideale Partner mit zwei großen Vorteilen: Fitness-Studios und Sportvereine sprechen eine andere Zielgruppe an als Sie selbst. Machen Sie einmal die Probe aufs Exempel und schauen Sie ins Publikum bei solch einer Veranstaltung. Sie werden schnell feststellen, dass sich andere Männer und Frauen einfinden als wenn Sie als Krankenhaus einladen. Pluspunkt Nummer zwei sind natürlich die Marketingaktivitäten Ihrer Partner, die Ihnen zugutekommen. Neben den angesprochenen Plakaten und Flyern verschicken Fitness-Studios und Sportvereine mittlerweile Newsletter an ihre Mitglieder und sind in Sachen Social Media aktiv.

Banken und Sparkassen Die Themen Gesundheit, Vorsorge, Therapie und Rehabilitation genießen gesellschaftlich einen hohen Stellenwert. Von diesem guten Image können Sie profitieren, indem Sie Partner ins Boot holen, die Ihnen bei der Finanzierung Ihrer Vortragsveranstaltungen helfen. Dies können Sparkassen sowie Volks- und Raiffeisenbanken sein. Den Geldhäusern geben Sie damit die Möglichkeit, sich als gesellschaftlich engagierte Institute zu zeigen, die nicht nur auf die nackten Zahlen schauen, sondern sich um das Wohlergehen der Bevölkerung kümmern. Logisch, dass Ihre Partner auf den Anzeigen mit ihrem Logo erscheinen und, in einer eigens organisierten Veranstaltung, ihre Kunden einen Ihrer Chefärzte einmal exklusiv als Referent erleben dürfen.

8.7 Pressearbeit und Anzeigen

Anzeigenschaltung Da Patientenvorträge zu Ihrem PR-Repertoire gehören, entwickeln Sie am besten eine Anzeigenvorlage, die das Corporate Design Ihres Hauses aufgreift und die Sie pro Veranstaltung aktualisieren.

Zeitliche Platzierung Optimal ist folgendes Vorgehen: Ihre Veranstaltung findet in der Kalenderwoche 20 statt. Dann platzieren Sie Ihre Anzeige in der Lokalzeitung in der KW 19 (am besten am Samstag). In der KW 18, also zwei Wochen vor Ihrer Veranstaltung, schalten Sie eine Anzeige im örtlichen kostenlos verteilten Wochen- oder Anzeigenblatt. Somit erreichen Sie die Abonnenten und Leser der Tageszeitung sowie jene Leute, die lieber in die Gratisblätter schauen.

> **Praxistipp** Sofern Sie Ihren Aktionsradius vergrößern und an neuen Orten aktiv werden, finden Sie dort möglicherweise mehrere Gratisblätter vor. Hören Sie sich beim Vermieter des Veranstaltungssaales um, welche von Ihrer Zielgruppe gelesen werden.

Pressearbeit Sie haben einen knackig formulierten und leicht verständlichen Pressetext samt prägnanter Überschrift sowie eine professionelle Porträtaufnahme Ihres Referenten vorliegen? Klasse. Dann füttern Sie Ihren Presseverteiler damit und denken Sie daran, die Monatsmagazine rechtzeitig zu bedienen. Diese haben meist Abgabeschluss vier Wochen vor Erscheinen des nächsten Heftes. Wenn Sie also in der Novemberausgabe erscheinen möchten, müssen Sie bis Anfang Oktober Ihr Material abgegeben haben. Die anderen Medien bedienen Sie am besten mit einem zeitlichen Vorlauf von zwei Wochen. Das genügt völlig.

➤   **Praxistipp** Keine Regel ohne Ausnahme. Wenn Sie in den Wochen-
oder Gratisblättern eine Anzeige schalten, dann können Sie meist
zusätzlich zu Ihrer Anzeige einen kostenlosen redaktionellen Artikel
platzieren. Klären Sie dies gleich bei der Anzeigenschaltung ab und versorgen Sie die Redaktion rechtzeitig mit dem Pressetext plus Foto. Also
drei bis vier Wochen vor dem Vortragstermin.

Presseverteiler Für den Fall, dass Sie Ihren Referenten auf Tournee schicken, fin-
den Ihre Veranstaltungen an Orten statt, für die Sie möglicherweise noch keinen
Presseverteiler haben. Um hier schnell zu einem Ergebnis zu kommen, recherchieren Sie nach entsprechenden Verzeichnissen. Diese werden recht oft von den
Pressestellen der Kommunen zusammengestellt und gepflegt und sind über die
Homepages der Städte abzurufen. Ein gelungenes Beispiel bietet die Frankfurter
Presseliste, die vom Presse- und Informationsamt der Stadt Frankfurt am Main
herausgegeben wird. Die Homepages der Städte haben eine Rubrik „Veranstaltungen", hier sollte ein Hinweis auf Ihren Vortrag erscheinen. Und füttern Sie noch
das Onlineportal www.openpr.de mit Text und Bild. Das kostet nichts und wird von
anderen Portalen übernommen.

Verschickt ist noch nicht veröffentlicht! Wie schon erwähnt, garantiert der Versand der Pressemeldung noch keine Platzierung. Daher der Hinweis:

Haken Sie immer telefonisch nach, ob die Meldung bei den Redaktionen auch
angekommen ist. Immer! Wie oft habe ich es schon erlebt, dass die E-Mails nicht
dort gelandet sind, wo ich es eigentlich geplant hatte. Oder dass ein anderer Journalist mittlerweile zuständig ist.

8.8   Die letzten Vorbereitungen

Die Anzeigen sind veröffentlicht, die Pressetexte sind auf den Weg gebracht, nur
noch wenige Tage bis zur Vortragsveranstaltung. Wenn Sie hausintern auftreten,
dann haken Sie bei Ihrem Hausmeister nach, ob das mit der Bestuhlung und der
Technik (Beamer, Laptop, Leinwand, Tonanlage) auch wirklich klappt.

Beschilderung und Beleuchtung In diesem Zusammenhang bitten Sie den
Hausmeister, auch die Hinweistafeln auf dem Klinikgelände aufzustellen, damit
die Besucher ohne Umweg den Veranstaltungsraum finden. Das Gelände und die
Gebäude von Krankenhäusern sind häufig groß und unübersichtlich, externe Besucher sind für eine klare Wegeführung sehr dankbar. Vor allem bei Abendveranstal-

tungen. Die Wege zum Vortragssaal sollten in der dunklen Jahreszeit beleuchtet sein.

Roll-ups Sind gut geeignet, im Foyer sowie an der Stirnseite des Vortragsraumes Ihre Klinik samt Slogan zu präsentieren. Ein weiterer Job für den Hausmeister, die Roll-Ups zum Vortrag aufzurollen.

Die Adresse. Bei einem Auswärtsspiel geben Sie die Anschrift und die Uhrzeit zwei bis drei Tage vorab nochmals an das Sekretariat des referierenden Arztes. Solche Erinnerungen beugen unliebsamen Überraschungen vor und geben dem Mediziner die Möglichkeit, sein Navigationsgerät zu füttern.

Visitenkarten und Flyer Von diesen beiden Medien können Sie nie genug dabei haben. Die Zuhörer nehmen diese gerne mit, manchmal greifen sie auch beherzt zu und stecken gleich zwei bis drei Exemplare ein, weil die Nachbarin das gleiche Leiden hat, nur heute Abend nicht kommen konnte.

> **Praxistipp** Ich habe es schon häufig erlebt, dass die Visitenkarten nicht ausgereicht haben, obwohl mehrere Stapel ausgelegt waren. Also: Da die Visitenkarten kein Verfallsdatum haben, ruhig ein paar mehr drucken lassen und mitbringen.

Die Visitenkarten enthalten alle üblichen Kontaktdaten und darüber hinaus auch Hinweise auf die Videos Ihres Referenten bei Youtube, in denen er die Therapieverfahren in leicht verständlicher Art erklärt. So einfach können Sie Ihre verschiedenen Marketingaktivitäten verzahnen.

Eine detaillierte Checkliste erleichtert die Vorbereitung von Patientenvorträgen enorm (vgl. Tab. 8.1)

Tab. 8.1 Checkliste für die Organisation von Patientenvorträgen

Was	Wer, wann, wo	Bis wann	Erledigt?
Patientenvortrag zum Thema XYZ			
Datum/Uhrzeit			
Stadt			
Veranstaltungsort			
Adresse			
Ansprechpartner			
Kollision andere Termine am Ort? Fußball? Ferien?			
Anzahl Plätze			
Leinwand			
Tisch für Beamer			
Steckdose für Beamer			
Laptop vorhanden oder selbst mitbringen?			
Verbindungskabel Laptop – Beamer			
Presenter (Ersatzbatterie!)			
Tonanlage			
Krawattenmikrofon Arzt			
Je ein Saalmikrofon für Moderator und weiteren Referent			
Stellplätze vor Saal für drei bis vier Tische			
Vertrag mit Mustermann-Klinik			
Plakate und Flyer erstellen			
„Local hero" als zweiter Referent + Kontaktdaten			
Plakate und Flyer für „Local hero"			
Buchhändler: Name, Ansprechpartner, Kontaktdaten			
Plakate und Flyer für Buchhändler			
Sanitätshaus Name, Ansprechpartner, Kontaktdaten			
Plakate und Flyer für Sanitätshaus			
Apotheken: Name, Ansprechpartner, Kontaktdaten			
Plakate und Flyer für Apotheke			
Fitnessstudio oder Sportvereine: Name, Ansprechpartner, Kontaktdaten			
Plakate und Flyer für Fitnessstudio oder Sportverein			
Industriepartner 1: Firma, Ansprechpartner, Kontaktdaten			
Industriepartner 2: Firma, Ansprechpartner, Kontaktdaten			
Vorberichte auf Websites der Location und Krankenhaus; www.openpr.de;			
Anzeigengestaltung über Werbeagentur			
Anzeigenschaltung über Werbeagentur			

Tab. 8.1 (Fortsetzung)

Was	Wer, wann, wo	Bis wann	Erledigt?
Monatsmagazine Vorbericht			
Wochenblatt Vorbericht			
Lokalzeitungen Vorbericht			
Beschilderung/Beleuchtung/Bestuhlung			
Roll ups			
Visitenkarten/Flyer auslegen			
Anzahl Besucher			

8.9   Die Veranstaltung: Auftakt und Schlusspunkt

Vor allem bei Vortragsveranstaltungen, die die älteren Semester ansprechen, müssen Sie damit rechnen, dass die ersten Zuhörer schon lange vor Vortragsbeginn da sind. Eine dreiviertel Stunde ist locker drin. Ihr Publikum bringt ja mindestens zwei Dinge mit: Schmerzen und Zeit. Wenn die ersten Leute kommen, sollten sie auch Einlass finden und die Zeit nutzen können, sich an den Infotischen im Vorraum des Vortragsraumes umzusehen.

Die Moderation Wenn Sie es einrichten können, organisieren Sie einen Moderator für die Veranstaltung. Das gibt dem Ganzen gleich mehr Gewicht und ermöglicht einen professionellen Ablauf. Der Moderator begrüßt und übergibt das Wort an den Referenten. Ist der offizielle Teil beendet, führt der Moderator durch die Fragerunde. Hierbei hat er das Publikum im Blick und notiert in Gedanken die Reihenfolge der Handzeichen.

Den Schlusspunkt deutlich setzen Vortragsabende zu Volkskrankheiten mit guten Referenten sind meist gut besucht und die Leute wollen vieles wissen. Das ist prima, kollidiert nach rund eineinhalb Stunden aber mit dem dringenden Wunsch des Referenten, rechtzeitig nach Hause zu kommen. Der Moderator sollte daher auf einen pünktlichen Schlusspunkt achten und diesen einleiten mit dem Satz: „Die letzten beiden Fragen bitte." Sind diese gestellt, ist auch wirklich Schluss und kann dem Publikum so erklärt werden: „Der Doktor muss morgen früh ausgeschlafen sein. Stellen Sie sich vor, Sie wären morgen der erste Patient im OP, dann wollten Sie auch, dass Ihr Arzt ausgeruht vor Ihnen steht." Das verstehen die Leute und akzeptieren, dass das Ende des Abends gekommen ist.

Es gibt auch keine Privat-Sprechstunden nach dem Vortrag für Zuhörer, die sich um den Arzt gruppieren. Je nach Vortragsthema kommt es immer wieder vor, dass Besucher der Vorträge ihre Röntgenbilder dabei haben und möchten, dass der Referent nur einmal einen kurzen Blick darauf wirft. Oder sie krempeln gleich ihre Hosenbeine hoch und sagen: „Herr Doktor, schauen Sie mal bitte kurz auf mein Knie." Der Verweis auf die ausliegenden Visitenkarten und die Möglichkeit, einen Termin in der Sprechstunde zu vereinbaren, helfen hier weiter.

8.10 Auswertung

Was bringt das alles und was kostet es? Veranstaltungen machen eine Menge Arbeit und kosten einiges an Geld, da möchten Sie und Ihr Geschäftsführer oder Auftraggeber mit Sicherheit wissen, was am Ende herauskommt. Wobei es hier nicht darum geht, ein bis ins letzte Detail ausgefeiltes Messinstrument vorzustellen, sondern ein paar Maßnahmen vorzuschlagen, mit denen Sie ein Gespür dafür entwickeln können, wie Veranstaltungen wirken.

Köpfe zählen Ganz wichtig. Ermitteln Sie die Zahl der Zuhörer. Diese Ergebnisse können, wenn man sie über das Jahr, die Themengebiete, die Referenten und die verschiedenen Spielorte vergleicht, sehr aufschlussreich sein. Etwa nach dem Muster: Egal wann und wo unser Chefarzt Prof. Mustermann auftritt, er hat immer 80 bis 90 Leute um sich. Oder: Vorträge zu proktologischen Themen kommen einfach nicht an, da spielen die Jahreszeit und die Spielstätten überhaupt keine Rolle. Hieraus können Sie weitere Schritte ableiten.

Ausgaben ermitteln Geht auch recht flott. In jedem Fall kosten die Anzeigen Geld und dann kommt bei Gastspielen außerhalb die Raummiete hinzu.

Die neuen Patienten Darum machen Sie das Ganze ja. Sie möchten Patienten gewinnen. Sie können auf recht einfachem Wege ermitteln, woher die Leute auf Ihre Klinik aufmerksam geworden sind: Legen Sie Ihrer Sprechstundenhilfe eine Checkliste neben das Telefon mit folgenden Antwortmöglichkeiten:

• Ich war auf dem Vortrag von Dr. Mustermeier
• Aus der Zeitung
• Aus dem Internet
• Sie wurden mir von Verwandten oder Bekannten empfohlen
• Ich war schon einmal bei Ihnen zur Behandlung

Mit den Ergebnissen dieser einfachen Recherche, über einen Zeitraum von mehreren Monaten betrieben, bekommen Sie einen recht guten Eindruck, welche Maßnahmen greifen.

Schnelle Erfolge und mittelfristige Effekte Die Akquise von Patienten ist ein Prozess mit schnellen Ergebnissen und mittelfristig sichtbaren Resultaten. Zu Ihren Vorträgen kommen Menschen, die sich schon lange mit dem Gedanken tragen, sich operieren zu lassen, eventuell auch von Ihrem Arzt. Wenn nun der Vortragsabend bei diesen Leuten klasse ankommt, dann greifen diese Menschen am nächsten Morgen zum Telefon und vereinbaren einen Termin. Es gibt darüber hinaus aber auch Betroffene, die zwar Schmerzen haben wegen ihrer Arthrose, vor einer Operation aber gerne noch ein paar konservative Maßnahmen ausprobieren und sich bei dieser Gelegenheit Ihren Unfallchirurgen anschauen möchten. Bei diesen Patienten kann es noch ein paar Monate oder gar Jahre dauern, bis sie sich bei Ihnen melden. In der Zwischenzeit sollten Sie deshalb am Drücker bleiben und nicht nur mit Vorträgen, sondern auch mit regelmäßiger Pressearbeit auf Ihre Klinik aufmerksam machen.

Und unterm Strich Von meinen Kunden setzen manche Kliniken in ganz besonderem Maß auf die Wirkung von Vortragsveranstaltungen, weil diese in ihren Augen den erfolgreichsten Weg darstellen, um neue Patienten zu gewinnen.

Vorträge – die neue Dimension Bisher haben Sie davon erfahren, maximal noch einen niedergelassenen Arzt auftreten zu lassen. Sie können das Podium aber noch breiter besetzen und damit in eine völlig neue Dimension vorstoßen, wie das folgende Beispiel aus der Praxis zeigt.

Ein Info-Abend zum Thema Kniearthrose musste innerhalb weniger Wochen dreimal durchgeführt werden, weil sich beim ersten Mal rund 300 Besucher in den Veranstaltungssaal drängelten. Viele Leute fanden keinen Sitzplatz mehr und standen – und das, obwohl sie ja wegen ihrer Kniebeschwerden gekommen waren. Darüber hinaus mussten dutzende von Menschen nach Hause geschickt werden. Die Arzthelferinnen notierten sich die Adressen der Besucher und nachdem der nächste Termin feststand, wurden sie zur Neuauflage persönlich eingeladen. Um zu verhindern, dass erneut Gäste keinen Einlass fanden, wurde dieses Mal auf telefonische Anmeldung gesetzt. Und rasch zeigte sich, dass selbst die zweite Auflage des Info-Abends nicht ausgereicht hatte, das große Interesse zu befriedigen. Erneut musste eine Warteliste abgearbeitet werden.

So fand der Arthrose-Abend zwischen Oktober und Januar dreimal statt. Früh einsetzende Dunkelheit und winterliche Kälte konnten die Leute nicht vom Besuch der Veranstaltungen abhalten. Die Erfassung der Adressen ließ zudem erkennen, dass etliche Betroffene Anfahrtswege von 50 Kilometern und mehr in Kauf genommen haben.

Neben der vorbereitenden Pressearbeit und Schaltung von Anzeigen war die Besetzung des Podiums ein weiterer Erfolgsgarant, wie mehrere Besucher einhellig erklärten. Dem Thema Knie-Arthrose widmeten sich vier Referenten in Beiträgen à 15 min. Um die Zuweiser angemessen einzubinden, stellte ein niedergelassener Orthopäde die konservativen Behandlungsmöglichkeiten vor. Außerdem berichteten zwei Unfallchirurgen aus der Klinik über die operativen Maßnahmen. Doch der eigentliche Höhepunkt des Abends war ein ganz anderer. Hier bekamen die vielen Besucher etwas zu hören, was nicht alltäglich ist: Ein chinesischer Mediziner beschrieb, was die Traditionelle Chinesische Medizin tun kann, um die Schmerzen von Arthrosepatienten zu lindern. Das kam richtig gut an.

8.11 Ungewöhnliche Kooperationspartner

Um neue potenzielle Patienten zu erreichen und auf ungewohntem Terrain anzusprechen, fand der Arthrose-Info-Abend mit den vier Referenten in einem schicken Autohaus zwischen den neuen Modellen statt. Die Einladungen wurden sprachlich angepasst. „Wenn das Knie heiß läuft. Inspektion und Wartung – die orthopädische Fachwerkstatt" lautete der Vortrag des niedergelassenen Arztes, während der Beitrag über die Schlittenprothese die Überschrift erhielt: „Wenn die Reifen runter sind. Zahnkrone fürs Kniegelenk." Unter den Teilnehmern des Abends wurden zehn Preise verlost und zur Abrundung des Programms gab es neben den medizinischen Vorträgen leckere Häppchen und Schlückchen für die Gäste.

8.12 Checkliste

Checkliste: Schon wieder reichen die ausgelegten Visitenkarten nicht: Info-Abende für Patienten optimal organisieren
- Sie betrachten Info-Abende als wichtiges Instrument, um Patienten zu finden und zu binden
- Ihr Referent hält einen guten Vortrag: Er spricht langsam und deutlich in der Sprache seines Publikums
- Ihr Referent begegnet seinem Publikum mit einer optimistischen Grundhaltung

- Der Termin der Veranstaltung ist optimal, an diesem Mittwochabend finden keine Champions-League-Übertragungen mit deutscher Beteiligung statt
- Sie organisieren Info-Abende auch außerhalb des Krankenhauses
- Sie binden Kooperationspartner ein: Zuweiser, Sanitätshäuser, Buchhändler, Apotheken
- Sie schalten Anzeigen und machen Pressearbeit
- Ihre Visitenkarten und Flyer gehen nie zur Neige, Sie können jeden Besucher bedienen
- Für den nächsten Info-Abend nehmen Sie weitere interessante Referenten hinzu, hierdurch kommen so viele Besucher wie nie zuvor

Hellwache Patienten im OP: Tage der offenen Tür planen und umsetzen

9

Mit monothematischen Info-Abenden schicken Sie jeweils einen Ihrer Ärzte auf die Piste. Doch Ihr Krankenhaus kann noch viel mehr und möchte dies auch zeigen. Deshalb sollten Sie in regelmäßigen Abständen Besucher einladen und Einblicke gewähren in Bereiche, die außer den Beschäftigten sonst niemand in wachem Zustand zu Gesicht bekommt. Auf einen Schlag können Sie an einem Tag der offenen Tür ganz viel zeigen. Diese Veranstaltungen sind eine spannende Sache, nicht nur für Menschen, die vielleicht daran denken, sich bei Ihnen einmal operieren zu lassen. Nein, auch die Beschäftigten freuen sich, schließlich können sie ihren Kindern einmal zeigen, „wo Papi arbeitet" und was er dabei den lieben langen Tag so macht.

9.1 Die Arbeitsgruppe

Kein Tag der offenen Tür ohne eine Arbeitsgruppe. Hier werden Ideen zusammengetragen, die Arbeit verteilt, der Terminplan kontrolliert und die Ergebnisse besprochen. Es sind alle versammelt, die man für einen Tag der offenen Tür braucht:

- Geschäftsführer
- Chefsekretärin
- Ärztlicher Direktor
- Pflegedienstleiter
- Finanzchef
- Personalchef

© Springer Fachmedien Wiesbaden 2015
R. Schäfer, *Erfolgreiche PR-Arbeit für Krankenhäuser,*
DOI 10.1007/978-3-658-06361-0_9

- Technischer Leiter
- Seelsorger
- Mitarbeitervertretung
- Pressestelle
- Küchenleiter
- Hauswirtschaftsleitung

Wie bei der Gesundheitsmesse haben Sie einen Projektleiter, bei dem die Fäden zusammenlaufen und der den aktuellen Stand des Geschehens kennt. Er lädt zu den Treffen der Arbeitsgruppe ein. Die AG nimmt ihre Arbeit ein halbes Jahr vor dem Termin auf.

> **Praxistipp**   Nicht jeder ist immer da und trotzdem muss die Planung weiter gehen. Bestimmen Sie für jede Aufgabe Stellvertreter, die stets auf dem Laufenden sind und Entscheidungen treffen können.

Der Termin   Gehen Sie nicht in Konkurrenz zu Fußballspielen bei Europa- oder Fußballweltmeisterschaften und auch nicht in Konkurrenz zu populären Veranstaltungen bei Ihnen am Ort. Auch die Schulferien sind kritisch und wenn ein Donnerstag ein Feiertag ist, machen viele Arbeitnehmer ein „langes Wochenende" daraus. Dies sollten Sie umschiffen. Als geeigneter Wochentag hat sich der Samstag herausgestellt.

9.2   Das Konzept: Was möchten Sie zeigen?

Wie möchte sich Ihre Klinik präsentieren? Bei größeren Einrichtungen mit mehreren Standorten kann es ja sinnvoll sein, sich zu konzentrieren. Und legen Sie fest, ob Sie das Haus als Ganzes mit allen Bereichen öffnen möchten oder sich auf „die Medizin" beschränken wollen.

Wenn Sie einen umfassenden Ein- und Überblick gewähren wollen, dürfen Ihre Besucher auch einen Blick in die Großküche werfen und schauen, wie tausende Mahlzeiten pro Tag zubereitet werden. Oder die Krankenhausapotheke öffnet ihre Türen. Wenn Sie bestimmte Bereiche nicht zeigen wollen, dann müssen diese Bereiche für Besucher klar abgesperrt werden, um Missverständnisse zu vermeiden.

Was Sie auf jeden Fall zeigen müssen – und natürlich auch wollen – sind medizinische Abteilungen mitsamt ihren Apparaten. Für Besucher ist es hoch spannend, sich in einem Operationssaal umzusehen, während Ihre Ärzte und Pfleger erklären, wie es dort zugeht, welche Geräte dort stehen und wie diese funktionieren. Was macht der Arzt, welche Aufgaben haben die OP-Schwestern? Warum muss man als Patient manchmal länger auf seine Operation warten? Was passiert mit der Gallenblase, die entfernt wird? Zur Vorbereitung eines Tages der offenen Tür sollten Ihre Ärzte und Pfleger die Brille des Patienten aufsetzen und sich überlegen, welche Fragen jemand haben kann, der nicht jeden Tag operiert.

Die Ärzte zeigen an Modellen, wie chirurgische Eingriffe vonstattengehen, sie entfernen Polypen und sie demonstrieren minimal-invasive Bauchoperationen. Auf den mehr oder minder großen Bildschirmen in den OPs spielen die Mediziner faszinierende Aufnahmen aus dem Inneren des Körpers ein, seien es glasklare Aufnahmen des Herzens, Bilder aus dem Darm oder Videosequenzen von Knieoperationen. Das OP-Besteck einmal in den eigenen Händen zu halten, ist für manche Besucher faszinierend.

Vorträge und Führungen Stellen Sie ein Vortragsprogramm zusammen, das von Ihren Medizinern bestritten wird. Diese klären über Diagnose, Therapie und Rehabilitation jener Krankheitsbilder auf, mit denen sie sich bestens auskennen. Organisieren Sie zentrale Führungen mit festen Zeiten und einem zentralen Ausgangspunkt, von wo aus Ihre Besucher das Krankenhaus und die OPs erkunden.

9.3 Das Rahmenprogramm

Wenn Sie einen Tag der offenen Tür organisieren, dann zeigen Sie nicht nur Ihre Operationssäle und es gibt auch nicht nur Vorträge zur Behandlung von Lungenkrankheiten. Nein, Sie machen etwas ganz anderes: Sie feiern gewissermaßen mit Ihren Besuchern ein Fest, eine Party im und vor dem Krankenhaus. Denken Sie einmal in solchen Kategorien und führen Sie sich vor Augen, wie es bei Volksfesten zugeht, die andernorts in der ganzen Republik stattfinden. Dann wird Ihnen sofort klar, dass Sie für eine ganze Menge an Unterhaltung sorgen sollten, damit Ihre Besucher diesen Tag gut gelaunt erleben können:

- **Musik:** Auf der zentralen Bühne im Foyer, in der Cafeteria oder im Innenhof geht die Post ab. Sie engagieren tolle Bands, beeindruckende Solisten und schauen, ob Sie hierbei vielleicht sogar Ihre Mitarbeiter einbinden können, weil sich ein paar von ihnen sowieso schon zu einer Rolling-Stones-Coverband zusammengetan haben. Bieten Sie von den Musikstilen für jeden etwas, Schlagerbarden haben genau so ihren Platz wie junge Jazz-Talente aus der benachbarten Musikschule und Rock'n'Roll ist immer gut für den Kreislauf.

- **Leckeres Essen:** Was kommt heute auf den Teller? Kann die Küche etwas Außergewöhnliches zaubern? Sie wissen, dass die Verpflegung während eines Krankenhausaufenthaltes meist besonders kritisch bewertet wird. Zeigen Sie sich in dieser Hinsicht am Tag der offenen Tür von Ihrer Sonnenseite und werben hiermit für sich.
- **An die Kleinen denken:** Auch wenn die meisten Ihrer Patienten schon älter sind: Zum Tag der offenen Tür dürfen alle mit. Damit die Eltern sich in Ruhe umsehen können, sollten Sie ein spannendes Programm für Kinder anbieten. Kinderschminken gehört dazu, ein Zauberer zeigt seine Kunststückchen, die Klinik-Clowns sind im Einsatz (heute nicht nur für die krebskranken Kinder, sondern für alle), der eine oder andere Mediziner hat ein besonders großes Herz für Kinder und versteht sich bestens darauf, die Abläufe in seiner Abteilung besonders kindgerecht darzustellen, die Gebärwanne in der Geburtsklinik ist heute Austragungsort eines spannenden Wettbewerbs unter der Überschrift „Entenangeln", ein Kinderkarussell ist im Innenhof aufgebaut, ein Luftballonkünstler verdreht und verknotet die Luftballons zu ungeahnten Figuren, im großen Raum der Physiotherapie bietet der hiesige Turnverein bewegungsreiche Kinderspiele an und wer von den Jungen und Mädchen immer noch nicht genug hat, kann sich in der Hüpfburg richtig austoben.
- **Gewinnspiele und Tombola:** Obwohl ja heutzutage jeder Haushalt fast alles hat: Menschen freuen sich über Dinge, die sie gewinnen können und nichts kosten. Die Bekanntgabe der Gewinner erfolgt publikumswirksam auf der Bühne, wo ansonsten die Musik spielt, und die Preise haben einen Bezug zur Gesundheit: zu gewinnen gibt es Sportgeräte wie einen Flexi-Bar Schwingstab, einen Satz Hanteln oder einen Gutschein für einen Fitnesskurs im klinikeigenen Präventions- und Rehaverein.

Mitmachaktionen Weil wir gerade beim Thema Sport und Bewegung sind: Bieten Sie zu festen Zeiten Schnupperkurse zum Mitmachen an, Ihre Besucher haben die Auswahl zwischen Wirbelsäulengymnastik, Tai Chi und Yoga. Weil selbst machen 100 Mal nachhaltiger wirkt als jede Theorie, bitten Sie Ihre Besucher, an einer Übungspuppe zu trainieren, wie Reanimation bei plötzlichem Herzstillstand heutzutage funktioniert: mit ausgestreckten Armen kräftig das Brustbein nach unten drücken und das bis zu 120 Mal in der Minute.

Partner einbinden Ein Tag der offenen Tür ist eine ideale Gelegenheit, die (Geschäfts-)Partner Ihres Hauses einzuladen und einzubinden:

- Niedergelassene Ärzte, also Ihre Zuweiser
- Krankenkassen
- Selbsthilfegruppen
- Sanitätshäuser
- Reha-Einrichtungen
- Apotheken

Klären Sie im Vorfeld ab, wie sich Ihre Partner engagieren möchten: mit eigenen Infoständen im Foyer oder im Außenbereich oder mit eigenen Beiträgen im Rahmen des Vortragsprogramms? Die Einbindung Ihrer Partner ist zum einen gelebte PR und zum anderen können Sie dadurch Ihre Webemaßnahmen im Vorfeld der Veranstaltung multiplizieren. Schließlich versorgen Sie jeden Ihrer Partner mit Flyern und Plakaten.

9.4   Promis nach vorne: die Eröffnung

Ein Tag der offenen Tür beginnt mit einem Startschuss und endet zu einer klar festgelegten Uhrzeit. Auf Ihrer zentralen Bühne, auf der später auch die Musik spielt, wird Ihre Veranstaltung eröffnet. Je kürzer die Reden umso besser. Dass Ihr Geschäftsführer sowie der Ärztliche Direktor begrüßen, ist selbstverständlich. Schauen Sie, dass Sie darüber hinaus zwei oder drei politische Repräsentanten auftreten lassen können. Spricht der Landrat? Kommt der Oberbürgermeister? Oder der Gesundheitssenator? Oder der gesundheitspolitische Sprecher der Opposition? Die könnte ja nach der nächsten Wahl das Sagen haben, also: einladen. Wer von den hier Genannten nicht auftreten kann oder will, den sollten Sie auf jeden Fall einladen, damit er als Besucher vorbeischaut. Und denken Sie an Vertreter der Kirche und weitere VIPs in Ihrem Umfeld. Darüber hinaus erhalten Ihre Geschäftspartner eine gesonderte Einladung zum Tag der offenen Tür. Und mit dieser handverlesenen Truppe machen Sie, nachdem der offizielle Startschuss gefallen und alle Reden gehalten worden sind, eine exklusive Führung durchs Haus und all jene Bereiche, die Sie gerne präsentieren möchten. Hierzu laden Sie auf jeden Fall die Pressevertreter ein, denn es ist damit zu rechnen, dass es bei dieser Führung interessante Fotomotive geben könnte, die abwechslungsreicher sind als das Motiv „Politiker XY am Rednerpult".

Organisatorisches Stellen Sie überall Schilder auf und führen Sie Ihre Besucher sicher durchs Haus zu den Veranstaltungsorten. Legen Sie das Programm des Tages mit Hinweisen auf die Vorträge und Führungen überall aus, entsprechende

Plakate hängen ebenfalls an allen Anlaufstellen Ihres Hauses. Schließen Sie die Räume ab, die nicht betreten werden dürfen. Informieren Sie die hiesige Polizei und Feuerwehr über Ihren Termin und regeln Sie die Notfallversorgung.

9.5 Öffentlichkeitsarbeit

Sie nutzen alle Kanäle, um auf Ihre Veranstaltung aufmerksam zu machen. Schließlich sind die Mitarbeiter Ihres Hauses durch einen Tag der offenen Tür noch mehr gefordert als sowieso schon während des Alltagsgeschäfts. Also tun Sie ihnen den Gefallen und sorgen für ein volles Haus. Zurren Sie das Programm und die Höhepunkte Ihrer Veranstaltung so schnell wie möglich fest, damit Sie dies so früh wie möglich ankündigen können. Denken Sie an die interne Kommunikation und laden Sie Ihre Mitarbeiter noch früher ein als alle anderen. Die Klinikmannschaft sollte als Erstes von dieser Veranstaltung wissen und es nicht durch den Flurfunk oder aus der Zeitung erfahren.

Sie schalten Anzeigen und machen Pressearbeit. Sie denken bei der Zeitplanung an die Monatsmagazine, Wochenblätter, Tageszeitungen, Radio und Fernsehen und das Internet. Ferner erstellen Sie Plakate und produzieren Flyer in großer Stückzahl, die Sie dann nicht nur bei sich in der Klinik, sondern im gesamten Umfeld auslegen. Und Ihren Geschäftspartnern zur Verfügung stellen. Die Pressekonferenz machen Sie am Montag in jener Woche, in der die Veranstaltung stattfindet. Sie kümmern sich darum, dass während des Tages der offenen Tür sowohl Fotos gemacht als auch Videosequenzen eingefangen werden für die Nachberichterstattung mit Text und Bild gegenüber den Printmedien, mit einer Fotogalerie auf Ihrer Website sowie einem kurzen und knackigen Youtube-Video mit den Höhepunkten des Tages samt begeisterter Besucherstimmen und O-Tönen von Klinikverantwortlichen.

Die Auswertung Nachdem Sie den Tag der offenen Tür erfolgreich umgesetzt haben, trifft sich die Arbeitsgruppe noch einmal – zur Nachbereitung. Wie war die Resonanz insgesamt, was gab es an Rückmeldungen von den Besuchern sowie von den Mitarbeitern der Klinik, welche Module haben sich bewährt und kamen gut an und welche nicht, wie bewerten die Verantwortlichen des Krankenhauses den Tag, was soll beim nächsten Mal wiederholt und was sollte anders gemacht werden? Bei dieser Gelegenheit bedankt sich der Geschäftsführer bei allen Beteiligten für den außergewöhnlichen Einsatz. Dieses Lob ist auch in dem Nachbericht erwähnt, der in der klinikinternen Mitarbeiterzeitschrift erscheinen wird. Zum Abschluss der

Feedback-Runde können Sie gleich einen neuen Termin für den nächsten Tag der offenen Tür festlegen.

9.6   Ablaufplan für einen Tag der offenen Tür – ein Beispiel

Ein detaillierter Ablaufplan für den Tag der offenen Tür schafft Orientierung und erleichtert Ihnen als PR-Verantwortlichem die Organisation. Ein solcher Plan könnte so aussehen:

Aufbau, Ablauf und Abbau – Tag der offenen Tür Mustermann-Krankenhaus:

10.00 Uhr:	Aufbau komplett fertig:
	Info-Punkte Foyer und Garten besetzt (FSJler, Grüne Damen)
	Alle Infostände (intern und extern) aufgebaut und besetzt
	Aufbau/Vorbereitungen auf Stationen und Abteilungen fertig
	Bonverkauf ab 10:30 Uhr
11.00 Uhr:	Offizieller Beginn und Startschuss: Presse-Fototermin im Garten mit Rednern, Vorstand und Ehrengästen, anschließend: Begrüßung durch Geschäftsführer, danach Grußworte Ärztlicher Direktor und Bürgermeister (max. vier Minuten pro Redner)
11.30 Uhr:	Beginn Vorträge und Führungen
17:00 Uhr:	Letzter Vortrag, letzte Führung
17:30 Uhr:	Ende Bonverkauf
18.00 Uhr:	Ende des Tages der Offenen Tür

Abbau: anschließend und am nächsten Tag
   Musikprogramm Bühne Garten:

11.00 Uhr – 12.30 Uhr:	Jazz-Combo der Klinik
12.30 Uhr:	Umbau
13.00 Uhr – 13.30 Uhr:	Posaunenchor Musikschule
13.30 Uhr:	Umbau
14.00 – 14.45 Uhr:	Ein Schlagerbarde
14.45 Uhr:	Umbau
15.30 – 17.00 Uhr:	Rolling-Stones-Coverband

Sound: ein Tontechniker der beauftragten Firma ist den ganzen Tag vor Ort
Programm Tag der Offenen Tür:

A. *Programm Medizinische Abteilungen:*
Unfallchirurgie:

- Demo Arthroskopie mit Dummy (Dr. XY)
- Demo OP-Mikroskop (Dr. XY)
- OP-Führung
- Vortrag Schlittenprothese (Dr. XY)
- Vortrag Hilfs-OPs der Unfallchirurgie für Kinder aus Asien und Afrika (Dr. XY)
- Vortrag Hüftprothese (Dr. XY)

Allgemein- und Viszeralchirurgie:

- Demo Laparoskopie (am Modell)
- Demo Proktologischer Eingriffsraum
- Infos zu den Themen Proktologie und Inkontinenz

Gynäkologie und Geburtshilfe:

- Stillberatung
- Hebammensprechstunde
- Stündliche Kreißsaalführungen
- Ultraschall-Demonstration (OÄ Dr. NN)
- Demonstration Urogynäkologie (OA Dr. XY)
- OP-Führung in Abstimmung mit der chirurgischen Abteilung
- Patientenvorträge im Besprechungsraum Ebene 1 (Raum 333):
  1. Kaiserschnitt
  2. Endometriose
  3. Neue Therapien der Myome
  4. Hormonelle Probleme in den Wechseljahren

Kinderzimmer:

- Vorführung Info-Video Stillen in Zi. 628 mit Infostand zum Thema Stillen oder im Flur bei den Aufzügen
- Vorführung neue Babybay-Beistellbetten in Zi. 612 und 630

Innere Medizin:

- Patientenvortrag Darmkrebsvorsorge heute: Was kann ich tun?
- Referent: OA Dr. XY
- Führungen durch die Endoskopieuntersuchungsräume mit Demonstration hochauflösender Video-Endoskope
- Live-Demonstration einer Polypenentfernung am lebensnahen Modell
- Ultraschallscreening-Untersuchungen (Oberbauchsonographie)
- OA Dr. XY
- Blutdruck-Messstation im Foyer der Endoskopie, Organisation Pflegedienstleitung

Diabeteszentrum:

- Patientenvortrag „Volkskrankheit Diabetes" (Referent: Dr. XY)
- Blutzuckermessung (Sr. Andrea, Frau Mustermann)
- Beratung und Vorsorge zum Diabetischen Fuß (Herr Mustermann)
- Individuelle Messung der Druckbelastung im Bereich der Fußsohle (Pädographie) – (Sanitätshaus XY)

Anästhesie:

- Demo zur Schmerztherapie
- Herzdruckmassage mit Reanimationspuppe zeigen und Besucher machen lassen
- Koordination der OP-Führungen gesamt

Physiotherapie:

- Infostand im Eingangsbereich der Physiotherapie
- Rundgang durch die Physiotherapie
- Übungen an Geräten zeigen und zum Nachmachen einladen
- Demo Schlingentisch, Motorschiene, Fango und Massagestuhl
- Bewegungsbad-Besichtigung

B. *Programm Stationen und Funktionsabteilungen:*
Intensivstation:

- Patientenzimmer mit der Möglichkeit von Blutdruckmessung und EKG
- Infostand vor dem Eingang Intensivstation

Ebene 4 (Geburtshilfe):

- Siehe Gynäkologie und Geburtshilfe

C. *Infostände:*

- Grüne Damen mit Bücherbasar
- Palliativnetz Musterstadt
- Kursleiterinnen „Kurse für pflegende Angehörige"
- Acht Selbsthilfegruppen präsentieren sich
- Krankenhauseigener Verein für Prävention und Reha mit Infostand und Schnupperkursen zu Yoga etc.
- Fremdfirmen: Lieferanten

D. *Praxen am Krankenhaus:*
Neurologische Gemeinschaftspraxis Dr. XY und Dr. XYZ:

- Vorstellung der Schlaganfallvorsorge per Ultraschall
- Untersuchung interessierter Besucher

Praxis Dr. Mustermann:

- Fünf Vorträge zu Erkrankungen der Wirbelsäule

Radiologische Praxis, Herr Dr. XY:

- „Offene Praxis" mit Praxisführungen

E. *Unterhaltungsprogramm:*

- Bühnenprogramm mit Live-Auftritten (siehe Ablaufplan oben)
- Eiswagen
- Vorführung Rettungswagen (RTW), Zelt mit Erste-Hilfe-Kurs des DRK
- Bierwagen
- Mittagsmenüs und Snacks der Cafeteria
- Kinderschminken
- Luftballonkünstler
- Hüpfburg
- Klinik-Clowns

9.7 Checkliste

Checkliste: Hellwache Patienten im OP: Tage der offenen Tür planen und umsetzen

- Sie bilden eine Arbeitsgruppe mit einem zentralen Ansprechpartner nebst Stellvertreter
- Sie wählen einen guten Termin, weder in den Osterferien noch an einem langen Wochenende
- Sie legen fest, was Sie zeigen möchten: ausschließlich „Medizin" oder auch andere Bereiche Ihres Krankenhauses wie die Küche?
- Ihre Ärzte halten Vorträge
- Sie organisieren Führungen durch Räume und OP-Säle, die Ihre Patienten ansonsten nur in Narkose erleben
- Sie planen Ihr Rahmenprogramm als buntes Fest mit Musik, leckerem Essen und Spiel und Spaß für die Kleinen
- Sie binden Partner ein: Zuweiser, Selbsthilfegruppen etc.
- Sie machen auf allen Kanälen rechtzeitig auf Ihre Veranstaltung aufmerksam
- Die Arbeitsgruppe trifft sich ein letztes Mal zur Auswertung

10.000 Besucher an zwei Tagen: Gesundheitsmessen planen und ausrichten

Ihr Haus stellt sich der Öffentlichkeit vor. Dies kann, wie eben gesehen, als Tag der offenen Tür geschehen. Dann müssen alle Besucher zu Ihnen kommen. Doch es spricht auch vieles dafür, dass Sie sich auf den Weg machen und sich dort präsentieren, wo Ihre Patienten und potenziellen Patienten sind: im Herzen der Stadt. Hier können Sie eine Messe organisieren, eine Leistungsschau Ihres Krankenhauses, bei der sich alle Abteilungen vorstellen. Und es passiert noch viel mehr, wie Sie gleich erfahren werden.

Mit der Organisation beginnen Sie am besten mindestens ein Jahr vorher. Regelmäßig, also alle drei bis vier Wochen treffen sich die zentralen Akteure Ihres Hauses:

- Geschäftsführer
- Chefsekretärin
- Ärztlicher Direktor
- Pflegedienstleiter
- Finanzchef
- Personalchef
- Technischer Leiter
- Seelsorger
- Mitarbeitervertretung
- Pressestelle
- Küchenleiter
- Hauswirtschaftsleitung

© Springer Fachmedien Wiesbaden 2015
R. Schäfer, *Erfolgreiche PR-Arbeit für Krankenhäuser,*
DOI 10.1007/978-3-658-06361-0_10

Sie haben einen Projektleiter, bei dem die Fäden zusammenlaufen und der den aktuellen Stand des Geschehens kennt. Er lädt zu den Treffen der Arbeitsgruppe ein.

10.1   Die Rahmendaten: wo und wann und wie oft

Der Turnus Eine Gesundheitsmesse vorzubereiten und durchzuführen, bringt für alle Beteiligten eine Menge zusätzlicher Arbeit mit sich. Deshalb empfiehlt es sich, diese Veranstaltung im Turnus von zwei Jahren anzusetzen, also nicht jedes Jahr aufzutreten. Das hält die interne Motivation hoch und Sie vermeiden einen Abnutzungseffekt gegenüber der Öffentlichkeit nach dem Motto: „Die schon wieder, was kann es denn innerhalb eines Jahres schon Neues geben?"

Der Termin Planen Sie für Ihre Gesundheitsmesse ein ganzes Wochenende ein, also den gesamten Samstag und den Sonntag bis in den Nachmittag hinein. Was für einen einzelnen Vortrag gilt, hat erst recht für eine zweitägige Messe seine Bedeutung: Ein Wochenende mit vorgeschaltetem Brückentag sollten Sie ebenso meiden wie Schulferien oder ein Wochenende, an dem spannende Fußballspiele der Europa- oder Weltmeisterschaft stattfinden.

Der Ort Gehen Sie dort hin, wo sich Ihre Zielgruppe aufhält und verlassen Sie Ihr angestammtes Revier. Das Bürgerhaus im Herzen der Stadt ist meist eine geeignete Adresse für die Messe. Diesen Ort kennen die Leute, weil hier ganzjährig Veranstaltungen stattfinden, die auch viele ältere Semester besuchen. Je nach Größe Ihrer Klinik und je nach Größe des Bürgerhauses kann es sinnvoll sein, am besten gleich das ganze Objekt samt Außenbereich zu mieten. Sie werden gleich erfahren, warum Sie den Außenbereich hinzu nehmen sollten.

10.2   Ihr Krankenhaus stellt sich vor

Auf einer Messe zeigt das gesamte Krankenhaus, was es kann. Jede Abteilung ist mit einem eigenen Stand vertreten und macht mit der Vorführung neuer Geräte sowie mit kompetenten Gesprächspartnern auf sich aufmerksam. Die Gastroenterologen haben einen Dummy dabei, aus dessen Bauch die Besucher mit Hilfe endoskopischer Geräte Gummibärchen aufgabeln können, die Unfallchirurgen zeigen das Werkzeug, das zur Implantation künstlicher Gelenke benötigt wird und lassen die glänzenden Prothesen herumgehen, in der psychiatrischen Abteilung sind die Ergebnisse der Kunsttherapie zu bestaunen und wenn sich die Besucher die schwarzen Brillen wie im Kino aufsetzen, können Sie bei den Bauchchirurgen sehen, wie das ultramoderne Operieren in 3-D-Technik funktioniert.

Alles, was an Geräten irgendwie zu transportieren und nicht fest verschraubt tonnenschwer in der Klinik fixiert ist, können Sie auf einer Messe zeigen. Das Publikum wird es ihnen danken. Und Sie können ganz nebenbei demonstrieren, dass Sie auf dem neuesten Stand der Technik sind und einen hohen Qualitätsanspruch verfolgen.

Doch es sind nicht immer die tollsten und neuesten und teuersten Geräte, die die Aufmerksamkeit auf sich ziehen. Lange Schlangen gibt es regelmäßig an den Ständen, wo sich die Besucher den Blutdruck sowie den Blutzucker und das Cholesterin messen lassen können. Dieses Angebot funktioniert immer.

Sie schaffen also auf der Messe eine lockere Atmosphäre, in der Sie Ihre neuen und bewährten Geräte vorführen oder die Besucher sogar selbst ausprobieren lassen. Es passiert automatisch, dass Ihre Ärzte und Pfleger mit den Gästen ins Gespräch kommen. Oder aber die Besucher steuern gezielt einzelne Abteilungen an und platzieren ihre Fragen. Schließlich ist der Chefarzt im Kreise seiner Ober- und Assistenzärzte hier anzutreffen. Noch intensiver als bei einem Einzelvortrag kommt bei einer Messe das zum Tragen, was gemeinhin als „Arzt zum Anfassen" bezeichnet wird. Nutzen Sie diese Chance, Ihre Mediziner als kompetente und vertrauenswürdige Fachmänner und –frauen zu präsentieren, von denen man sich gerne behandeln und operieren lässt.

Vorträge der Ärzte Um die Spezialgebiete der einzelnen Kliniken ausreichend vertiefen zu können, sind Vorträge Ihrer Mediziner fester Bestandteil der Messe. Hierfür haben Sie eigens einen oder zwei Räume für das ganze Wochenende gebucht, die Referenten geben sich sozusagen die Klinke in die Hand. Wie ein gelungener Vortrag aussieht, ist in Kap. 8 dargelegt.

10.3   Die anderen Aussteller

Natürlich reservieren Sie für Ihre Klinik einen großen und nicht zu übersehenden Teil des Bürgerhauses, schließlich ist es Ihre Messe. Trotzdem funktioniert eine solche Veranstaltung nur, wenn Sie darüber hinaus spannende und abwechslungsreiche Angebote für Ihr Publikum machen. Und dies müssen Sie nicht selbst tun.

Auf Ihrer Gesundheitsmesse sind Dutzende weiterer Aussteller aus der gesamten Region rund um das Thema Gesundheit vertreten. Das Angebot reicht von A wie Apotheke bis Z wie Zahnarzt (weil Sie so einen natürlich nicht an Ihrer Klinik haben) und umfasst Auftritte von

- Fahrradhändlern
- Fitness-Studios
- Heilpraktikern
- Hörgeräteakustikern
- Kosmetikstudios
- Krankenkassen
- Optikern
- Physiotherapeuten
- Reha-Einrichtungen
- Sanitätshäusern
- Seniorenresidenzen
- Sportvereinen
- Vereinen und Organisationen wie die Stiftung Deutsche Schlaganfall-Hilfe oder die Deutsche Herzstiftung

Je abwechslungsreicher das Angebot, desto mehr Publikum ziehen Sie an. Und je mehr sich Besucher einbringen können, desto spannender ist die Sache für sie. Fragen Sie bei der Vorbereitung gezielt nach, welche Mitmach-Aktionen die einzelnen Aussteller anzubieten haben und regen Sie diese an. So liegt es bei Fitness-Studios auf der Hand, dass diese ihre Besucher einladen, einmal selbst einen Flexi-Bar in die Hand zu nehmen und zu spüren, wie anstrengend es sein kann, die dünne Stange in Schwung zu bringen und zu halten. Und die neueste Generation an E-Bikes kann man nur kennen lernen, wenn man eine Proberunde dreht, deshalb werden die Fahrradhändler die Außenfläche vor dem Bürgerhaus als Standort bevorzugen.

Was ebenfalls gut ankommt, sind Vorführungen. Wenn ein Turnverein eine muntere Zumba-Truppe zu flotter Musik auflaufen lässt, ist die Aufmerksamkeit des Publikums garantiert. Und wenn sich die Aussteller noch mehr einbringen möchten, bieten Sie ihnen an, ihr Themengebiet mit Fachvorträgen zu vertiefen.

> **Praxistipp** Die Akquise solch vieler Aussteller ist keine Sache, die ein Krankenhaus mit seiner Organisation und Struktur nebenbei stemmen kann. Hierfür sollten Sie einen externen Anbieter einspannen, der sich auf solche Veranstaltungen spezialisiert hat.

Der Nutzen durch die anderen Aussteller liegt auf der Hand. Es ist, wie schon bei den Einzelvorträgen beschrieben: Wenn Sie Partner im Boot haben, rudert es sich leichter. Dutzende weiterer Aussteller machen Ihre Messe erst so richtig interessant. Sie sorgen für ein abwechslungsreiches Angebot, das viele Leute ansprechen wird. Die Aussteller sorgen für Einnahmen, denn selbstverständlich müssen sie eine größenabhängige Standgebühr an Sie entrichten. Und die anderen Aussteller unterstützen Sie bei Ihren Werbeaktivitäten. Weil sie selbst präsent sind, machen sie in ihren Geschäften (mit Plakaten und Flyern und direkter Ansprache) sowie online und ganz klassisch mit Anzeigen auf ihre Präsenz bei der Messe aufmerksam.

10.4 Sponsoren

In der Rubrik „Die anderen Aussteller" gibt es noch eine ganz besondere Gruppe: jene Aussteller, die als Sponsoren aktiv sind und die Veranstaltung finanziell unterstützen. Die unterschiedlichen Sponsorenpakete, die Sie dabei schnüren, schaffen verschiedene Anreize für die Firmen, sich zu präsentieren. Hier eine Auswahl verschiedener Elemente für die Sponsorenpakete:

- Kollektive: In der Woche vor der Messe erscheinen in den Tageszeitungen sowie in dem hiesigen Wochen- bzw. Gratisblatt sogenannte Anzeigenkollektive. Kollektive sind redaktionelle Texte, die von Anzeigen eingerahmt werden. Ihre Sponsoren sind hier mit ihren Anzeigen plus einem redaktionellen Beitrag vertreten.
- Vertreter der Firmen sind als Redner bei der Eröffnungsveranstaltung zur Messe willkommen und können sich präsentieren.
- Eine oder mehrere große Plakatwände oder Roll-ups auf dem Messegelände zeigen die Logos aller Sponsoren.
- Auf der Homepage der Klinik sind die Sponsoren genannt und es gibt einen Link zur Seite des Unternehmens.
- Die Unternehmen erscheinen mit ihrem Logo in sämtlichen Anzeigen und Hinweisen zur Messe.
- Die Unternehmen sind mit einem Porträt in den begleitenden Werbemaßnahmen (Newsletter, Messezeitschrift) vertreten.
- Die Ausstellungsfläche der Firmen liegt sehr günstig, kein Besucher kommt daran vorbei

10.5 Der Messe-Höhepunkt

Was die Aussteller anbieten, ist Sache der Aussteller. Sie als Veranstalter müssen sich überlegen, wie Sie die Leute anziehen können. Dies geschieht unter anderem durch die Setzung eines Schwerpunktes. Das heißt, Sie wählen eine Klinik oder Abteilung samt eines zentralen Organs aus, das im Fokus der Aufmerksamkeit steht. Dies können der Darm, das Herz oder Arterien sein. Am Messestand erklären die Ärzte die neuesten Diagnose- und OP-Techniken, in ihren Vorträgen ebenso.

Doch damit nicht genug. Mit einem ganz besonderen Ausstellungsstück können Sie sich die Aufmerksamkeit des Publikums in ganz besonderer Weise sichern. Das Zauberwort in diesem Zusammenhang heißt: begehbares Organ.

Ja, Sie haben richtig gelesen. Mittlerweile gibt es eine Fülle an überdimensionalen Organmodellen, die auf keiner Gesundheitsmesse fehlen sollten. Egal, ob Sie eine Gebärmutter oder ein Knie, das Gehirn oder Ohren zeigen wollen: Fahren Sie das große Modell auf und sorgen Sie für Besucherinteresse. Sie können Organe in ihrem Aufbau und mit Störungs- und Krankheitsbildern zeigen.

Beispiel – Begehbare Arterie

Was in der Realität bei einem erwachsenen Menschen maximal einen Durchmesser von drei Zentimetern hat, nämlich die Hauptschlagader, können Besucher bei der Messe durchwandern. Sie können alle Details genau anschauen und ganz plastisch Krankheitsbilder kennen lernen. Auf mehreren Metern Länge sind Arteriosklerose, Gefäßverschluss, Thromben, Blutplättchen, der Anschluss eines Bypasses und der Vorfall eines Aneurysmas sowie ein Stentimplantat dargestellt.

Sie brauchen ausreichend Platz für Ihr begehbares Organ. Informieren Sie sich rechtzeitig über die Maße und Gewichte, wo genau Sie das Teil hinstellen werden und wie es dorthin kommen soll. Alles eine Frage der Technik und rechtzeitiger Planung.

Die Ärzte finden sich am begehbaren Organ zu festen Uhrzeiten ein und erklären direkt am Modell, welche gesundheitlichen Probleme es geben kann, wie die Prävention aussieht und was an Ihrer Klinik in Sachen Diagnostik und Therapie unternommen wird. Das ist extrem anschaulich und die Besucher können vor Ort ihre Fragen loswerden.

Optimales Fotomotiv Außerdem, und dies ist für Ihre Vor- und Nachbereitung sehr wichtig, stellt ein begehbares Organ ein extrem gutes Fotomotiv dar, es ist ein echter Hingucker. Für die Vorberichte organisieren Sie sich die Bilder vom Verleiher und machen damit bereits Appetit auf Ihre Messe. Für die Nachberichterstattung gilt folgender Hinweis:

> ≫   **Praxistipp**   Holen Sie das Beste aus Ihrem Motiv heraus. Organisieren
>   Sie einen Fototermin für die Medien, zu dem Sie alle lokalen Promis
>   sowie die wichtigsten Vertreter Ihrer Klinik rund ums Organ drapieren.
>   Journalisten lieben solche Bilder und garnieren mit diesen ihre Nach-
>   berichte über Ihre Messe.

10.6 Weitere Elemente

Um möglichst viele Menschen anzusprechen, finden auf der Gesundheitsmesse zwei andere Veranstaltungen statt: der Selbsthilfetag und die Seniorenmesse.

Seniorenmesse Bei der Seniorenmesse versammeln sich alle kommerziellen und öffentlichen Anbieter von Produkten, Dienstleistungen oder Informationsangeboten rund ums Alt-Werden und Alt-Sein. Sanitätshäuser, Organisationen, Sportvereine und Parteien stellen ihre Arbeit vor. Auch das Seniorenbüro Ihrer Kommune als wichtige Anlaufstelle für alle Belange rund um das Thema „Älterwerden" ist mit einem Stand vor Ort vertreten.

Selbsthilfetag Viele chronisch Kranke, Behinderte und Menschen mit seelischen und sozialen Schwierigkeiten schließen sich mit Gleichbetroffenen zu Selbsthilfegruppen zusammen. Anlass können Erkrankungen sein wie Asthma, Allergien, Diabetes, Herzinfarkt, Schlaganfall, Krebs, Sucht und andere Erkrankungen.

Ihr Krankenhaus ist natürlich schon seit langer Zeit Anlaufstelle für Selbsthilfegruppen und unterstützt deren Arbeit durch kostenlose Räume und Hilfe bei der Öffentlichkeitsarbeit. Die Koordinierungsstelle für Selbsthilfegruppen an Ihrer Klinik organisiert diese Messe in der Messe. Selbsthilfegruppen stellen sich und ihre Angebote vor und es gibt Antworten auf folgende Fragen:

• Wie finde ich Selbsthilfegruppen oder wie kann ich selbst eine gründen?
• Wie bekomme ich Kontakt zu anderen Betroffenen und wie finde ich einen Raum für die Gruppentreffen?

Musik auf der Messe Schauen Sie, ob das zu Ihrer Veranstaltung passt und ob Sie das anbieten möchten. Um das übrige Geschehen nicht zu stören, sollte die Musik in einem eigenen Raum oder auf einer eigenen Bühne vor dem Bürgerhaus gespielt werden. Und wenn Sie dann noch den gastronomischen Bereich hier aufbauen, fühlen sich Ihre Besucher bei Kaffee und Kuchen oder knackigen Salaten und leckeren Snacks während ihrer Pause rundum wohl.

Das musikalische Rahmenprogramm muss nicht teuer sein. Fragen Sie bei der örtlichen Musikschule nach, welche Ensembles es gibt, welchen Stil sie spielen und klären Sie Termine und Preise ab. Das Honorarvolumen erlaubt es meist, mehrere Bands zu engagieren, die ein breites Spektrum von Jazz, Rock und Pop abdecken können. Oder Sie denken, Gospel ist der Magnet schlechthin, dann heuern Sie einen entsprechenden Chor an.

Gewinnspiele Auf der Bühne werden die Gewinner aus der großen Lostrommel gezogen und verkündet. Mit einem Gewinnspiel regen Sie das Publikum dazu an, ganz aufmerksam über die Messe zu gehen. Schließlich ergibt sich das Lösungswort aus den vielen überdimensionalen Buchstaben, die an verschiedenen Messeständen über das ganze Gebäude verteilt zu finden sind.

Fragen Sie die Aussteller und Sponsoren, welche Preise sie stiften können. Je hochwertiger, desto attraktiver und vielleicht sind die Gewinne ja so wertvoll, dass Sie diese in Ihrer Pressearbeit ausdrücklich benennen können.

10.7   Werbemaßnahmen

Um die größtmögliche Aufmerksamkeit für Ihre Gesundheitsmesse zu erzielen und so viele Menschen wie möglich ins Bürgerhaus zu bewegen, sollten Sie so viel Werbung machen wie möglich. Sie haben ein eigenes Logo für die Messe gestaltet, das sich am Logo Ihres Hauses orientiert. Dieses Messe-Logo findet sich auf dem zentralen Messeplakat, das überall in Ihrer Stadt zu sehen ist. Weitere Werbemaßnahmen:

- Anzeigen in allen wichtigen Printmedien: Tageszeitungen, Wochen- und Anzeigenblätter, Monatsmagazine
- Straßenplakate im gesamten Einzugsbereich Ihres Krankenhauses
- Extra große Plakate an den wichtigen Ein- und Ausfallstraßen Ihrer Stadt
- Spannbänder, auch Straßentransparente genannt, an zentralen Orten in Ihrer Stadt
- Werbung auf Bussen und Straßenbahnen

Messeheft Keine Messe ohne eigenes Heft. So ein Heft ist eine wahre Wundertüte. Sie haben hier viel Platz, ihre Messe, das Programm und die Höhepunkte vorzustellen. Ihr Geschäftsführer erklärt im Vorwort, warum die Messe für die Besucher ein Gewinn ist und außerdem wendet sich der Bürgermeister (oder Landrat) als Schirmherr der Messe in seinem Grußwort an die Leser.

Das Vortragsprogramm Ihrer Ärzte haben Sie schön übersichtlich aufgelistet. Mit dem Heft in der Hand werden Sie später auf der Messe viele Besucher umherwandern sehen, die immer wieder einen Blick ins Heft und auf ihre Uhr werfen, ob es denn nun schon 15 Uhr ist wegen des interessanten Vortrags von Professor Superdoc über den Bandscheibenvorfall.

Außerdem bieten Sie in diesem Heft Ihren Sponsoringpartnern eine Plattform zur Selbstdarstellung in Form von Artikeln. Finanziert wird das Ganze durch Anzeigen, so dass das Messeheft in großer Stückzahl kostenlos unter die Leute gebracht werden kann.

▷ **Praxistipp** Suchen Sie sich einen starken Partner, der in der Produktion von Printprodukten erfahren ist. Klopfen Sie bei einem der kostenlosen Monatsmagazine an, um eine Kooperation einzugehen. Das Messeheft wird dem Monatsmagazin beigefügt.

Werbung durch Sponsoren Sie haben ein Kreditinstitut als Partner? Wunderbar. Dann soll auf jedem Kontoauszug ab vier Wochen vor Messebeginn ein Hinweis auf die Veranstaltung zu lesen sein. Dass Ihre Partner Plakate in ihren Filialen aufhängen und das Messeheft auslegen, versteht sich von selbst.

Internet Hängt davon ab, wie engagiert Ihre Klinik in der Online-Welt ist. Auf jeden Fall gibt es auf der Klinikhomepage einen eigenen Bereich rund um die Messe. Und Sie schalten auf wichtigen Websites Bannerwerbung.

Youtube Als erste Ankündigung für die nächste Messe eignet sich immer der Kurzfilm über die zurückliegende: So wird es wieder, nur eben ganz anders. Achten Sie darauf, dass in Ihrem Messefilm neben den Klinikverantwortlichen auch Besucher zu Wort kommen. Dies macht das Ganze gleich viel Authentischer.

10.8 Pressearbeit

Ausstellerakquise Sie können die Pressearbeit weit im Vorfeld nutzen, um Aussteller zu akquirieren. In den Pressemeldungen ein halbes Jahr vor dem Ereignis betonen Sie den großen Nutzen, den die Aussteller von einer Messepräsenz haben – und was Sie als Veranstalter alles unternehmen, um die Messe attraktiv zu gestalten und zu bewerben. Neben der örtlichen Publikumspresse versorgen Sie das Magazin der Industrie- und Handelskammer (IHK) mit Ihren Ankündigungen.

Publikumspresse Sobald Ihr zentrales begehbares Organ feststeht und gemietet ist und die weiteren Programmpunkte weitgehend fixiert sind, können Sie mit Ihrem Pressematerial die Monatsmagazine bedienen. Loten Sie aus, ob Sie einige Wochen vor der Messe zu Ihrem zentralen Organ eine **Telefonsprechstunde mit einer Lokalzeitung machen und dies als Hinweis auf Ihre Messe nutzen.**

Pressekonferenz Die Messe findet am Wochenende statt. Am Montag zuvor in dieser Woche beginnt um 11 Uhr eine Pressekonferenz mit allen wichtigen Medien am Ort. Sie kommen immer alle und berichten ausführlich im Vorfeld.

Mit einer Checkliste behalten Sie die PR- und Werbemaßnahmen für eine Gesundheitsmesse im Blick (vgl. Tab. 10.1).

Tab. 10.1 Checkliste PR- und Werbemaßnahmen für eine Gesundheitsmesse

Was?	Erläuterungen	Wer?	Bis wann?	Erledigt?	Euro?
Öffentlichkeitsarbeit					
Internetseite	Aktuelle Informationen und Daten zur GM: Ausschreibung, Bedingungen, Preise, Aussteller, ggf. Raum- und Belegungsplan				
	Suchmaschineneinträge? Google AdWords?				
Messeheft	1. Anzeigenakquise (Geschäftskundenadressen der Klinik werden zur Verfügung gestellt; Ausstelleradressen werden aktualisiert)				
	2. Aufbereitung des Inhaltes (Struktur, redaktionelle Beiträge, Bilder)				
	3. Aktualisierung des Umschlages/Titels				
Sonderseiten in Tageszeitungen, Wochenblatt	1. Terminfestlegung				
	2. Kontaktadressen an Anzeigenredaktionen (Geschäftspartner, Aussteller, Sponsorenpakete)				
	3. Redaktionelle Aufbereitung der Inhalte				
Sponsorenwand	Logos, Layout, Produktion				
Pressearbeit	Tagespresse				
	Monatsblätter				
	Begleitende Berichterstattung				
	Begleitende Kooperation mit Radio XYZ				
	Pressebetreuung auf der Messe				
	Pressemappen erstellen				
	Bildmaterial zusammenstellen				
	Pressekonferenz				
Anzeigenschaltungen	1. Anzeigenplan erstellen (Termine, Medien, Kosten)				

Tab. 10.1 (Fortsetzung)

Was?	Erläuterungen	Wer?	Bis wann?	Erledigt?	Euro?
Öffentlichkeitsarbeit					
	2. Termine und Anzeigen- plätze mit Anzeigenredak- teuren besprechen				
	3. Anzeigenlayouts erstellen und digital zur Verfügung stellen/versenden				
	4. Anzeigenschaltungen kontrollieren				
Radiotrailer	1. Konzept erstellen (las- sen) und Angebot prüfen				
	2. Trailer erstellen, prüfen und freigeben				
Straßenplakatierung	1. Angebot einholen				
	2. Angebot annehmen/ ablehnen				
	3. Auftrag erteilen				
	4. Auftragsdurchführung kontrollieren				
Straßentransparente	1. Transparente aktualisieren				
	2. Genehmigungen einholen				
	3. Transparente aufhängen				
	4. Transparente abhängen				

10.9 Die Resonanz

Wenn Sie vieles richtig machen, können Sie in einer Stadt mit 100.000 Einwohnern für ein Krankenhaus der mittleren Größenordnung an zwei Messetagen mit bis zu 10.000 Besuchern rechnen. Viele sammeln intensiv Informationen an den ver- schiedenen Messeständen.

Lockt das richtige Angebot, dann bringen etliche Besucher ihre Kinder mit, denn auch für sie gibt es jede Menge Mitmach-Aktionen: Hüpfburg, oder an einem Dummy mit Arthroskopie-Geräten Gummibärchen herausfischen. Das gibt immer ein großes Hallo, weil ganz kleine Bewegungen in den Fingern große Bewegungen des Gerätes auslösen und das Herausfischen gar nicht so einfach ist.

Rückmeldungen aus den Fachabteilungen Sie können fest davon ausgehen, dass die Abteilung, die das begehbare Organ ausgestellt hat, in den Tagen und Wochen nach der Messe deutlich mehr Patienten hat als sonst. Viele potenzielle Patienten nutzen die Gelegenheit, sich vor Ort über die angebotenen Therapiemöglichkeiten zu informieren und sich einen persönlichen Eindruck von Ihrem Personal zu verschaffen. Fällt das Urteil positiv aus, haben Sie viele neue Patienten gewonnen.

10.10   Checkliste

Checkliste: 10.000 Besucher an zwei Tagen: Gesundheitsmessen planen und ausrichten
- Gehen Sie dorthin, wo Ihre Patienten sind: ins Bürgerhaus im Herzen der Stadt
- Setzen Sie einen medizinischen Schwerpunkt und präsentieren Sie ein begehbares Organ
- Holen Sie sich Kooperationspartner und Sponsoren ins Boot
- Investieren Sie so viel wie möglich in eine umfassende Werbung im Vorfeld der Messe
- Bieten Sie „Medizin zum Anfassen": Ihre Ärzte sind in ständigem Kontakt mit den Messebesuchern und geben bereitwillig Auskunft
- Zeigen Sie die aktuelle Technik und präsentieren Sie neue Geräte
- Bieten Sie Mitmach-Aktionen für die Besucher
- Angebote für Kinder sind wichtig
- Servieren Sie gutes Essen und Trinken. Auch das gehört zum Thema Gesundheit, um das sich bei Ihrer Messe alles dreht

Mit dem Chefarzt in der Backstube: Gesundheitskampagnen mit Erfolgsgarantie

Die in diesem Buch vorgestellten Veranstaltungen werden immer komplexer. Zunächst ging es um einen Informationsabend zu einem Thema mit ein oder mehreren Ärzten, es folgten der Tag der offenen Tür sowie die Darstellung einer Gesundheitsmesse, bei der ein Krankenhaus der alleinige Ausrichter ist. In diesem Kapitel werden Sie sehen, welch breite Wirkung Sie in der Öffentlichkeit entfalten können, wenn sich zwei Krankenhäuser zusammenschließen, um gemeinsam sogenannte „Volkskrankheiten" ins Visier zu nehmen.

Gehen Sie doch einmal ganz neue Wege und schließen Sie sich mit einem anderen Krankenhaus am Ort oder in der Region zusammen, das Sie normalerweise als „Konkurrenzklinik" betrachten. Bei genauerem Hinsehen besteht ja vielleicht auf dem einen oder anderen Gebiet gar kein Wettbewerb, weil sich jedes Haus spezialisiert hat. Konkretes Beispiel: Während die Mustermannklinik kardiologischer Schwerpunkt ist, behandelt das andere Haus Schlaganfälle. Natürlich sind beide Häuser technisch auf dem neuesten Stand und mit ausgewiesenen Experten besetzt.

Durch das Zusammengehen der beiden Krankenhäuser können Sie im Handumdrehen eine Kampagne gestalten, die unter dem Motto „XY-Stadt gegen Schlaganfall und Herzinfarkt" viel Aufmerksamkeit auf sich ziehen wird (vgl. Abb. 11.1).

© Springer Fachmedien Wiesbaden 2015
R. Schäfer, *Erfolgreiche PR-Arbeit für Krankenhäuser,*
DOI 10.1007/978-3-658-06361-0_11

Abb. 11.1 Gemeinsame
Kampagne

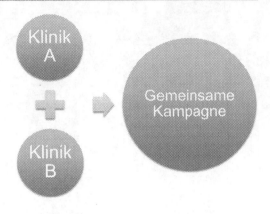

11.1   Kampagnenidee entwickeln

Thematisch liegen die beiden Erkrankungen Herzinfarkt und Schlaganfall sehr eng beieinander. In beiden Fällen geht es darum, dass Gefäße verstopfen und dies eine Katastrophe im Körper auslöst. Werden die Gefäße nicht umgehend wieder eröffnet, sterben Herzmuskel- oder Gehirnzellen ab. Beides nicht gut. Besonders gefährdet ist, wer bei einem oder mehreren der folgenden Risikofaktoren die Hand hebt: hoher Blutdruck, Herzrhythmusstörungen, Zuckerkrankheit, erhöhte Blutfette (Cholesterin), Übergewicht, Rauchen, Bewegungsmangel, familiäre Belastung, Rheuma und Stress.

Wenn Sie wollen, dass zwei Krankenhäuser zusammenarbeiten, klappt das am besten, wenn sich die Chefs einig sind. In diesem Fall also der Chefarzt der Neurologie und der Chefarzt der Kardiologie der Mustermannklinik. Sobald sich die Verantwortlichen tief in die Augen geschaut haben, können die Vorarbeiten beginnen. Dies erledigen die Pressesprecher beider Häuser.

Strategische Vorüberlegungen Keine Kampagne ohne Strategie. Um die Veranstaltungsreihe zu Herzinfarkt und Schlaganfall so breit und erfolgreich wie möglich aufzustellen, sind auf folgende Fragen überzeugende Antworten zu finden:

- Welche Botschaften wollen wir aussenden?
- An wen, das heißt: Wer ist unsere Zielgruppe, gibt es Teilzielgruppen?
- Welche Veranstaltungen machen wir und wo machen wir diese?
- Welche Medien setzen wir ein?
- Welche Partner können wir mit ins Boot holen?

Medizinische Vorüberlegungen Der Schlaganfall und der Herzinfarkt sind zwei schwere Erkrankungen, bei denen es besonders wichtig ist, schnell zu handeln. Viele Menschen können die Symptome eines akuten Schlaganfalls oder eines Herzinfarktes nicht richtig einordnen und wissen im Notfall nicht, was zu tun ist. Die typischen Alarmzeichen beim Schlaganfall sind

- halbseitige Lähmungen und/oder Gefühlsstörungen,
- Herabhängen eines Mundwinkels,
- Sprachstörungen mit verwaschener Sprache,
- Wortfindungsstörungen, Wortsalat,
- Sehstörungen mit Erblindung, Doppelsehen, Gesichtsfeldausfällen,
- akuter Schwindel mit Gangunsicherheit, Übelkeit
- akute Verwirrtheit, Bewusstseinsstörungen mit Schläfrigkeit.

Ein Herzinfarkt zeigt sich mit diesen Symptomen:

- schwere, länger als fünf Minuten anhaltende Schmerzen im Brustkorb, die in Arme, Schulterblätter, Hals, Kiefer und Oberbauch ausstrahlen können,
- starkes Engegefühl, heftiger Druck im Brustkorb, Angstgefühl,
- Atemnot, Übelkeit, Erbrechen,
- Schwächeanfall (auch ohne Schmerz), Übelkeit, eventuell Bewusstlosigkeit,
- blasse Gesichtsfarbe, kalter Schweiß.

Das Problem: Viele Menschen mit diesen Alarmzeichen warten viel zu lange. So kommt es immer wieder vor, dass Leute einen Herzinfarkt haben und nicht zum Arzt gehen. „Herr Doktor, es war ja Samstag" sagen sie dann am Montag beim Kardiologen in der Mustermannklinik. Was auch immer wieder vorkommt: Menschen mit einem Herzinfarkt deuten die Symptome nicht richtig und gehen nicht zu einem Herzspezialisten, sondern zu einem Zahnarzt oder Orthopäden.

Dabei gilt: Bei Schlaganfall und Herzinfarkt zählt jede Minute. Oder sogar jede Sekunde. Je früher richtig diagnostiziert und behandelt wird, desto besser ist die Prognose nach der Behandlung.

Botschaften und Ziele Die Kampagne hat zwei zentrale Aussagen. Zum einen geht es darum, die Alarmzeichen für Herzinfarkt und Schlaganfall bekannt zu machen und zum anderen muss dem Publikum verdeutlicht werden:Sobald sich eines der oben genannten Symptome zeigt, muss der Betroffene oder jemand, der es für ihn übernehmen kann, zum Handy oder Telefon greifen und folgendes tun (Abb. 11.2):

Abb. 11.2 Zentrale Kampagnen-Botschaft

Weitere Teilziele der Kampagne bestehen darin, für einen gesunden Lebensstil zu werben, mit dem man Herzinfarkt und Schlaganfall verhindern kann. Wie so oft, ist es wichtig, Übergewicht zu vermeiden, sich fettarm zu ernähren und sich regelmäßig körperlich zu bewegen. Außerdem soll, wer unter den oben genannten Risikofaktoren wie Diabetes mellitus oder erhöhten Cholesterinwerten leidet, sich vom behandelnden Arzt gut medikamentös einstellen lassen. Und die Einnahme blutverdünnender Medikamente kann notwendig sein.

Ein weiteres Ziel ist es, den Leuten zu zeigen, was im Fall einer Erkrankung mit ihnen gemacht wird. Dass sie in den beiden Schwerpunkt-Zentren der beiden Krankenhäuser in besten Händen sind, weil hier Ärzte arbeiten, die sich das ganze Jahr rund um die Uhr mit der Behandlung von Schlaganfällen und Herzinfarkten beschäftigen. Und noch ein Ziel ist, die Rehabilitation darzustellen, also wie die Leute wieder den Weg zurück ins Leben finden.

Zielgruppen Wie oben dargelegt, gibt es eine Fülle von Risikofaktoren, die die Gefahr von Herzinfarkt und Schlaganfall erhöhen. Wer die Auflistung gründlich durchgelesen hat, merkt schnell:von hohem Blutdruck, Diabetes, erhöhten Cholesterinwerten, Überwicht, Rauchen Bewegungsmangel und Stress sind ziemlich viele Leute betroffen. Männer wie Frauen und nicht nur die Älteren und Alten, denn auch schon jüngere Menschen erleiden einen Herzinfarkt oder Schlaganfall. Das heißt, die Hauptzielgruppe ist ein Großteil der erwachsenen Bevölkerung am Ort.

Teilzielgruppe Um bereits das Entstehen und Verfestigen von Risikofaktoren vermeiden zu können, nimmt die Kampagne gegen Herzinfarkt und Schlaganfall junge Menschen ins Visier und spricht Schülerinnen und Schüler an. Diese sollen als Multiplikatoren gewonnen werden für das Erkennen von Alarmzeichen bei Verwandten und Angehörigen. Außerdem soll bei ihnen der Grundstein dafür gelegt werden, dass sie eine gesunde Lebensweise pflegen und sich als Botschafter derselben zuhause auch einmal für einen fleischlosen Tag in der Woche („Veggie Day") stark machen.

11.2   Die Partner

Eine Kampagne wie „XY-Stadt gegen Schlaganfall und Herzinfarkt" kann nur richtig gut werden, wenn die beiden beteiligten Krankenhäuser viele Partner gewinnen können.

Medienpartner Das geht schon bei einem Medienpartner los. Sofern Sie in der glücklichen Lage sind und es bei Ihnen noch mehrere Tageszeitungen gibt, vereinbaren Sie mit einer Redaktion eine besondere Medienpartnerschaft für die Dauer der Kampagne. Diese Medienpartnerschaft kann beinhalten, dass Sie eine Telefonaktion mit Medizinern beider Kliniken durchführen oder Reportagen und Hintergrundartikel zur Behandlung und Rehabilitation erscheinen.

Gibt es bei Ihnen mehrere Zeitungen am Ort, dann sollten Sie die Partnerschaft mit einer Zeitung für die Dauer der Kampagne auf keinen Fall überstrapazieren, um die anderen Zeitungen und Medien bei Laune zu halten. Wenn diese das Gefühl haben, sie werden von wichtigen Informationen ausgeschlossen oder bekommen diese später als andere, ist das für Ihre Kampagne und die zukünftige Zusammenarbeit nicht dienlich.

Sponsoren In jeder Stadt gibt es große Firmen, die sich für die Kommune engagieren. Sie als aktiver und vor Ort bestens vernetzter Pressearbeiter Ihrer Klinik kennen diese Firmen aus dem ff. Denn erstens treffen Sie die führenden Köpfe dieser Unternehmen regelmäßig bei Veranstaltungen und zweitens ist über deren Engagement ständig etwas in der Zeitung zu lesen. Klopfen Sie hier an, schließlich haben Sie das Gemeinwohl auf Ihrer Seite. Wenn es um das Thema Gesundheit geht, müssen Sie nicht viel Überzeugungsarbeit leisten. Binden Sie die Firmen in die Finanzierung mit ein und geben Sie ihnen auf der anderen Seite eine Plattform, sich darzustellen.

Dass Sie das Logo Ihres Sponsors bei allen Veröffentlichungen präsentieren, ist logisch. Wenn Sie Ihren geldgebenden Firmenpartnern darüber hinaus noch etwas Gutes tun wollen: Vereinbaren Sie doch einfach eine exklusive Informationsveranstaltung mit Ihren Chefärzten bei den Sponsoren. So bekommt die Belegschaft Infos aus erster Hand. Damit erreichen Sie möglicherweise Menschen, die sonst nicht den Weg zu Ihren Vorträgen finden und das Unternehmen kann sich auf die Fahnen schreiben, wieder etwas für das Betriebliche Gesundheitsmanagement getan zu haben.

Natürliche Sponsoren sind außerdem Krankenkassen und Pharmafirmen, die Medikamente zur Schlaganfall-Behandlung herstellen.

Weitere Partner Darüber hinaus gibt es eine Fülle weiterer Kooperationspartner:

• Notärzte des Landkreises
• Rettungsleitstelle des Landkreises
• Apothekenkammer
• Sparkasse oder Volks- und Raiffeisenbanken
• Deutsche Herzstiftung
• Deutsche Schlaganfall-Gesellschaft
• Stiftung Deutsche Schlaganfall-Hilfe
• Schulen
• Sportvereine

Der Schirmherr Es ist wie bei Ihrer Gesundheitsmesse. Mit Schirmherr ist besser als ohne. Und mit zweien ist es sogar noch besser. Nehmen Sie Menschen aus der Politik, der Vereinswelt oder vielleicht sogar jemanden, der einen Infarkt oder Schlaganfall überstanden hat. Wichtig also ist, dass Ihre Schirmherren populär und überparteilich anerkannt sind und denen man das Thema Gesundheit abnimmt, die also eine gewisse Glaubwürdigkeit haben. Ihre Schirmherren dürfen nicht nur mit ihren Grußworten im Veranstaltungsheft zur Kampagne auftauchen, nein, sie zeigen sich auch bei den Terminen und sorgen für erhöhte Aufmerksamkeit für das Thema.

11.3   Veranstaltungen

Beginnen Sie Ihre Kampagne mit einem klaren Startschuss und teilen Sie der Öffentlichkeit mit, wann wieder Schluss ist. Das schafft Klarheit. Die Kampagne „XY-Stadt gegen Schlaganfall und Herzinfarkt" erstreckt sich über einen Zeitraum von sechs Wochen. Aufgrund der Fülle an Veranstaltungen ist das ein guter Rahmen. Packen Sie nicht zu viele Termine in eine Woche, aber lassen Sie andererseits auch nicht zu viel Leerlauf entstehen.

Informationsveranstaltung im Bürgerhaus Dieser Termin ähnelt der großen Gesundheitsmesse, über die Sie im vorherigen Kapitel alles Wichtige erfahren haben. Nur eben ist es keine Messe, an der sich sämtliche Abteilungen Ihres Hauses präsentieren, sondern es sind die Kardiologen und die Stroke Unit beider Krankenhäuser. Hinzu kommen die oben genannten Partner Ihrer Kampagne wie Deutsche Herzstiftung oder die Deutsche Schlaganfall-Gesellschaft. Das Programm umfasst Vorträge und Informationsstände.

Tage der offenen Tür In den beteiligten Krankenhäusern:Stroke-Unit, Kardiologie und die jeweiligen Reha-Einrichtungen. Wie Sie einen Tag der offenen Tür organisieren, ist in Kap. 9 beschrieben. Wenn Sie nur einzelne Abteilungen für Besucher öffnen, reduziert das den Aufwand gewaltig und Sie müssen im Vorfeld nicht so viel vorbereiten wie bei einem Tag der offenen Tür fürs gesamte Haus.

Der Citylauf Keine Stadt ohne jährliche Laufveranstaltung. Mittlerweile gibt es in fast jeder Kommune eine zentrale Veranstaltung, bei der alle auf den Beinen sind und mehrere Runden in der Innenstadt zurücklegen, um nach zehn Kilometern glücklich anzukommen. An diesem Lauf nehmen nun auch mehrere Gruppen teil, die sich in besonderer Weise Ihrer Kampagne verschrieben haben. Man erkennt sie sofort daran, dass sie das eigens für Ihre Kampagne hergestellte T-Shirt tragen, das neben der Notfallnummer „112" auch alle wichtigen Veranstaltungstermine zeigt. Finanziert wird übrigens die Herstellung der T-Shirts von einem Ihrer Sponsoren. Übergestreift haben sich dieses T-Shirt Laufgruppen der beiden beteiligten Kliniken (Mitarbeiter sind wie immer die besten Multiplikatoren), es gibt Schulklassen, die damit auflaufen und die Laufgruppe des hiesigen Fitnessstudios ist ebenfalls kampagnengerecht eingekleidet.

Weil mittlerweile bei einem Citylauf nicht nur gerannt wird, sondern es auch ein umfangreiches Bühnenprogramm gibt, nutzen Ihre Mediziner die Gelegenheit, um über Schlaganfall und Herzinfarkt zu informieren und darüber aufzuklären, was an Prävention, Therapie und Reha getan werden kann. Der Auftritt bei einer Sportveranstaltung legt es nahe, die Vorzüge einer gesunden und bewegungsreichen Lebensführung herauszustellen. Und weil das Publikum dies ja in besonderem Maße bereits umsetzt, sind alle Anwesenden in bester Stimmung und fühlen sich in ihrem Tun bestärkt.

London-Bus Der typische London-Bus, doppelstöckig und knallrot, rollt in die Innenstadt und parkt an einem zentralen Ort, wo viele Menschen vorbeikommen. Der London-Bus entstammt dem Fuhrpark eines Pharmaunternehmens, das Schlaganfallmedikamente herstellt. Für die Kampagne wird das im Bus bereit gestellte Infomaterial zum Schlaganfall um das Thema Herzinfarkt erweitert. Es gibt Broschüren und Flyer für die interessierte Bevölkerung. Weiterhin können sich die Menschen über ihren Gesundheitszustand informieren und ihre Blutdruck-, Blutzucker- sowie Cholesterin-Werte erfahren. Und wer will, kann einen Testbogen ausfüllen, mit dem das persönliche Risiko für Schlaganfall und Herzinfarkt abgeschätzt wird. Ausgegeben wird das Material von den Medizinern und Pflegekräften beider Krankenhäuser. Im und vor dem London-Bus sind keine Vorträge geplant und möglich, sondern es geht darum, „Laufkundschaft" anzusprechen und auf die Kampagne und ihre Hintergründe aufmerksam zu machen.

▶ **Praxistipp** Weil er so bildstark ist, haben Sie mit dem London-Bus auf
jeden Fall einen guten Aufhänger für die Medien. Das Fotomotiv „London-Bus in der Innenstadt samt Chefärzten im Gespräch mit Passanten"
funktioniert immer.

Vortrag und Konzert Die Kampagne „XY-Stadt gegen Herzinfarkt und Schlaganfall" beschreitet ungewöhnliche Wege, um die Zielgruppen zu erreichen. Wie
oben beschrieben, weisen viele Erwachsene ein oder mehrere Risikofaktoren auf,
die zur Entstehung von Schlaganfall und Herzinfarkt beitragen können. Nicht jeder
ist sich allerdings dessen bewusst und nicht jeder verspürt deshalb die Notwendigkeit, sich weitergehend zu informieren. Doch auch diese Menschen will die Kampagne ansprechen. Hierzu werden Veranstaltungen organisiert, die auf den ersten
Blick gar nicht zusammenpassen:klassische Konzerte und Kurzvorträge zu medizinischen Themen. Cholesterinwerte und Chopin, Bypass und Bach. Das ist jedoch
kein Widerspruch, denn bei genauerer Betrachtung wird schnell klar, dass die
beiden Themen Musik und Medizin einiges gemeinsam haben. Den Risikofaktor
„Stress" können viele Menschen durch das Hören klassischer Musik reduzieren,
sie entspannen bei Mozart. Und Johann Sebastian Bach soll an einem Schlaganfall
gestorben sein. Wichtig ist für Ihre Veranstaltung, dass die Vorträge a) von den
Chefärzten gehalten werden, um die Bedeutung des Themas zu unterstreichen und
b) nicht zu lange dauern. 15 min pro Referent sollten reichen, danach ist für den
Austausch mit den Gästen Zeit eingeplant.

▶ **Praxistipp** Organisieren Sie einen Abend mit Musik und Medizin mit
und in der hiesigen Musikschule. Dort gibt es meist hervorragende
Solisten oder Ensembles, die sich für das geplante Programm bestens
eignen.

Variieren können Sie dieses Prinzip, indem Sie statt der Musik die Malerei wählen
und mit der Medizin kombinieren. Die Vernissage eines lokal bekannten Künstlers
wird ergänzt durch Kurzreferate der Ärzte. Auch hier können Sie davon ausgehen,
dass Sie Menschen erreichen, die sich rein medizinischen Themen nicht gewidmet
hätten, die Kombination von bunten Bildern und Chefarzt-Vorträgen aber als willkommene Abwechslung betrachten.

Die Schulen Was immer gut ankommt, sind Vorträge von Chefärzten in Schulen. So auch bei der Kampagne „XY-Stadt gegen Herzinfarkt und Schlaganfall".
Wählen Sie Schulen aus, die Interesse am Thema haben und reservieren Sie zwei

Schulstunden für Ihre Matadore. Geeignet sind die fünfte und sechste sowie die siebte und achte Stunde. Medien lieben solche Veranstaltungen, bei denen Neues passiert, also Mediziner den Weg an die Schulen finden. Das Ergebnis könnte dann diese Überschrift sein:„Neurologie-Chefarzt am Schiller-Gymnasium" samt großem Foto und längerem Text.

Die Sportvereine Binden Sie in die Kampagne die Sportvereine ein. Klingt auf den ersten Blick unlogisch, denn deren Mitglieder sind ja schon körperlich aktiv, rauchen vielleicht nicht und haben kaum Übergewicht. Trotzdem sind Vorträge bei den Sportvereinen für Ihre Kampagne wichtig. Jeder Mensch lässt sich gerne die Richtigkeit seines Handelns bestätigen. Es erscheint also der Chefarzt und sagt:„Was sie hier machen ist wunderbar und hilft enorm, Schlaganfall und Herzinfarkt zu vermeiden." Das stärkt den Zuhörern den Rücken und macht sie zu Multiplikatoren für Ihre Kampagne. Die Vereinsmitglieder haben aus erster Hand wertvolle Informationen bekommen, die sie in den nächsten Tagen und Wochen immer wieder in Gespräche im privaten Rahmen oder auf der Arbeit einstreuen können, wenn die Rede auf Ihre Kampagne kommt. Und die Rede kommt hierauf, schließlich sind Sie ja für sechs Wochen ständig in der Zeitung.

Das Finale Beenden Sie Ihre Kampagne mit einem Kracher. Bieten Sie etwas Exklusives, das man nicht kaufen kann. Das es nur im Rahmen Ihrer Kampagne gibt. Woran sich die Teilnehmer noch lange erinnern werden. Mit anderen Worten:Sie verlosen die Teilnahme an einem Showkochen mit einem Koch-Profi, den man in Ihrer Region einfach kennt. Der durch Presse, Funk und Fernsehen bekannt geworden ist. Sie machen die Verlosung mit einem oder mehreren Partnern, hier sind ein Küchenstudio oder eine Krankenkasse denkbar, die in ihrer Geschäftsstelle über eine Profiküche verfügt, weil sie Ernährungskurse anbietet. Den Kochprofi norden Sie vorab ein und sagen Sie ihm, dass er etwas leichtes Mediterranes und nichts schweres Französisches kocht. Ansonsten schmeckt es zwar lecker, aber die Glaubwürdigkeit ist dahin und die Cholesterinwerte auch. Das „Herz- und Hirn-Menü" sollte Rohkost, ungesättigte Fettsäuren, viel frisches Gemüse, Kräuter und Fisch enthalten.

> **Praxistipp** Von den Vorzügen einer Medienpartnerschaft mit einer Zeitung profitieren Sie bis zum Finale. Die Zeitung bewirbt die Verlosung und bringt eine ausführliche Reportage über die Kochveranstaltung mit dem Profi samt Abdruck des Rezepts. So etwas erreichen Sie nur durch eine gesonderte Kooperation.

11.4   Pressearbeit und Werbung

Für die Kampagne „XY-Stadt gegen Herzinfarkt und Schlaganfall" haben Grafiker ein eigenes Logo entwickelt. Die Grafiker arbeiten bei einem Ihrer Sponsoren und kosten die Kliniken kein Geld. Dieses Logo taucht überall auf, in den Anzeigen, auf den T-Shirts zum Stadtlauf und es wird von Ihrem Medienpartner bei sämtlichen Berichten in die Artikel eingefügt zur besseren Wiedererkennung. Es setzt sich bei den Zeitungslesern der Gedanke fest: Hier läuft aber eine ganze Menge.

Vier bis sechs Wochen vor dem Startschuss der Kampagne kümmern Sie sich um die Fertigstellung der Werbematerialien wie Plakate und Flyer. Die Flyer enthalten das gesamte Programm. Mit den entsprechenden Sponsoren im Hintergrund können und sollten Sie in einer Stadt mit, sagen wir 100.000 Einwohnern, 10.000 Flyer drucken lassen und auslegen.

Die Werbung im Vorfeld und während der Kampagne beinhaltet außerdem folgende Elemente:

- Anzeigen in allen wichtigen Printmedien: Tageszeitungen, Wochen- und Anzeigenblätter, Monatsmagazine
- Straßenplakate im gesamten Einzugsbereich Ihres Krankenhauses
- Extra große Plakate an den wichtigen Ein- und Ausfallstraßen Ihres Ortes
- Spannbänder, auch Straßentransparente genannt, an zentralen Orten in Ihrer Kommune
- Werbung auf Stadtbussen und Straßenbahnen

Internet Hängt davon ab, wie engagiert Ihre Klinik in der Online-Welt ist. Auf jeden Fall gibt es auf der Klinikhomepage einen eigenen Bereich rund um die Kampagne. Und Sie schalten auf wichtigen Websites Bannerwerbung.

Youtube Wie geschaffen für eine kurze filmische Ankündigung. Lassen Sie Ihre Chefärzte zu Wort kommen – und vielleicht erklären noch zwei oder drei andere Verantwortliche, was es mit dieser Kampagne auf sich hat. Wirkt sehr überzeugend und ergänzt manch langen Presseartikel. Ist natürlich auch für die Nachberichterstattung geeignet. Wenn der Koch-Profi loslegt, surrt die Kamera und bei den Auftritten der Chefärzte in der Schule kümmert sich die schuleigene nachmittägliche Social-Media-AG um den Videofilm, der alles dokumentiert.

Pressekonferenz zum Auftakt Hier gilt das Gleiche wie bei der Gesundheitsmesse. Laden Sie die Medienvertreter am Montag ein, wenn Ihre erste öffentliche Veranstaltung am Samstag beginnt. Damit geben Sie auch den Wochen- und

Gratisblättern Gelegenheit zur Berichterstattung. Die Monatsmagazine haben Sie schon vorher informiert und an den langen zeitlichen Vorlauf gedacht:Wenn Sie Ihre Kampagne Mitte September starten, muss den Monatsheften der Vorbericht bis spätestens Anfang August vorliegen.

Die weitere Pressearbeit Sie haben alle wichtigen Medien zur Pressekonferenz eingeladen. Doch die kommen möglicherweise nicht alle, weil es auf der PK nicht für alle Medienleute etwas Interessantes gibt. Sie haben nur wenige bewegte Bilder, es gibt fürs Fernsehen nichts Spannendes zu sehen. Doch das ändert sich im Laufe Ihrer Kampagne. Dann können Sie jede Menge interessanter Bilder zeigen, denken Sie nur an den London-Bus, den Stadtlauf mit Dutzenden von Teilnehmern im T-Shirt Ihrer Kampagne und ans Showkochen mit dem Kochprofi zum Finale. Denken Sie daran:Die Aufmerksamkeitsspanne von Medienleuten ist aufgrund der auf sie einprasselnden Informationsflut nicht immer sehr groß. Helfen Sie ihnen, sich an die wichtigen Termine Ihrer Kampagne zu erinnern. Verschicken Sie jeweils extra Terminankündigungen, immer ein paar Tage vor der Veranstaltung. Und haken Sie telefonisch nach, ob das Showkochen nicht interessant ist für den lokalen TV-Sender.

11.5   Chefärzte backen Brot – ein Beispiel

Immer wieder lesen Sie in diesem Buch den Hinweis, sich für Ihre PR-Aktivitäten Partner zu suchen, um die Außenwirkung zu multiplizieren. Auch ungewöhnliche Partner können das sein, die einem auf den ersten Blick nicht sofort einfallen. Die Kampagne „XY-Stadt gegen Herzinfarkt und Schlaganfall" beleuchtet neben den Erste-Hilfe-Maßnahmen die präventiven Aspekte, also wie man durch eine gesunde Lebensweise das Risiko eines Herz- oder Hirninfarkts verringern kann. Wie wäre es, Sie binden einen Bäcker ein? Er sollte lokal gut verankert und mit ein paar Filialen präsent sein. Wenn er dann noch in der Vergangenheit durch seine Qualität gezeigt hat, dass er sich von industrieller Massenproduktion absetzt, besitzt er das notwendige Maß an Glaubwürdigkeit, um als Partner für Ihre Kliniken auftreten zu können.

Für die Kampagne „XY-Stadt gegen Herzinfarkt und Schlaganfall" komponiert unser Bäcker aus Purpurweizen und Karotten ein sechseckiges Brot. Purpurweizen gilt als besonders gesundheitsfördernd. Auf jedes Brot wird eine Oblate mit dem Logo der Kampagne aufgebracht. 50.000 Brötchentüten sind bereits mit den Programmeckpunkten der Kampagne bedruckt und werden schon eine Woche vor dem Startschuss in den Filialen der Bäckerei beim Verkauf der Backwaren eingesetzt.

So landet das Veranstaltungsprogramm jeden Morgen in hunderten von Haushalten. Damit können Sie Leute erreichen, die vielleicht keine Tageszeitung lesen und somit nicht von Ihrer Kampagne erfahren hätten.

Pressetermin in der Backstube Ein wahrer Leckerbissen für Journalisten. Da treffen zwei Welten aufeinander, da passiert etwas Ungewöhnliches und darüber berichten Medien immer sehr gerne: Mediziner beim Brotbacken. Selbstverständlich sind bei diesem Termin die beiden Chefärzte der Neurologie und Kardiologie dabei und machen tüchtig mit. Unter der Anleitung des Bäckers backen sie Brot. Der Bäcker hat schon ein paar Vorarbeiten geleistet, so dass der Teig gleich verarbeitet werden kann. Die Mediziner legen sich tüchtig ins Zeug, kneten kräftig, füllen den Teig in die sechseckigen Formen, bestreuen den Teig mit Kürbiskernen und backen die Brote aus. Auch die erste Verkostung des fertigen Brotes darf nicht fehlen. Das gibt schöne Bilder, sowohl für die Zeitungen als auch fürs Fernsehen und für die Radioredakteure ist solch ein Termin auch spannend. Und es bleibt natürlich für die Mediziner und den Bäcker genug Zeit, die Hintergründe der ganzen Backstubenaktion zu erklären. So ganz nebenbei, beim Teigkneten.

Die nächste Aktion im Blick Wenn Ihr Bäcker mitmacht und ein großes Herz hat, dann spendet er einen Anteil des Verkaufserlöses an Ihre Klinik. Und Sie können mit dem Geld einen Defibrillator anschaffen und bei einem Ihrer Partner, sagen wir einer Sparkasse, installieren. Die offizielle Übergabe und Inbetriebnahme organisieren Sie als Pressetermin, bei dem der Bäcker, die beiden Chefärzte sowie ein Vertreter der Sparkasse anwesend sind. Weil erfahrungsgemäß zwischen der eigentlichen Kampagne und der Installation des Defibrillators einige Monate ins Land gehen, haben Sie nach dieser Zeit wieder einen Aufhänger, Ihr Anliegen unter die Leute zu bringen.

11.6   Auswertung

Mit einer gut geplanten und breit aufgestellten Kampagne wie „XY-Stadt gegen Schlaganfall und Herzinfarkt" haben Sie für sechs Wochen immer wieder Berichte über die Themen Vorsorge, Notfallversorgung und Rehabilitation in den Medien. Die mit Ihnen kooperierende Tageszeitung veröffentlicht noch einige Artikel mehr als die übrigen Blätter, Sie sind im Radio zu hören und im Fernsehen zu sehen. Das Thema macht die Runde.

Schaut man genauer hin, welche Leute in welchem Maße angesprochen werden, ergeben sich drei Trends:

1. Sie können sehr gut Menschen erreichen, die sich sowieso schon für Gesundheitsthemen interessieren und hier eine gewissen Sensibilität mitbringen. Es ist nicht ungewöhnlich, dass die Chefärzte noch Monate später auf den Termin in der Backstube angesprochen werden. So etwas merken sich die Menschen und sie erinnern sich an die Tipps und Ratschläge aus der Backstube.
2. Die Veranstaltungen in den Schulen stoßen in aller Regel auf eine gute Resonanz. Die Schüler sind interessiert und hören zu, wenn die Chefärzte aus den Kliniken der Stadt erscheinen und zwei Schulstunden gestalten.
3. Wer schwer zu erreichen ist, sind die Menschen, die nicht gesundheitsbewusst sind und Risikofaktoren wie rauchen, wenig Bewegung und ungesunde Ernährung auf sich vereinen. Sie müssen damit rechnen, dass Sie auch nach einer solch breit angelegten Kampagne weiterhin Patienten haben, die mit ihrem Herzinfarkt viel zu spät in die Klinik kommen. Werden sie auf die vielfältigen Hinweise angesprochen, die es während der Kampagne gab, winken sie ab und sagen, sie wüssten von nichts.

11.7 Checkliste

Checkliste: Mit dem Chefarzt in der Backstube: Gesundheitskampagnen mit Erfolgsgarantie
- Gehen Sie neue Wege und organisieren Sie gemeinsam mit einem anderen Krankenhaus am Ort eine Gesundheitskampagne
- Kümmern Sie sich um Sponsoren zur finanziellen Unterstützung
- Legen Sie fest, welche Botschaften Sie aussenden wollen
- Legen Sie fest, welche Zielgruppen und Teilzielgruppen Sie erreichen wollen
- Legen Sie fest, welche Veranstaltungen es geben soll
- Legen Sie fest, welche Medien Sie einsetzen wollen
- Binden Sie Partner ein
- Gewinnen Sie einen Schirmherren, der ein parteiübergreifender Sympathieträger ist
- Für Auftritte Ihrer Mediziner fassen Sie auch bislang wenig genutzte Adressen ins Auge: die Fußgängerzone, Sportvereine, Schulen, Klassikkonzerte und Vernissagen
- Sie gewinnen Ihre Chefärzte für ungewöhnliche Aktionen und gehen mit ihnen in die Backstube

Schreib doch mal ein Buch… – Gesundheitsratgeber als Marketing-Instrument

12

Ein Buch ist ein wahres Wunderding. Wer ein Buch verfasst hat, gilt als ausgewiesener Spezialist auf seinem Gebiet. Ein Buch verleiht eine natürliche Autorität. Als Autor muss man seinen Expertenstatus nicht mehr erklären, das Buch beweist es. Wenn Journalisten auf der Suche nach einem kompetenten Ansprechpartner sind, hören Sie lieber einem Buchautor zu als einem Zeitgenossen, der noch keines geschrieben hat. Für einen Arzt, der sein Spezialgebiet gefunden hat und weiter an seinem guten Ruf arbeiten möchte, ist es beinahe ein Muss, ein Buch zu verfassen. Damit ergibt sich eine Fülle an weiteren Möglichkeiten für Presse- und Öffentlichkeitsarbeit. Mehr hierzu im weiteren Verlauf dieses Kapitels.

Der Arzt kann zwei verschiedene Arten von Büchern auf den Markt bringen: ein Fachbuch für seine „Community", also andere Ärzte, Kollegen und Medizinstudenten. Damit verschafft er sich einen guten Ruf in Fachkreisen. Die andere Möglichkeit besteht darin, ein Buch für Patienten zu schreiben, also jene Menschen, mit denen es der Arzt jeden Tag zu tun hat. Für die Kommunikation mit seinen Patienten bietet ein solcher Laienratgeber zwei Vorteile:

1. Schon beim Schreiben muss sich der Arzt als Autor fragen, ob die gewählten Formulierungen wirklich jeder versteht oder ob es nicht noch einfacher geht. Im Zweifelsfall wird ihn später die Lektorin des Verlags mit Nachdruck darum bitten, sich verständlich auszudrücken. Hat er diese Hürde übersprungen, wirkt

© Springer Fachmedien Wiesbaden 2015
R. Schäfer, *Erfolgreiche PR-Arbeit für Krankenhäuser*,
DOI 10.1007/978-3-658-06361-0_12

167

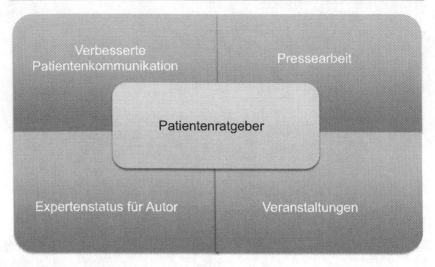

Abb. 12.1 Die Vorteile von Patientenratgebern

sich das positiv auf die alltägliche Unterhaltung mit seinen Patienten aus. Hat sich ein Arzt erst einmal überlegt, wie er medizinische Sachverhalte verständlich beschreiben kann, wird er die für das Buch gewählten Formulierungen, Vergleiche und sprachlichen Bilder mit Sicherheit in die alltägliche Kommunikation mit seinen Patienten einbauen. Die Patienten verstehen mehr, behalten mehr und sind vom Arzt begeistert. So etwas fördert die Genesung.

2. Gespräche mit Medizinern sind für viele Menschen der reinste Stress. Es geht um viel: Man leidet an einer Krankheit, die lebensbedrohlich sein kann oder chronisch ist und einem seit vielen Jahren Mühsal und Trübsal bereitet, es geht um Therapievorschläge, die häufig chirurgische Eingriffe beinhalten und es geht bei allem um den ungewissen Ausgang des Ganzen. Kurzum: Patienten sind in den Sprechstunden mit dem Mediziner maximal nervös und können sich wenig bis nichts merken. Zuhause angekommen, kann nur noch eine Handvoll Patienten wiedergeben, was der Arzt gesagt und damit gemeint hat und was das für die Betroffenen selbst bedeutet. Hier schlägt die Stunde des Buches. Hier steht es schwarz auf weiß und der Patient kann immer wieder nachschlagen. Und Patienten können sich vor ihrem Arzttermin schon schlau machen und in dem Buch über ihr Krankheitsbild nachlesen. Die Lektüre ermöglicht also eine gute Vor- und eine perfekte Nachbereitung des Arztbesuches (vgl. Abb. 12.1).

12.1 Die Autorenfrage klären

Haben Sie Chef- oder Oberärzte in Ihrer Klinik, die sich auf ein Thema spezialisiert haben und an einer Publikation interessiert sind, dann sollten Sie alles daran
setzen, dass aus der Idee Wirklichkeit wird. Mehrere Möglichkeiten bieten sich an:

1. Ihr Arzt hat schon so viele verschiedene Vorträge gehalten und regelmäßig ein
   paar Manuskriptseiten verfasst, dass er als Alleinautor in Frage kommt. Dann
   nutzt er den nächsten Sylt-Urlaub, um seinem Werk den letzten Schliff zu ver-
   passen. Oder er steht eben früher auf, um in der Morgenfrische des neuen Tages
   vor Dienstbeginn ein paar Seiten zu verfassen und hat am Wochenende nur
   noch sein Buch im Kopf. Nach ein paar Monaten ist das Werk vollendet.
2. Ihr Arzt würde gerne, kann aber nicht. Er ist zeitlich so eingespannt, dass er
   keine Möglichkeit sieht, die notwendigen Stunden fürs Schreiben aufzubringen.
   Dem Mann kann geholfen werden. Die Lösung heißt: Ghostwriter oder Co-
   Autor. Hängt davon ab, was Ihr Arzt will. Ist er locker drauf, dann hat er nichts
   dagegen, mit einem anderen Autor auf dem Cover zu erscheinen und in allen
   Hinweisen zum Buch ebenfalls genannt zu werden. Oder er will den ganzen
   Ruhm für sich, dann muss ein Ghostwriter her. Er setzt die Ideen und Inhalte
   des Arztes um, taucht nirgends auf und wird entsprechend honoriert.

Ist der Arzt mit einem Co-Autor einverstanden, ergeben sich wiederum zwei Möglichkeiten. Entweder Sie als Pressereferent haben Zeit und Interesse oder Sie und
Ihr Arzt finden einen externen Autor.

Der externe Co-Autor muss notwendigerweise nicht an Ihrem Ort wohnen, eine
Fernbeziehung funktioniert bei der Erstellung eines Buches wunderbar. Wichtig ist
vielmehr, dass die Chemie zwischen den beiden Autoren stimmt und sie ein tragfähi-
ges Arbeitsverhältnis herstellen können. Das setzt voraus, dass der Autor örtlich und
zeitlich flexibel genug ist, um sich mit dem Arzt immer wieder zusammenzusetzen,
um Inhalte für die nächsten Kapitel und Änderungen an bereits erstellten Texten zu
besprechen. Das setzt von Seiten des Mediziners voraus, den Co-Autor als gleichbe-
rechtigten Partner zu akzeptieren, der vom Schreiben mehr versteht als der Arzt selbst.

12.2 Marktanalyse und Verlagssuche

Es steht also jetzt fest, wer den Patientenratgeber schreiben soll. Vielleicht reizt
sogar Sie als Pressesprecher diese Aufgabe und Sie finden einen Weg, die Recher-
che- und Schreibtätigkeit auf Ihre Dienst- und Freizeit aufzuteilen. Nun geht es darum, einen Verlag zu finden. Hierzu recherchieren Sie zunächst, welche Titel es bei

welchen Verlagen zu dem Thema schon gibt. Und es geht darum, die Aufmachung
und inhaltliche Gliederung dieser Titel zu dokumentieren. Einen ersten und recht
guten Überblick verschaffen Sie sich bequem durch eine Online-Recherche bei
amazon.de. Dank der bei vielen Titeln möglichen „Blick ins Buch"-Funktion er-
fassen Sie schnell das Inhaltsverzeichnis und können darüber hinaus einige Seiten
lang in den Fließtext hinein schnuppern. Weitere Recherchequellen sind:

• www.dnb.de die Deutsche Nationalbibliothek sammelt alles, was in Deutschland publiziert wird, Verlage müssen Belegexemplare dorthin liefern
• www.buchkatalog.de des Buchgroßhändlers Koch, Neff und Volckmar,
• www.ebook.de des Buchgroßhändlers Libri
• Gut sortierte Buchhandlungen

Die Auswertung kann grundsätzlich zwei verschiedene Ergebnisse liefern: Verlag XY hat zu dem anvisierten Thema bereits mehrere Titel am Start. Oder eben
noch gar keines. In diesem Fall ist es vielleicht eine strategische Entscheidung des
Hauses, zu dem von Ihnen gewählten Krankheitsbild nichts zu machen. Oder der
Verlag wird erst durch Ihren Vorschlag so richtig auf Herzkrankheiten oder Schul-
terbeschwerden aufmerksam, veröffentlicht das Buch und beginnt eine neue Reihe.
Weist das Programm eines Verlags bereits mehrere Titel zum gewünschten Projekt
auf, sollten Sie sich keinesfalls abschrecken lassen. Schließlich betrachten die Ver-
lagsverantwortlichen das Themengebiet als interessant. Ihre Aufgabe besteht nun
darin, etwas Neues zu einem bekannten Themengebiet zu liefern. Dies leitet über
zum nächsten Schritt, der Erstellung eines Exposees.

12.3   Das Exposee

Um etwas Neues zu erstellen, muss man das Alte kennen. Deshalb sollten Sie die
bereits veröffentlichten Bücher querlesen. Machen Sie eine Art Daumenkino und
achten Sie auf folgende Dinge:

• Wie ist das Buch aufgemacht: mit Bildern und Grafiken oder ohne? Schwarz-
  weiß oder bunt?
• Möglichkeiten zur Selbsthilfe: Müssen die Leser nach Ansicht der Autoren immer zum Arzt oder können sie zunächst eigenständig nach Lösungen suchen?
• Wie lautet der Behandlungsschwerpunkt: Konzentration auf wenige Therapieverfahren oder Abdeckung des gesamten Spektrums? Oder wird sogar nur ein
  einziges Mittel empfohlen?

- Enthält das Buch: Übungen, Checklisten, Rezepte?
- Testimonials: Kommen Patienten zu Wort?

Das Ergebnis stellen Sie am besten in einer synoptischen Darstellung zusammen, eine Excel-Tabelle hilft. Mit dieser Übersicht vor Augen sollten Sie kreativ werden: Wo ist die Lücke, wo ist Platz für etwas Neues, was gibt es bislang noch nicht und was können Sie jetzt anbieten? Schließen Sie sich mit Ihrem Co-Autor kurz, fragen Sie Ihren Ehepartner und hören Sie sich beim nächsten Grillabend unter Ihren Bekannten um, welches Buch Ihre Freunde zum Thema Rückenschmerzen lesen würden. Und plötzlich, morgens unter der Dusche, haben Sie die Idee für einen neuen Dreh, für einen innovativen Zugang. Denn nur mit einem innovativen Zugang können Sie sich mit einem guten Gefühl an die Verlage wenden. Deutsche Verlage bringen pro Jahr rund 80.000 Neuerscheinungen heraus. Mit anderen Worten: An jedem Werktag (Montag bis Freitag) gibt es über 300 neue Titel im Land. Nur wenn Sie etwas Neues anbieten, haben Sie eine Chance, dass man sich mit Ihrem Vorschlag weiter beschäftigt.

Der neue Dreh ist gefunden. Im nächsten Schritt erstellen Sie ein Exposee, um den Verlagen Ihr Projekt vorzustellen. Im Exposee skizzieren Sie Ihr Projekt und beantworten die Fragen, die Ihnen jeder Verlag stellt:

- Vor- und Zuname der Autoren, Geburtsjahr
- Anschrift
- Berufliche Laufbahn, akademischer Werdegang, Arbeitsgebiete. Das ist so etwas wie Ihr XING-Profil in ganzen Sätzen oder der Text für die Rubrik: „Über den Autor" auf der Rückseite des Buches.
- Arbeitstitel Ihres Buches und Untertitel
- An wen richtet sich das Buch genau? Welche Patientengruppe? Sie können ein Buch zum Thema Knie zum Beispiel nur für Arthrose-Patienten verfassen oder eines für alle Altersgruppen von jung bis alt schreiben.
- Welchen Nutzen ziehen die Leser aus Ihrem Buch?
- Was ist das Neue an Ihrem Buch? Was ist Ihr Alleinstellungsmerkmal, Ihr USP? Womit begeistern Sie?
- Marktübersicht: Welche Konkurrenztitel gibt es und warum hebt sich Ihr Buch von diesen Titeln ab?
- Fassen Sie den Inhalt in fünf Sätzen zusammen. Das ist Ihr Vorschlag für den Klappentext, den Sie auf der Rückseite jedes Buches finden.
- Inhaltsverzeichnis
- Geplanter Umfang
- Illustration: mit Bildern oder ohne, farbig oder bunt?

- Bis wann können sie Ihr Manuskript liefern?
- Wie können Sie und Ihr Co-Autor zur Vermarktung des Buches beitragen? Halten Sie Vorträge, machen Sie Pressearbeit, sind Sie auf Plattformen wie XING aktiv?

12.4 Kontaktaufnahme mit Verlagen

Jetzt müssen Sie Ihre Idee nur noch an den Mann bringen, sprich: einen Verlag finden, der sich für Ihr Projekt genauso begeistert wie Sie selbst.

> **Praxistipp** Wer ein Buch veröffentlichen will, hat meist auch eine genaue Vorstellung, in welchem Verlag dies passieren soll. Die Aufmachung der bisher dort erschienen Bücher, das Marketing oder die Präsentation im Buchladen ziehen einen an. Machen Sie eine Liste mit Ihren Wunsch-Verlagen. Nehmen Sie in diese Liste mindestens 20 Verlage auf. Beginnen Sie mit Position eins und arbeiten Sie sich durch.

Schauen Sie auf den Homepages der Verlage nach, welcher Weg Ihnen dort angeboten wird. Mittlerweile gibt es etliche Häuser, die online ihre Fragebogen hinterlegt haben. Da Sie bereits ein Exposee in den Händen halten, geht das Ausfüllen ruck zuck über die Bühne. Der zweite Weg ist der klassische, der analoge Weg. Jedes Buch hat ein Impressum. Das finden Sie entweder ganz vorne oder auf den letzten Seiten. Hier sind meistens die Lektoren namentlich vermerkt, die den Titel betreut haben. Damit haben Sie Ihren Ansprechpartner in den Verlagen gefunden. Lassen Sie sich durchstellen und nutzen Sie die ersten 20 Sekunden, die Sie am Telefon haben, um Ihr Projekt kurz vorzustellen. Machen Sie sich hierzu am besten einen Sprechzettel, auf dem Sie a) den geplanten Buchtitel, b) das Neue Ihres Titels, c) den Kundennutzen und d) drei Stichworte zu den Autoren notiert haben. Das müssen Sie loswerden, bevor Ihr Ansprechpartner Luft holen und nachfragen kann.

Lektorinnen sind meist sehr nette Menschen. Sie hören Ihnen freundlich zu, wollen noch zwei, drei Dinge wissen und bitten dann um die Zusendung des ausführlichen Exposees. Rechnen Sie nun nicht damit, dass dies bereits eine Zusage für eine Veröffentlichung ist. Das Finden eines Verlages schult Ihre Nehmerqualitäten und Ihre Geduld. Haben Sie online Kontakt aufgenommen, können Sie davon ausgehen, dass nicht jeder Verlag antwortet. Und das Ergebnis der freundlichen Telefonate mit dem Lektorat ist auch meist ein Brief, in dem es heißt, der vorgeschlagene Titel passe leider nicht ins Programm. Und man wünscht Ihnen viel Glück für die weitere Suche. Egal, Sie putzen sich den Mund ab und machen weiter. So lange, bis Sie eine Zusage haben. Auch wenn es erst bei dem 35. Verlag ist. Mancher Verlag möchte sich, bevor er mit Ihnen ein Buch herausgibt, von Ihrer Qualität als Autor überzeugen. Er fordert ein Probekapitel im Umfang von 10 bis 15 Seiten an. Haben Sie diese Hürde genommen, bekommen Sie einen Vertrag zugeschickt, der die gegenseitigen Rechte und Pflichten regelt. Er beinhaltet einen Arbeitstitel, wie umfangreich Ihr Manuskript sein soll, wann Abgabeschluss ist, dass Sie als Autor in aller Regel die Rechte an dem Werk an den Verlag abtreten, der es in allen erdenklichen Formen verbreiten kann. Und im Vertrag ist die Höhe Ihres Honorars definiert. Im Gegenzug verpflichtet sich der Verlag, Ihr Werk in angemessener Form herauszubringen, es zu vermarkten und bei ausreichend großer Nachfrage nachzudrucken. Ich habe die Erfahrung gemacht, dass man als Autor manche Details mitbestimmen und ändern kann („Ich gebe das Manuskript zwei Wochen später ab als ursprünglich besprochen"), beim Honorar oder der Ausstattung des Buches (schwarz-weiß oder bunt, Soft- oder Hardcover) gibt es dagegen viel seltener Spielraum.

12.5 Das Manuskript erstellen

Sie haben den unterzeichneten Vertrag in die Post gegeben, jetzt läuft die Sanduhr. Machen Sie sich einen realistischen Zeitplan und versuchen Sie ihn so gut wie möglich einzuhalten. Sie müssen in aller Regel zwei große Schritte gehen:

1. In der Recherchephase sprechen Sie mit Ihrem Co-Autor, dem Chef- oder Oberarzt, und Sie lesen viel, in anderen Fachbüchern und im Internet.
2. In der Produktionsphase ordnen und strukturieren Sie die Ergebnisse und bringen sie zu Papier.

Machen Sie hierzu einen Test, wie lange Sie für das Erstellen von, sagen wir drei bis vier Manuskriptseiten, brauchen. Dann können Sie leicht hochrechnen, wie viel Zeit Sie für das gesamte Manuskript veranschlagen müssen.

Ein Buch ist kein Pressetext. Ein Buch macht viel mehr Arbeit als ein Pressetext und erfordert einen langen Atem. Ein Pressetext hat rund 2500 Anschläge inklusive Leerzeichen. Hängen Sie nun noch zwei Nullen dran, dann haben Sie die Größenordnung für ein Buch, also ab 250.000 bis 270.000 Anschlägen sind Sie dabei. Damit diese Zahl nicht lähmt, empfiehlt es sich, mit dem Schreiben so früh wie möglich zu beginnen und hierbei zunächst so viel Masse wie nur möglich zu machen. Das gibt Ihnen ein gutes Gefühl, dass Sie die Sache auch wirklich schaffen. Je mehr Text Sie erstellt haben, desto zuversichtlicher werden Sie, dass

Sie den verbliebenen Rest auch noch gut erledigen können. Wenn Sie dagegen an den ersten drei Manuskriptseiten viele Tage lang herumdoktern, bis Sie mit dem vorläufigen Ergebnis zufrieden sind, kommt keine rechte Freude auf. Denn nach den ersten drei Seiten heben Sie Ihren Blick und erschrecken über die vielen vielen Seiten, die nun immer noch zu schreiben sind. Machen Sie die Feinarbeiten ganz zum Schluss. Dann haben Sie Ihren Abgabetermin vor Augen. Dieser diszipliniert und verhindert uferlose Korrekturrunden mit sich selbst.

> **Praxistipp** Binden Sie in Ihren Ablaufplan sofort Ihren Co-Autor ein. Fixieren Sie mit ihm die notwendigen Termine. Planen Sie zwei oder drei Termine mehr ein als Sie wirklich brauchen. Ihr Co-Autor ist Arzt, da kommt schon mal was dazwischen, eine Not-OP zum Beispiel. Oder eine Fachtagung, an die er gar nicht gedacht hatte. Und bauen Sie ausreichend Puffer ein für Ihre eigenen Auszeiten: Urlaub, Grippe und „heute keine Lust".

Sie wollen einen Ratgeber für Patienten erstellen. Dann setzen Sie deren Brille auf und haken bei Ihrem Co-Autor stets so lange nach, bis dieser Ihnen höchst verständliche Antworten gibt. Hieraus können Sie einen Text erstellen, den auch betagtere Käufer ohne medizinische Vorkenntnisse gerne lesen. Es ist wie beim Anfertigen einer Pressemeldung: Sie sind in der Rolle des „Erstlesers", wenn Sie die Sachverhalte durchdrungen haben und in einfachen Worten wiedergeben können, dann gefällt auch den Kunden das Buch. Wobei Sie die Vereinfachung nicht zu weit treiben dürfen.

Schreibt ein Arzt für Patienten, gleicht das einem Spagat. Einerseits muss das Buch einfach und verständlich sein. Andererseits darf das Werk nicht zu simpel daherkommen, denn der Mediziner hat immer seine „Community", also die stets kritischen Fachkollegen, im Blick. Gegenüber diesen will er auch mit einem Laienratgeber seinen Ruf festigen und mehren.

> **Praxistipp** Fragen Sie sich beim Schreiben: Geht's noch einfacher? Kann ich es noch mehr zuspitzen? Und ist der Sachverhalt immer noch medizinisch korrekt dargestellt?

Machen Sie Dinge anschaulich, zeigen Sie Beispiele, machen Sie Mut und schildern Sie Erfolgsgeschichten. Am besten gelingt das in einem Patientenratgeber mit: Patientengeschichten. Ihr Co-Autor hat viele Menschen behandelt und kennt die Ergebnisse. Außerdem kann er gut einschätzen, wie intro- oder extrovertiert die Leute sind, ob sie also damit einverstanden, dass andere Menschen ihre Geschichte nachlesen können. Telefonisch können Sie sich die Geschichte erzählen lassen, deren schriftliche Ausarbeitung Sie anschließend Ihrem Gesprächspartner zur Freigabe zuschicken. Fragen Sie auch gleich nach, ob Ihr Testimonial damit einverstanden wäre, wenn eventuell eine Zeitschrift aus der Geschichte einen Artikel samt Fotos machen möchte. Dies könnte passieren, wenn bei der späteren Vermarktung des Buches die Journalisten der bunten Blätter bei diesem Köder anbeißen.

Bevor Sie Ihr Manuskript zu Papier bringen, fragen Sie unbedingt beim Lektorat nach, in welcher Form dies geschehen soll. Manche Verlage haben Vorlagen, in die Sie Ihren Text hineinfließen lassen können. Oder aber Sie erstellen ein simples Word-Dokument ohne viel Schnick-Schnack. Formatieren Sie nichts! Und verzichten Sie auf jeden Fall auf ein Trennhilfeprogramm. Alles, was Sie hier einfügen, muss später wieder mühsam von Hand entfernt werden.

> **Praxistipp** Kaum ein anderes Werk macht Ihnen in der Zeit der Erstellung so viel Arbeit wie Ihr Buch. Da fließen literweise Herzblut. Schützen Sie Ihren Schatz. Machen Sie Sicherungskopien auf ein bis zwei USB-Sticks, hinterlegen Sie Ihren Text in der Cloud, machen Sie Papierausdrucke.

Ich selbst bin bei meinem allerersten Buch nur kurz an einer Katastrophe vorbeigeschrammt: Ohne Netz und doppelten Boden (außerdem gab es damals noch keine Clouds) verschicke ich meine finale Datei ans Lektorat – und genau nach dem Versand dieser E-Mail gibt der Computer nur noch Klack-Klack-Geräusche von sich: Er ist im Eimer.

Während Sie munter am Recherchieren und Tippen sind, kann es Ihnen passieren, dass sich Ihr Verlag zwischenzeitlich meldet und schon jetzt, lange Zeit vor Fertigstellung des Manuskripts, einige Dinge von Ihnen wissen will und benötigt. Hierzu zählen Textvorschläge für das Cover, Ihre Autorenporträts als Text (Dr. med. Mustermann ist Facharzt für Chirurgie und Viszeralchirurgie…) und Ihre Porträts als Fotos.

Ihre Fotos prangen auf der Rückseite des Buches. Jahrelang. Und der Verlag und Sie verwenden die Bilder für Pressearbeit. Sie können also ganz groß heraus kommen und in bundesweiten Medien erscheinen. Sparen Sie deshalb nicht bei den Kosten für Ihr Porträt. Lassen Sie einen Profifotografen die Bilder machen. Schauen Sie sich vorab seine Ergebnisse an, ob Sie so abgelichtet werden wollen und finden Sie einen Fotografen Ihres Vertrauens. Da ein Bild bekanntlich mehr als tausend Worte sagt, vermittelt das Porträtfoto auf dem Buch dem potenziellen Leser einen ersten wichtigen Eindruck, wer die Autoren sind, wie sie „rüberkommen".

▶ **Praxistipp** Sobald Sie Ihren Autorenvertrag unterzeichnet haben
und hier definiert ist, dass Sie ein Porträt beisteuern sollen, machen Sie
einen Termin beim Fotografen aus. Und einen Tag vorher beim Friseur.
Und testen Sie Ihre Garderobe: welcher Anzug, welches Hemd, mit oder
ohne Krawatte? Womit fühlen Sie sich wohl?

Sobald Ihr Co-Autor und Sie selbst mit dem Text zufrieden sind, lassen Sie Ihren
Computer eine erste Rechtschreibprüfung vornehmen. Den zweiten Testlauf absolvieren Sie mit Hilfe eines bislang nicht beteiligten Dritten: Ihre Frau, ein guter Bekannter
oder ein Sportsfreund aus dem Fitness-Studio haben sich bereit erklärt, Ihr Manuskript durchzulesen und Sie auf Rechtschreibfehler, unverständliche Darstellungen
oder Stilblüten aufmerksam zu machen. Anschließend schicken Sie das Manuskript
an das Lektorat. Dann heißt es warten, warten auf den Moment der Wahrheit. Nach einiger Zeit bekommen Sie Ihren Text zurück mit den Anmerkungen und Korrekturen,
die der Verlag für notwendig erachtet. Manches erscheint Ihnen plausibel, anderes
nicht, Sie arrangieren sich mit der Lektorin und am Ende steht der fertige Text.

Dieser wird nun gesetzt und in die Form gebracht, die dem späteren Aussehen
sehr nahe kommt. Auch hier sind Sie wieder gefordert, denn auf dem Weg vom
Text zum fertigen Satz können sich Fehler einschleichen, die Sie und Ihr Co-Autor beheben sollten. Haben Sie schließlich alle Korrekturrunden gedreht, heißt es
warten auf den großen Moment: Ihre Autorenexemplare treffen ein. Jeder Autor
bekommt eine bestimmte Anzahl an Freiexemplaren, jetzt öffnen Sie das Päckchen
und Sie sind von Stolz erfüllt. Monate intensiver Arbeit liegen hinter Ihnen, jetzt
halten Sie das Ergebnis in Ihren Händen.

12.6 Die Vermarktung

Und spätestens an diesem Tag beginnen Sie mit der Vermarktung. Sie erzählen es
in Ihrem Bekannten- und Freundeskreis: Mein Buch ist da! Ihr Co-Autor macht
das Gleiche. Vielleicht sind Sie ja auf Plattformen wie XING unterwegs. Dann
haben Sie in den zurückliegenden Monaten hier und da gepostet, dass in Kürze
ein sehr lesenswertes Buch mit den neuesten Tipps und Tricks zur Vorbeugung
und Behandlung von Rückenschmerzen erscheint. Wenn nicht, posten Sie nun die
Neuigkeit in die Welt hinaus.

Krankenhausintern machen Sie auf das Buch aufmerksam. Die Pressemeldung
hierzu erscheint in der Mitarbeiterzeitung genauso wie in Ihrem aktuellen Patientenmagazin. Flyer, die Ihnen der Verlag zur Verfügung stellt, legen Sie in der Klinik aus. In der wöchentlichen Chefarztrunde stellt der Geschäftsführer Ihrer Klinik
die Neuerscheinung vor.

▷   **Praxistipp**   Das Buch ist auf dem Markt und Ihr Co-Autor ist jetzt auch
    ganz offiziell Buchautor. Dieses Etikett verpassen Sie ihm ab sofort bei
    jeder Erwähnung. In jeder Pressemeldung taucht dieser Hinweis auf.
    Natürlich mit Nennung des Buchtitels.

Da Sie Ihr Buch in einem renommierten, etablierten Verlag herausbringen, kümmert sich auch dieser um die Werbung für Ihr Werk. Schon Monate vor dem Veröffentlichungstermin kündigt der Verlag online und offline Ihre Neuerscheinung an,
gemeinsam mit den anderen Erstveröffentlichungen. Er erstellt Broschüren und
Flyer mit Hintergrundinformationen. Handelsvertreter strömen aus, um in Buchhandlungen für Ihr Werk zu werben und Vorbestellungen auszulösen. Rund um
den Veröffentlichungstermin schaltet sich die Presseabteilung des Verlages ein und
informiert die passenden Fach- und Publikumsmedien über Ihr Buch.

▷   **Praxistipp**   Als PR-Profi sind Sie vom Fach. Nutzen Sie Ihre Kontakte
    und versorgen Sie Ihre Journalisten ebenfalls mit einer Presseinforma-
    tion zu Ihrem eigenen Buch. Die Verlage haben meist das Große und
    Ganze im Blick, sie denken deutschlandweit, in die Regionen schauen
    die Verlage eher selten, so dass Sie hier Ihre Stärke, sprich Ihre guten
    Drähte zu den Medien, ausspielen sollten.

Holen Sie das Maximum aus Ihrem Buch heraus. Das heißt, eine Pressemeldung
ist viel zu wenig, um auf Ihr Werk aufmerksam zu machen. Natürlich bietet es sich
an, zunächst in der lokalen und regionalen Presse einen allgemeinen Hinweis zu
platzieren. Doch Sie können viel mehr:

* Patientengeschichten: Wie oben bereits angedeutet, ist der eine oder andere Patient, der im Buch zu Wort kommt, auch zu einer größeren Magazingeschichte
  bereit. Klopfen Sie bei den überregionalen Zeitschriften das Interesse ab. Vorher werfen Sie einen Blick in diese Hefte, um herauszufinden, welche Yellow
  Press-Titel überhaupt Patientengeschichten bringen. Es sind mehr als Sie auf
  den ersten Blick vermuten!
* Was jeder selbst tun kann: Viele, vor allem überregionale Medien, legen großen
  Wert auf Tipps und Hinweise zur Selbsthilfe. Nutzen Sie das und stellen Sie die
  fünf oder sieben oder zehn besten Tipps zusammen und bieten Sie diese Aufstellung den Medien an. Plus dem Hinweis, dass der geneigte Leser noch viel
  mehr Ratschläge in Ihrem neuen Buch finden kann.

- Solch eine Liste mit den fünf oder sieben oder zehn besten Therapiekonzepten sollten Sie ebenfalls für alle Maßnahmen außerhalb des OP erstellen. Konservative Alternativen kommen bei Journalisten immer gut an.

- Und wenn Sie den Fokus auf die Operationen legen, dann mit dem Hinweis, dass diese minimal-invasiv, also maximal schonend durchgeführt werden, bestens bewährt und erprobt sind und sich auf High-Tech-Niveau bewegen.

Um das Buch gut zu vermarkten, sollte Ihr Co-Autor recht häufig Vorträge vor Laienpublikum halten. Für diese Menschen ist das Buch geschrieben. Wie Sie optimal Vorträge organisieren, lesen Sie in Kap. 8 nach.

> **Praxistipp** Klären Sie mit Ihrem Verlag ab, ob er Sie bei der Vorbereitung und Durchführung von Vorträgen unterstützt. Kann und will Ihr Verlag die Vorträge ganz alleine organisieren? Wird daraus sogar eine kleine oder größere Tournee oder Lesereise? Oder kann Ihr Verlag lediglich Plakate und Flyer zur Verfügung stellen? Die Plakate haben am Fuß einen weißen breiten Streifen, um die Termine einzutragen.

Binden Sie für die Vortragsveranstaltungen den Buchhandel ein. Rechtzeitig geplant, können in den Buchläden eigens Büchertische zum Themengebiet (Allergien, Gelenkbeschwerden, Herz- und Kreislauferkrankungen) zusammengestellt werden. Und am Abend des Vortrags ist eine Buchhandlung vor Ort und verkauft das Werk des Referenten. Wenn er gut ist, begeistert und überzeugt, dann kann es Ihnen passieren, dass am Ende der Veranstaltung Menschen mit dem Buch in der Hand Schlange stehen, weil sie eine Widmung vom Doktor haben möchten. Und von Ihnen als Co-Autor auch.

Da Sie ein gutes Buch geschrieben haben, das von vielen Medien positiv besprochen wird, ist die erste Auflage schnell vergriffen. Ein schöner Moment, der wieder für Arbeit sorgt. Der Verlag wendet sich an Sie und fragt an, ob es im Vergleich zur ersten Auflage Änderungen gibt. In der Regel haben Sie hierfür nur eine ganz kurze Bearbeitungszeit. Stellen Sie mit Ihrem Co-Autor die notwendigen Änderungen zusammen, dann geht die zweite Auflage in Druck.

Und wieder ist ein Aufhänger für Presseaktivitäten gefunden: die zweite Auflage. Das ist schon etwas ganz Besonderes, denn viele Bücher liegen wie Blei in den Regalen des Buchhandels, überspringen diese Hürde nicht und enden als Ramschware. Nicht so Ihr Werk, das auf große Resonanz stößt und deshalb vom Verlag nachgedruckt werden musste. Die Tatsache als solche ist schon eine Meldung wert. Und überprüfen Sie, welche der Aktualisierungen in der zweiten Auflage Sie in Ihrer Pressemeldung erwähnen könnten.

12.7 Die Alternative: die Patientenbroschüre

Gemeinsam mit einem Arzt ein eigenes Buch in einem Verlag zu veröffentlichen, ist eine große Nummer. Vor allem müssen Sie einen Verlag finden und Sie müssen einen Arzt als Mitstreiter haben, der sich ausreichend Zeit nehmen kann, gemeinsam mit Ihnen viele Seiten zu füllen, damit daraus ein Buch wird. Nicht immer sind diese Voraussetzungen gegeben, nicht immer finden Sie trotz aller Hartnäckigkeit einen Verlag und nicht immer hat Ihr ärztlicher Co-Autor ein so großes Mitteilungsbedürfnis, dass daraus gleich eine ganze Monographie wird.

Die Alternative lautet: die kleine Patientenbroschüre. Die bringen sie als Krankenhaus selbst heraus. Das kleine Heft erscheint in einer Reihe Ihrer Klinik, in der Sie nach und nach die populärsten und wichtigsten Vorträge Ihrer Mediziner zu Papier bringen und somit den Gästen der Vortragsveranstaltungen sowie den Patienten etwas an die Hand geben, das sie mit nach Hause nehmen können. Die kleine Patientenbroschüre entsteht so:

1. Überlegen Sie sich ein geeignetes Format für Ihre Publikation. Da Sie nur wenige Seiten füllen, wählen Sie am besten ein Format, das etwas kleiner als DIN A 5 ist. Dadurch kommt eine ausreichend große Anzahl an Seiten zusammen und das Werk wirkt wichtig genug.
2. Lassen Sie Ihren Grafiker ein paar Coverentwürfe sowie Musterseiten kreieren und wählen Sie die besten Ideen aus. Prüfen Sie außerdem, ob Sie die Aussagen im Text durch grafische Darstellungen illustrieren wollen und welcher Grafiker dies umsetzen kann.
3. Überlegen Sie sich ein inhaltliches Format und einen Titel, der sich bei allen künftigen Broschüren wiederholt nach dem Motto: „Schulterschmerz: Das wollen Patienten wissen" oder „Schulterschmerz: die häufigsten Fragen und Antworten" oder „Schulterschmerz: die Mustermann-Klinik informiert".
4. Ist die Systematik definiert, geht es an den Inhalt. Entweder hat Ihr Arzt schon einen Textentwurf erarbeitet oder Sie erstellen im engen Zusammenspiel mit dem Mediziner den Text. Das Vorgehen gleicht hierbei der Texterstellung für ein Buch oder der Erstellung einer Pressemeldung: Sie geben sich erst zufrieden mit den Ausführungen, wenn Sie sie komplett verstanden haben, sie formulieren so einfach wie möglich und so komplex wie nötig. Ihr Stil ist lebendig, bildhaft und motivierend.
5. Wer bezahlt's? Wie schon im Kapitel über Ihre erfolgreiche Gesundheitsmesse dargelegt, gibt es in Ihrer Stadt mit Sicherheit potenzielle Sponsoren: Sparkassen, Volks- und Raiffeisenbanken, Krankenkassen und so weiter. Zeigen Sie Ihren potenziellen Sponsoren einen weit gediehenen Entwurf, so dass Ihre

Ansprechpartner in dem Dummy blättern können und sehen, wo ihr Logo platziert werden soll.

6. Der Druck. Loten Sie aus, ob Sie bei einer klassischen Druckerei oder einer Online-Druckerei produzieren lassen. Das hängt davon ab, wie viel Beratungsbedarf Sie haben hinsichtlich einzelner Elemente wie Papierqualität, Wahl des Umschlags oder Bindung. Meist können Ihnen hier auch die Grafiker und Agenturen weiterhelfen, mit denen Sie bereits Ihre Werbeanzeigen gestalten.

7. Die Verteilung. Um Streuverluste zu vermeiden und die Wertigkeit Ihrer Broschüre zu betonen, erhalten nur zwei Zielgruppen Freiexemplare: jene Menschen, die zum Vortrag des Arztes kommen und jene Patienten, die zum Arzt in die Sprechstunde gehen.

12.8 Checkliste

Checkliste: Schreib doch mal ein Buch: Gesundheitsratgeber als Marketing-Instrument

- Finden Sie einen Chef- oder Oberarzt, der gerne ein Buch verfassen möchte
- Klären Sie die Autorenfrage: der Arzt alleine, mit Ghostwriter, mit externem Co-Autor oder mit Ihnen als Co-Autor?
- Erstellen Sie ein Exposee und finden Sie einen innovativen Zugang zum Thema
- Ist der Vertrag mit dem Verlag unterzeichnet, machen Sie sich einen realistischen Zeitplan
- Fangen Sie sofort mit der Arbeit an dem Buch an
- Machen Sie sich von Ihrem Text eine, besser zwei, Sicherungskopie(n). Immer. Unbedingt!
- Lassen Sie professionelle Porträtfotos machen, auf denen Sie sich gefallen
- Wenn das Buch auf dem Markt ist, titulieren Sie in jeder Pressemeldung Ihren Arzt als Buchautor und nennen den Buchtitel: „Doktor Mustermann, Unfallchirurg und Autor des Buches: ‚Schulterschmerzen müssen nicht sein'"
- Ergänzen Sie die Pressearbeit des Verlages auf lokaler und regionaler Ebene
- Organisieren Sie Vorträge mit Ihrem frisch gebackenen Buchautor

Und dann machen wir noch etwas im Internet: Professionelle Websites, Bewertungsportale und Youtube-Videos erstellen

13

Als Klinik sind zur (Neu-)Gewinnung von Patienten die Instrumente Pressearbeit und Veranstaltungsorganisation extrem wichtig. Darüber hinaus muss Ihr Haus auch im Internet eine gute Figur machen. Immer mehr potenzielle Patienten machen sich online ein Bild über Ihre Klinik, bevor sie dort einen Termin für eine Sprechstunde oder gar für eine Operation wahrnehmen. Die Generation der „Silver Surfer" wächst und es sind genau die Menschen ab 50 Jahren, die einen Großteil Ihrer Patienten ausmachen. Wenn die Betroffenen nicht selbst online gehen, dann haben sie mit Sicherheit Kinder, Enkel andere Verwandte oder die Nachbarn, die für sie die gewünschte Onlinerecherche erledigen. Also haben Sie bei der Gestaltung und Optimierung Ihrer Homepage in besonderer Weise die Zielgruppe der älteren Patienten im Blick.

Da Ihr Krankenhaus mit Sicherheit schon seit vielen Jahren online ist, stehen Sie in Ihrem PR-Praxisalltag nicht vor der Frage eines völligen Neuaufbaus eines Internetauftritts. Sondern es geht darum, entweder diesen in seinen laufenden Strukturen zu pflegen und auf dem aktuellen Stand zu halten. Oder Sie und Ihre Geschäftsführung stehen vor der Aufgabe, wenn die Webpräsenz Ihrer Klinik zu arg angestaubt wirkt, frische Luft hereinzulassen und mit einer Neugestaltung zu überzeugen. In diesem Kapitel finden Sie Hinweise und Tipps zur optischen Gestaltung Ihrer Homepage sowie zu inhaltlichen Aspekten Ihres Internetauftritts. Doch bevor wir richtig einsteigen, ein wichtiger Hinweis zu einer zentralen Frage:

Wer hat den Zugriff auf die Homepage? Es ist manchmal ein Graus: Es gibt zwar eine Homepage, aber mit Inhalten befüllen kann und darf sie nur die Agentur, die die Seite kreiert und gebaut hat. Jede Neuigkeit und jede Änderung wird per

© Springer Fachmedien Wiesbaden 2015
R. Schäfer, *Erfolgreiche PR-Arbeit für Krankenhäuser,*
DOI 10.1007/978-3-658-06361-0_13

E-Mail durch halb Deutschland geschickt, ehe der neue Text und die neuen Bilder auf der Website landen. Und dann mitunter in der falschen Rubrik. Um diese Zeitverzögerung und diese Abhängigkeit zu unterbinden, sollten Sie selbst den direkten Zugriff auf die Klinikhomepage haben. Ein Content-Management-System erlaubt es Ihnen, Inhalte eigenständig online zu stellen. Der vielleicht nötige Schulungsaufwand zu Beginn wird sich mit Sicherheit mittel- bis langfristig auszahlen. Wenn Sie selbst den Zugriff auf die Website haben, sind Sie möglicherweise viel motivierter, diese regelmäßig zu aktualisieren als wenn Sie jeweils Dritte einbinden müssen.

13.1   Wie kommen wir an? Marktforschung leicht gemacht

Marktforschung à la Mutti Das Konkurrenzhaus ist immer nur einen Klick entfernt. Also sollten Sie darauf achten, dass der erste Eindruck sitzt. Wie frisch und übersichtlich wirkt Ihre Homepage? Finden sich die Besucher schnell zurecht und können sie intuitiv navigieren? Hören Sie sich hierzu doch einfach einmal in Ihrer Familie um, „Frag Mutti" ist immer ein guter Ausgangspunkt für eine zielgruppengerechte Optimierung. Denn schließlich sind es ja vor allem ältere und alte Menschen, die ins Krankenhaus müssen und sich vorher über das Haus informieren wollen. Sie erfahren schnell, wie es um die Benutzerfreundlichkeit steht, ob Ihre Mutter die Texte versteht und was sie vielleicht anders machen würde.

„Deutschlands beste Klinik-Website" Gründlicher, systematischer und sogar mit wissenschaftlicher Begleitung kann die Analyse Ihres eigenen Internetauftritts vonstattengehen, wenn Sie an dem Wettbewerb „Deutschlands beste Klinik-Website" teilnehmen. Veranstalter ist die „Initiative Medizin Online" in Frankfurt/Main, die wissenschaftliche Beratung obliegt Prof. Dr. Dr. Frank Elste von der Dualen Hochschule Baden-Württemberg – Bad Mergentheim und unterstützt wird der Wettbewerb von der Novartis Pharma GmbH. Seit 2003 gibt es diese Veranstaltung, an der sich in den vergangenen Jahren immer mehr Kliniken beteiligt haben, so dass die Verantwortlichen nun nur noch eine begrenzte Anzahl an Teilnehmern zulassen. So heißt es für Sie, jeweils ab dem 1. Mai hier nachzuschauen, ob Sie sich schon anmelden können: www.imedon.de
Das Mitmachen hat zwei große Vorteile:

- Es ist kostenlos (Stand 2014)
- Sie bekommen als Teilnehmer eine ausführliche Auswertung über die Qualität Ihrer Website. Die Kriterien sind umfassend und reichen von Design & Gestaltung über die Bedienung und medizinische Infos bis zur Frage, ob Ihr Im-

pressum komplett ist. Mit solch einer Auswertung in der Hand, können Sie sich daran machen, Ihre Homepage zu optimieren. Pro bewertete Rubrik finden Sie jeweils die Kliniken, die in den Kategorien am besten abgeschnitten haben. Sie sehen sofort, wo die Messlatte liegt.

Und wenn Sie nicht selbst mitmachen möchten, dann können Sie sich ganz einfach im Internet ansehen, wie die Siegerseiten aussehen. Nachdem die Jury ihr Votum abgegeben und die Gewinner gekürt hat, sind die besten zehn Websites auf www. imedon.de hinterlegt.

13.2 Auf den ersten Blick alles erfassen

Schon auf der Startseite Ihrer Klinikhomepage müssen alle Informationen zu allen wichtigen Einrichtungen und organisatorischen Hinweisen anzusteuern sein. Eine Aufteilung in folgende Rubriken bietet sich an:

- Aktuelles
- Patienten und Besucher (Informationen zu Besuchszeiten, Parkplätzen, notwendige Unterlagen für die Aufnahme)
- Leistungen und Angebote (Ihre Fachabteilungen stellen sich samt Teams vor)
- Wir über uns (Geschichte, Leitbild)
- Karriere (offene Stellen, Ausbildungsmöglichkeiten)
- Pressebereich
- Zuweiser

Was Menschen dort nicht auf Anhieb finden, recherchieren sie möglicherweise über ein eigenes *Suchfeld*, in das sie ihre Suchwörter eingeben. Solch ein Suchfeld sollte Ihre Website haben, am besten oben rechts. In diesem Feld steht „Begriff eingeben", die beiden Wörter verschwinden beim Anklicken und Ausfüllen.

Sorgen Sie dafür, dass sämtliche Veranstaltungen an Ihrem Krankenhaus und mit Referenten Ihres Hauses an externen Veranstaltungsorten auf Ihrer Homepage gut sichtbar angekündigt werden. Die Rubrik „Aktuelles" sollte wirklich aktuelle Meldungen enthalten und regelmäßig gepflegt werden.

Viele Leute suchen nach medizinischen Informationen, viele Besucher Ihrer Homepage haben aber auch einen Klinikaufenthalt vor Augen und müssen deshalb schnell herausfinden können, wie die Besuchszeiten für die Angehörigen sind. Außerdem ganz wichtig: Welche Unterlagen brauche ich zum Einchecken in der Klinik und welche Dinge des persönlichen Bedarfs kommen in die Reisetasche? Eine solche Aufstellung könnte so aussehen:

Zur Anmeldung

- Gesetzlich Versicherte: Versichertenkarte
- Privatversicherte: Klinik-Card oder Nachweis der Krankenzusatzversicherung

Medizinische Unterlagen und Medikamente

- Aktuelle Befunde: MRT-Bilder auf CD
- Schriftlicher Befund
- Röntgenbilder
- Laborwerte
- EKG
- Allergiepass
- Eine Liste aller Medikamente, die Sie einnehmen
- Die Medikamente, die Sie einnehmen, für die Zeit Ihres Aufenthalts

Zahnbürste und Co.

- Schlafanzug oder Nachthemd
- Bademantel oder Jogginganzug
- Rutschfeste Hausschuhe
- Handtücher
- Waschlappen
- Hygieneartikel: Zahnbürste, Zahnpasta, Kamm etc.
- Bitte lassen Sie Wertgegenstände wie teure Uhren oder Schmuck zuhause. Das gilt auch für größere Summen an Bargeld.

Am Tag der Entlassung bekommen Sie von uns

- Arztbrief, dieser ist für Ihren Hausarzt / Facharzt bestimmt, der Sie zu uns überwiesen hat
- Krankmeldung für Ihren Arbeitgeber
- Informationsmaterial über Ihre Erkrankung / Verletzung und die weiteren Behandlungsmöglichkeiten
- Weiterbehandlungsplan

Am Tag der Entlassung bekommen wir von gesetzlich Versicherten

- 10 € Eigenanteil pro Tag, bitte in bar bereithalten

Mit solch einer detaillierten Aufstellung, die auch auf die Zahnbürste hinweist, machen Sie sich unter Ihren künftigen Patienten viele Freunde. Denn ein Krankenhausaufenthalt ist für viele Menschen alles andere als Routine und auch etwas anderes als ein Urlaub. Hier wissen die meisten schon, was in den Koffer muss. Fürs Krankenhaus dagegen ist es gut, wenn Sie es ganz genau aufschreiben.

13.3   Unsere Website funktioniert einfach: technische Hinweise

Dokumente zum Herunterladen Einen perfekten Service bieten Sie Ihren Patienten, wenn sie sich solche Listen wie oben erwähnt bequem als pdf herunterladen können. Download-Bereiche finden sich in verschiedenen Rubriken Ihrer Website, bei allgemeinen organisatorischen Hinweisen für Patienten genauso wie in den einzelnen Fachabteilungen. So können Sie in der Klinik für Unfallchirurgie einfache Gymnastikübungen bereitstellen samt Illustrationen für Zuhause für jene Patienten, die sich ein künstliches Kniegelenk haben implantieren lassen. Oder die Viszeralchirurgie hinterlegt ihre Flyer zur Schilddrüse und zum Sodbrennen ebenfalls als pdf. Solche Dateien müssen nicht mehr eigens erstellt werden, sondern sind während der Produktion des Flyers sowieso entstanden.

Ladezeiten, Links und Browser Achten Sie bei der technischen Umsetzung Ihrer Homepage darauf, dass die Ladezeiten so kurz wie möglich sind. Gerade ältere Zeitgenossen als Besucher Ihrer Website haben überhaupt keine Zeit mehr und sind mitunter recht ungeduldig. Und testen Sie, ob Ihre Homepage auch mit verschiedenen Browsern funktioniert. Klappt die Darstellung mit dem Windows Internet Explorer genauso gut wie mit Mozilla Firefox, Google chrome oder Safari von Apple? Funktionieren die vorgesehenen Links Ihrer Website und leiten tatsächlich an die nächste Seite weiter? Oder geht's irgendwo ins nirgendwo? Und wenn Sie ganz vorne mitspielen möchten, dann optimieren Sie Ihre Homepage auch für tragbare Endgeräte und kümmern sich darum, dass Ihre Website auf Tablets und Smartphones brilliert.

Gut lesbar für alle Weil wir gerade von älteren Besuchern Ihrer Homepage sprechen: Gestalten Sie Ihre Homepage barrierefrei, so dass auch Menschen mit Handicaps diese mit Gewinn besuchen können. Achten Sie auf einen ausreichend großen Kontrast, die hellgraue Schrift mancher Website hebt sich nicht immer im notwendigen Maß vom weißen Hintergrund ab. Das „Triple A" besagt, dass mit einem einfachen Klick die Buchstabengröße geändert werden kann, so etwas soll-

ten Sie haben. Damit die Architektur Ihrer Homepage nicht zu kompliziert ist und
die Orientierung leicht fällt, sollten Ihre Besucher jede gewünschte Information
mit zwei oder maximal drei Klicks erreichen können. Die Funktion „Druckan-
sicht" stellt eine druckfreundliche Variante jeder Seite zur Verfügung und ist ein
empfehlenswerter Service für Ihre Homepagebesucher.

Mehrsprachigkeit In welchem Stadtteil oder in welcher Region ist Ihre Klinik
angesiedelt? Versorgen Sie regelmäßig amerikanische Patienten, wie viele tür-
kische Patienten lassen sich bei Ihnen behandeln oder werben Sie gezielt internationale Medizintouristen aus dem Ausland an, aus arabischen Ländern oder
Russland? Prüfen Sie den Bedarf an einem mehrsprachigen Angebot. Dann hissen
Sie auf Ihrer Startseite die entsprechenden Landesflaggen, hinter denen sich Ihre
Homepage in Türkisch, Englisch, Arabisch oder Russisch präsentiert.

13.4   Mit Bildern Herz und Hirn ansprechen

Bilder Auf Ihrer Website können Sie Ihrer Klinik ein Gesicht geben – oder
sogar ganz viele. Es ist das ideale Medium, um mit geringem Aufwand eine
sehr persönliche Ansprache des Besuchers zu erreichen. Dies ist eine sehr wirk-
same vertrauensbildende Maßnahme. Auf Ihrer Homepage haben alle Platz:
der Geschäftsführer genauso wie der Pflegedienstleiter, die Leitende Hebamme
genauso wie der Küchenchef. Und natürlich sollten Sie die Sekretärinnen und alle
Ärzte der einzelnen Fachabteilungen zeigen, zumindest natürlich den Chef und
seine Oberärzte.

> **Praxistipp** Sie zeigen auf Ihrer Homepage nur professionelle Porträt-
> aufnahmen vor dem gleichen Hintergrund. Passfotos sind tabu. Machen
> Sie für die Erstellung der Bilder einen zentralen Termin aus und heuern
> Sie einen Profifotografen an.

Ergänzen Sie die Bilder der Mediziner mit kurzen biographischen Angaben, schon
wirkt die Präsentation des Fachpersonals sehr persönlich. Und Sie haben die Möglichkeit, auf die Expertise Ihrer Ärzte hinzuweisen. Je nachdem wie renommiert
und aktiv diese sind, ergänzen Sie die biographischen Angaben mit einer Liste der
Veröffentlichungen in Fachzeitschriften, der Mitgliedschaft in Dach- und Fach-
gesellschaften sowie einer Aufzählung der Vorträge vor Fach- und Laienpublikum.
Eine Liste mit Artikeln in der Publikumspresse samt pdf zum Herunterladen rundet
das ärztliche Expertenprofil sehr gut ab. Und weil Sie hier gerade die große Trom-

mel ausgepackt haben: Weisen Sie auf Ihrer Startseite auf sämtliche Zertifikate, Auszeichnungen und Awards hin, die Ihre Klinik eingeheimst hat.

Nur mit Porträtfotos alleine lässt sich keine Website gestalten. Nutzen Sie also das Medium „Bild", um Ihre Einrichtung von der Schokoladenseite zu zeigen. Fotos sprechen viel direkter und viel schneller als Texte die Emotionen des Betrachters an und über Fotos können Sie auf einfachem und schnellem Wege positive Botschaften transportieren. Solche Sachverhalte wie „Vertrauen", „Zuwendung", „Tradition", „Innovation" oder „Offenheit" lassen sich viel besser mit Fotos als mit Texten darstellen. Zeigen Sie Ihre Ärzte und Pflegekräfte bei der Arbeit und im Kontakt mit Patienten. Präsentieren Sie Außenaufnahmen Ihrer Einrichtung. Manche ältere Kliniken weisen eine interessante historische Architektur auf und sind auf einem parkähnlichen Gelände angesiedelt. Schicken Sie Ihren Fotografen im Frühsommer los, wenn Bäume und Blumen in voller Pracht erstrahlen. Alte Gebäude signalisieren: „Wir sind immer schon da und kümmern uns jetzt und in Zukunft um Ihre Gesundheit." Natürlich können Sie auch mit markanten Neubauten genau so Punkte sammeln. Diese strahlen Innovationsfreude und Hightech aus. Auch das ist eine wichtige Botschaft: „Wir gehen mit der Zeit und sind bei der technischen Entwicklung ganz vorne."

Und zeigen Sie, was sich im Inneren Ihres Hauses abspielt: Vermitteln Sie einen Eindruck von den Patientenzimmern und veröffentlichen Sie Szenen aus dem Klinikalltag. Also Ihre Mitarbeiter bei der Arbeit, bei der Pflege von Patienten oder im Gespräch mit Angehörigen. Selbstverständlich holen Sie sich vorab die Einverständniserklärung aller abgelichteten Personen ein, damit Sie bei der Veröffentlichung auf der sicheren Seite sind. Dass Sie für die Produktion dieser Bildstrecken einen Profi engagieren sollten, versteht sich von selbst. Diese Fotos haben eine lange Halbwertszeit und werden über viele Monate und Jahre Ihre Website samt der Unterseiten der einzelnen Fachabteilungen prägen. Hier sollten Sie die Messlatte an die Qualität deshalb recht hoch legen. Dagegen können Sie das Gruppenfoto ihrer erfolgreich examinierten Pflegeschülerinnen und -schüler im Spätsommer eines jeden Jahres auch selbst schießen und müssen hierfür nicht jedes Mal den Profifotografen anheuern. Dieses Foto landet unter dem Menüpunkt „Aktuelles" neben vielen anderen Bildern, die sich in dieser Rubrik finden. Weil hier ständig neue Bilder hinzukommen, wirkt sich das eine oder andere nicht ganz perfekt gestaltete Foto nicht negativ aus.

> **Praxistipp** Lassen Sie sich alle Bilder, die der Profifotograf gemacht hat, aushändigen (CD-ROM, USB-Stick), so dass Sie und Ihre Kommunikationsabteilung jederzeit den Zugriff haben. Auch ein Fotograf ist mal krank oder im Urlaub. Oder arbeitet nicht mehr für Sie.

Im Kapitel über Pressefotos habe ich es bereits schon einmal erwähnt. Von Bildern aus dem OP halte ich nichts. Auch nicht auf der Homepage. Den Arzt nebst OP-Schwestern in voller Montur samt Kopfhaube und Mundschutz zu zeigen, der in seinen mit Einweghandschuhen geschützten Händen medizinisches Besteck hält und sich über ein geöffnetes Körperteil beugt, ist meines Erachtens keine vertrauensbildende Maßnahme. Natürlich würden Sie damit die tägliche Arbeit zeigen. Sie zeigen aber auch Szenen, die Patienten vielleicht lieber gar nicht sehen möchten. Weil diese Szenen auch Furcht auslösen können und für Patienten bedrohlich wirken. Für den Arzt ist ein solches Bild eine Momentaufnahme seines Alltagslebens. Für den Patienten ist ein solches Bild möglicherweise mit viel Angst verbunden, wenn für ihn eine Operation bevorsteht und er nicht weiß, wie sie ausgehen wird. Dies ist ein Bereich des Klinikalltags, den Sie in einer „Black Box" verschwinden lassen können. Sie müssen nicht alles zeigen. Es ist vielleicht ein bisschen wie mit der Wurst: Viele Leute essen sie gerne, aber nicht jeder will wirklich genau wissen, wie sie hergestellt wird. Viele Patienten sind nach einer gelungenen Operation einfach glücklich, wenn das Ergebnis stimmt, doch wie tief sich das Skalpell durch ihren Körper gearbeitet hat, wollen sie gar nicht so genau wissen.

Babygalerie Sie haben eine Geburtsklinik und Sie haben noch keine Babygalerie auf Ihrer Homepage? Dann wird es aber allerhöchste Eisenbahn, diese einzurichten. Am besten, Sie organisieren eine Zusammenarbeit mit einem professionellen Fotografen, der regelmäßig vorbeischaut und die Fotos erstellt (und Abzüge an die stolzen Eltern verkaufen kann). Die Babygalerie enthält:

- die süßen Bilder der Neugeborenen (mit oder ohne Kuscheltier)
- Vorname
- Geburtsdatum (gerne auch mit Uhrzeit)
- Größe und Gewicht
- Namen der Eltern (geht auch ganz ohne, oder nur mit Vornamen oder komplett mit Vor- und Familiennamen).

13.5   Patienten richtig informieren

Medizinische Informationen
Im Internet gelten die gleichen Regeln für Verständlichkeit und gute Kommunikation wie in der analogen Welt: Je mehr Sie die Sprache des Patienten sprechen, umso besser wird der Patient Sie verstehen. In Kapitel 4 finden Sie ausführliche Hinweise zur Erstellung leicht verständlicher Pressetexte. Diese Hinweise gelten

auch für die Texte auf Ihrer Website. Verzichten Sie auf lateinische, griechische oder englische Fachbegriffe und erklären Sie Dinge so einfach wie möglich. Bei großen Kliniken sind die Internetauftritte sehr umfangreich, mit hunderten von Unterseiten. Nicht jede dieser Unterseite texten Sie selbst. Das erledigt die Fachabteilung selbst oder die beauftragte Agentur. Wenn Sie jedoch von den Ausführungen, die Ihnen zur Verfügung gestellt werden, wenig bis nichts verstehen, dann sollten Sie das Material zurückschicken mit der Bitte, für mehr Klarheit zu sorgen. Ihre Website wird von Patienten oder Ihren Angehörigen angesteuert, um sich über Krankheiten und deren Behandlung an Ihrem Haus zu informieren. Dass es sich bei den Betroffenen um Ärzte handelt, ist selten der Fall.

> **Praxistipp** Bieten Sie den einzelnen Kliniken und Fachabteilungen folgenden Deal an: Die in der Fachsprache abgefassten Texte sind im Bereich für die Zuweiser nachzulesen, der sich an die niedergelassenen Mediziner in der Region richtet. Und auf die Seiten für alle kommen Texte, die alle verstehen.

Auf Ihrer Website finden die Besucher sämtliche Informationen zu den Krankheitsbildern, denen sich Ihre Ärzte widmen:

- *Symptome:* Wie zeigen sich die Beschwerden, in welchen Alltagssituationen tauchen sie üblicherweise auf, sind mehr Frauen oder Männer betroffen, ab welchem Alter zeigen sich die Symptome?
- *Erste Selbsthilfe:* Was kann der Betroffene selbst versuchen? Zeigen Sie seriöse Alternativen zum Arztbesuch auf und benennen Sie rote Linien, die nicht überschritten werden sollten: „Wenn nach 14 Tagen die Beschwerden andauern, ist ein Arztbesuch dringend zu empfehlen."
- *Ärztliche Diagnose:* Schildern Sie, wie Ihre Experten vorgehen, in welchen Schritten sie sich ein Überblick über das Beschwerdebild verschaffen. Bitte verzichten Sie darauf, Ihren kompletten Gerätepark darzustellen, dies ist eine Übung für den Zuweiserbereich.
- *Konservative Behandlung:* Obwohl Kliniken damit ihr Geld verdienen: Den Hinweis, dass nicht sofort geschnitten werden muss, liest man immer häufiger. Also: Welche Therapie können Sie anbieten, noch bevor es in den OP geht? Dass hier mitunter der Patient viel stärker gefragt ist und mitmachen soll, liegt auf der Hand. So muss ja nicht jedes Rückenleiden sofort per Skalpell behandelt werden, sondern ein paar Trainingseinheiten Wirbelsäulengymnastik sind für manche Patienten ein erster guter Schritt zur Genesung.

- *Operative Behandlung:* Wenn alles andere nichts hilft, helfen die Spezialisten an Ihrer Klinik: Beschreiben Sie, wie die chirurgischen Eingriffe aussehen, was gemacht wird und was nicht. Hier können Sie zeigen, dass Sie auf der Höhe der Zeit hinsichtlich der OP-Verfahren sind, jedoch auch nicht jede Mode kritiklos mitmachen. Und dass in dieser Rubrik die Begriffe „Schlüssellochchirurgie" und „minimal-invasiv" häufig fallen, versteht sich von selbst. Wobei „minimal-invasiv" gleichzusetzen ist mit „maximal schonend". Aber das wussten Sie schon bereits. Je nachdem, wie überzeugend hoch die Fallzahlen sind, die Ihre Fachabteilungen erreichen, sollten Sie diese benennen. Der Zusammenhang zwischen hoher Fallzahl und hoher Ergebnisqualität ist belegt und könnte ein Gütekriterium für Ihre Einrichtung sein.
- *Rehabilitation:* Lange liegen und schonen war früher. In den vergangenen Jahren hat sich der Umgang mit und die Anforderung an frisch Operierte in vielen Bereichen grundlegend gewandelt. In vielen Fällen sollen und müssen sich die Patienten so schnell wie möglich wieder bewegen, z. B. bei orthopädischen Eingriffen oder sie können bei manchen Baucheingriffen so schnell wie möglich wieder etwas essen. Das sind die ersten Schritte in der Klinik, die Sie darstellen können. Und danach geht's zuhause weiter, wo der Patient durch aktives Tun seine Genesung sicherstellen und beschleunigen soll. Beschreiben Sie die Schritte und hinterlegen Sie zum Herunterladen Gymnastikübungen, Speisevorschriften etc.
- *Risiken und Nebenwirkungen:* Spielen Sie mit offenen Karten. Zur vollständigen Aufklärung des Patienten gehören Informationen darüber, was auch schiefgehen kann bei einem Eingriff. Wenn Sie Komplikationsraten haben, die weit unterdurchschnittlich sind, stellen Sie diese ins Netz. Das überzeugt.

Medizinische Fachinformationen bebildern Viele medizinische Sachverhalte verstehen die Besucher Ihrer Website viel besser, wenn diese illustriert sind. So können Sie den Aufbau eines Knies natürlich wunderbar in einem brillanten Text erklären, aber eine Grafik zeigt Ihnen auf den ersten Blick, wo sich gesunder Knorpel befindet, den C-förmigen Meniskus und warum die Kreuzbänder Kreuz-Bänder heißen. Prüfen Sie, welche Grafiken hilfreich und notwendig für ein besseres Verständnis der medizinischen Sachverhalte sind und kümmern Sie sich um die Anschaffung derselben. Es gibt hervorragende freie Anbieter auf dem Markt, die Ihnen jedes gewünschte Körperteil in jeder gewünschten Perspektive auf den Bildschirm zaubern. Und es gibt die Industrie, also die Hersteller von Medizingeräten oder Implantaten etc. Diese verfügen meist über ausgezeichnete Darstellungen. Wenn Sie, Ihre Geschäftsleitung und die Fachabteilung nichts einzuwenden haben, sollten Sie dieses Bildmaterial verwenden, das Ihnen kostenlos zur Verfügung gestellt werden kann. Dass die Fotos von einem bestimmten Hersteller stammen, wird dem Betrachter klar, wenn er den Fotonachweis liest. Hier ist der Name des Herstellers vermerkt. Die Hersteller können außer den Fotos häufig auch kurze Videos anbieten, in denen die Eingriffe in schematischer, also unblutiger Weise dargestellt werden. Hierbei handelt es sich um computeranimierte Filme mit hohem pädagogischen Nutzen, weil die Darstellungen leicht verständlich sind. Klären Sie ab, ob Sie diese Filme zeigen möchten.

Glossar Prüfen Sie, ob Sie in einem Glossar medizinische Fachbegriffe und Sachverhalte ausführlicher darstellen wollen. Ein Glossar versammelt von A bis Z die Erklärung aller Fachbegriffe, die für Ihr Haus wichtig sind. Wenn Sie das Glossar wie ein medizinisches Lexikon gestalten, dann verhindern Sie, dass Ihre Besucher zwischenzeitlich Ihre Homepage verlassen, um sich in anderen medizinischen Online-Lexika schlau zu machen. Bei Ihnen finden Sie ja schließlich umfassende Informationen. Ein Glossar kann dazu beitragen, Ihre Trefferquote im Internet zu erhöhen, denn die Recherche von Menschen mit bestimmten Beschwerden beginnt mit einem Suchbegriff und nicht sofort über das Angebot Ihrer Klinik. Menschen haben zunächst einmal Hämorrhoiden oder Magenschmerzen und schauen sich die nächsten Behandlungsschritte an. Die Betroffenen gehen nicht oder wohl ganz selten im ersten Schritt gezielt auf Ihre Website. Wenn Sie sich also diesen Rechercheweg klar machen, dann können Sie die potenziellen Patienten sofort mit Ihren Ergebnissen für die allgemeinen Suchbegriffe wie Hämorrhoiden und Magenschmerzen abholen.

Organisatorische Hinweise
Kontaktdaten. Damit Sie immer erreichbar sind: Hinterlegen Sie die Namen aller wichtigen Ansprechpartner sowie deren Telefon- und Faxnummern sowie die E-Mail-Adressen. Geben Sie an, wann die einzelnen Abteilungen oder Kliniken Sprechstunden haben.

Wahlleistungen Beschreiben Sie, welche Leistungen Ihre Patienten auf alle Fälle in Anspruch nehmen dürfen und welche extra zugebucht werden können. Wer es exklusiver mag (und bezahlen kann), hat in vielen Krankenhäusern die Möglichkeit, in der Hotel-Klinik einzuchecken. Auf der Homepage haben Sie die allerbeste Gelegenheit, mit tollen Bildern vom Profifotografen, einem guten Image-Film und prägnanten Worten die Vorzüge dieses Angebots aufzuzeigen.

Anfahrt, Parkplätze, Lageplan Damit alle zu Ihnen finden: Beschreiben Sie die Anfahrtswege mit den öffentlichen Verkehrsmitteln und mit dem Auto und beschreiben Sie, wo es Parkplätze gibt und was diese kosten. Je größer Ihr Haus und je mehr Gebäude auf Ihrem Klinikgelände verteilt sind, desto sinnvoller ist es, einen Lageplan zu hinterlegen, den man sich ausdrucken lassen kann.

Beschwerdemöglichkeiten OP erfolgreich, Patient unzufrieden: Geben Sie Ihren Patienten die Möglichkeit, ihre Beschwerden loszuwerden. Betrachten Sie Beschwerden als Anregung, manche Dinge künftig anders und patientenfreundlicher zu machen. Oder betrachten Sie die Beschwerde als Gelegenheit, einem unzufriedenen Patienten ausführlich zu erklären, warum bestimmte Dinge so ablaufen, wie sie in einer Klinik ablaufen. Warum er also morgens hat nüchtern bleiben müssen und die OP trotzdem erst um 13 Uhr losging. Wenn man es den Leuten erklärt, haben sie mitunter Verständnis. Nur ist ja gerade der Mangel an Kommunikation in Krankenhäusern häufig ein Auslöser für Unzufriedenheit. Richten Sie also eine Anlaufstelle für Beschwerden ein. Diese sind zum Beispiel bei den Beauftragten für Qualitätsmanagement angesiedelt. Nennen Sie im Internet Ross und Reiter, die Durchwahl, die Uhrzeiten der telefonischen Erreichbarkeit sowie die E-Mail-Adresse. Manche Patienten möchten lieber nur ein Online-Formular für Ihre Beschwerde ausfüllen. Bieten Sie dieses an und sorgen Sie für eine leichte Auffindbarkeit auf Ihrer Website. Und vergessen Sie nicht, den Patienten mitzuteilen, was aus ihren Anliegen geworden ist.

13.6   Wir über uns: Das Krankenhaus stellt sich vor

Geben Sie Ihrer Klinik ein Gesicht und stellen Sie die Geschichte des Hauses dar. Wie hat das alles angefangen Ende des 19. Jahrhunderts? Oder noch viel früher. Mit wie vielen Ärzten, Schwestern, Patienten, Betten? Was wurde damals gemacht, wie hat sich ihr Behandlungsspektrum im Laufe der Zeit geändert (oder ist gleich geblieben), welche Gebäude sind verschwunden oder ersetzt worden, welche Bauten kamen hinzu? Vielleicht liegt bereits eine Chronik Ihrer Einrichtung als Buch vor, aus dem Sie sich bedienen können. Gibt es O-Töne von Beteiligten aus vergangenen Jahrzehnten, gibt es Ausschnitte aus Zeitungsartikeln von damals? Bebildern Sie den Werdegang Ihres Hauses mit historischen Fotos. Und haben Sie auch die Zukunft im Blick: Beschreiben Sie die Vision Ihres Hauses. Sofern vorhanden: Hinterlegen Sie Ihr Leitbild als Dokument zum Herunterladen.

Angeschlossene Einrichtungen Krankenhäuser sind komplexe Gebilde. Dort gibt es nicht nur OPs und Patientenzimmer, sondern noch viele andere angeschlossene Einrichtungen, auf die Sie entweder verlinken oder die Sie auf Ihrer Homepage ausführlich darstellen sollten. Hier eine kleine Auswahl:

- Altenhilfe (Senioreneinrichtungen)
- Hospizverein
- Förderverein
- Verein für Sport und Gesundheit mit seinem breiten Kursangebot zur Prävention und Rehabilitation. Und Angebote fürs Babyschwimmen gibt es seit Neuestem auch noch.
- Grüne Damen und Herren (Ehrenamtlicher Besuchsdienst)

Klinikmagazin Vierfarbig mit einem bunten Strauß an Themen: Die Klinikmagazine informieren Patienten und Mitarbeiter als gedruckte Papierversion in regelmäßigen Abständen über neue Chefärzte, neue Therapieverfahren, neue Kursangebote des klinikeigenen Reha-Sportvereins und bieten kurze Zusammenfassungen der jüngsten Patienten-Info-Abende. Und darüber hinaus gibt's leckere jahreszeitlich angepasste Kochrezepte und die Wahl des beliebtesten Biergartens in der Region. Hinterlegen Sie Ihr Magazin als pdf zum Herunterladen. So können Interessierte auch ältere Ausgaben durchsehen.

13.7 Zuweisern den Weg ebnen

Machen Sie es den niedergelassenen Ärzten so leicht wie möglich, Ihnen Patienten zu schicken. Richten Sie einen eigenen Bereich auf Ihrer Website für Zuweiser ein, in dem auf einen Blick alle wichtigen Ansprechpartner nebst Sprechstunden, Telefonnummern und E-Mail-Adressen zu finden sind. Auch ganz praktisch ist ein eigenes kleines Adressbüchlein als pdf zum Herunterladen. Wenn Sie den Kontakt mit Ihren Zuweisern nutzen möchten, um die Zusammenarbeit zu verbessern, dann können Sie einen Fragebogen zum Herunterladen hinterlegen. Lassen Sie sich berichten, mit welchen Krankheitsbildern die Patienten geschickt werden, wie zufrieden der niedergelassene Arzt mit der Terminvergabe, den Arztbriefen und der Erreichbarkeit in Ihrem Haus ist. Betrachten Sie die Antworten als Lerngeschenk und als wichtige Hinweise, um ständig besser zu werden.

Weil sich der Zuweiserbereich ausdrücklich an medizinische Fachkollegen richtet, ist dies eine Arena, in der Sie mit Fachbegriffen nicht geizen sollten. Schließlich geht es darum, Kompetenz zu demonstrieren. Und Sie müssen hier nicht die lateinischen, griechischen oder englischen Begriffe erläutern wie gegenüber den Patienten. Hier sind die Ärzte quasi „unter sich" und hier können Sie das Behandlungsspektrum für die Zielgruppe „Mediziner" noch einmal darstellen. Ebenso wie Ihre Ausstattung an medizinischen Geräten. Weisen Sie auf die Fachpublikationen Ihrer Ärzte sowie deren Auftritte bei Fachkongressen hin. Und listen Sie auf, welche Fortbildungsveranstaltungen für Niedergelassene Sie anbieten.

13.8 Karriereportal

Richten Sie auf Ihrer Homepage einen Karrierebereich ein mit offenen Stellen für den ärztlichen und pflegerischen Dienst sowie Ihren Jobangeboten für die Küche, Verwaltung, Technik usw. Außerdem ist hier Platz, um künftige Auszubildende mit Ihrer Klinik vertraut zu machen. Der Wettbewerb um die besten Köpfe im Gesundheitswesen ist voll entbrannt, deshalb sollten Sie auf Ihrer Homepage ausführlich darstellen, warum es sich lohnt, bei Ihnen zu arbeiten:

- Beruf und Familie lassen sich besonders gut vereinbaren (betriebseigener Kindergarten, flexible Arbeitszeitmodelle)
- Ihre Einrichtung unterstützt Mitarbeiter dabei, sich ständig fort- und weiterzubilden
- Besondere Kultur des Hauses (zum Beispiel flache Hierarchien oder konfessionelle Ausrichtung)
- Besondere Anstrengungen im Bereich betriebliches Gesundheitsmanagement. Die Mitarbeiter können kostenlos oder zu reduzierten Gebühren die vielen Kurse des klinikeigenen Sport- und Rehavereins belegen
- Die Verpflegung erinnert eher an ein Restaurant denn an eine klassische Krankenhauskantine
- Zufriedene bis begeisterte Mitarbeiter kommen zu Wort und erklären, warum sie gerne an Ihrem Haus arbeiten

Sofern Sie „Ja" sagen zu einem Facebook-Auftritt Ihrer Klinik (mehr dazu weiter unten), dann bietet es sich an, auch dort mit einem eigenen Karriereportal vertreten zu sein und auf Ihrer Website darauf hinzuweisen.

13.9 Pressebereich

Hier zeigen Sie sich und die Mitarbeiter Ihrer Abteilung mit Porträtfoto und allen wichtigen Kontaktdaten: Telefon- und Faxnummer sowie E-Mail-Adresse. Sie hinterlegen alle Pressemeldungen und -fotos in dieser Rubrik. Sie schließen diesen Teil Ihrer Website nicht ab und lassen stattdessen Journalisten ohne vorherige Anmeldung oder Registrierung hier suchen und glücklich werden. Je niedriger die Barrieren sind, desto eher sind Journalisten geneigt, auf das Material zuzugreifen. Zur Standardausstattung des Pressebereichs gehören Fotos aller wichtigen Akteure Ihrer Klinik zum Herunterladen. Hierzu zählen die Mitglieder der Geschäftsführung, der Ärztlicher Direktor und der Pflegedienstleiter. Im Pressebereich zeigen Sie darüber hinaus die Früchte Ihrer erfolgreichen Arbeit und hinterlegen unter

„Pressespiegel" die Artikel, die über Ihr Haus erschienen sind, als pdf nebst Nennung des Mediums sowie dem Datum der Veröffentlichung. Stimmen Sie mit den Verlagen dieses Vorgehen ab. Selbstverständlich ergänzen Sie die Print-Galerie Ihrer Erfolge mit den Videos aller TV-Berichte über Ihre Klinik sowie den Radiobeiträgen über Ihr Haus. Klären Sie ab, ob Sie die Dateien selbst hinterlegen können (was in jedem Fall besser ist) oder mit Links zu den Homepages der Sendeanstalten arbeiten müssen. Dann kann es Ihnen passieren, dass die Links nach einiger Zeit nicht mehr funktionieren, weil die Beiträge aus dem Archiv des Senders geflogen sind.

13.10   Schreiben fürs Netz

Die Anforderungen an Texte im Internet und für die Presse unterscheiden sich in einem wichtigen Punkt deutlich voneinander. Wer für die Presse schreibt, muss die Journalisten als erste Adressaten von der Wichtigkeit und Wertigkeit der übermittelten Informationen überzeugen. Wenn die Journalisten anbeißen, das Thema aufgreifen und über den Sachverhalt berichten, ist das Ziel erreicht. Im Internet müssen die Texte keine Journalisten überzeugen, sondern den Algorithmus von Google. Die meisten Menschen in Deutschland suchen im Netz mit Hilfe von Google nach Informationen und die meisten Menschen berücksichtigen dabei die erste Ergebnisseite, also die ersten zehn Treffer. Wer auf den nachfolgenden Seiten zu finden ist, hat's schwer. Damit Ihr Krankenhaus ganz vorne landet, ist eine Suchmaschinenoptimierung wichtig. Der englische Begriff hierfür lautet Search Engine Optimization, die Abkürzung SEO. Diese Optimierung funktioniert mit mehreren Stellschrauben. Eine davon ist die Textgestaltung. Die Texte müssen, um gut aufgefunden zu werden, die geeigneten Wörter oder Wortkombinationen in ausreichend großer Anzahl aufweisen. Diese „Keywords" entsprechen den Suchbegriffen des Internetnutzers, der bei seiner Recherche genau diese Wörter eingibt. Entweder Sie reichern Ihre Texte nun eigenständig mit den notwendigen Suchbegriffen an oder Sie beauftragen eine spezialisierte Agentur. Wichtig ist, dass die Agentur die Texte Ihrer Website nicht nur einmal optimiert, sondern dies fortlaufend erledigt, weil Sie ständig neue Texte auf Ihrer Homepage platzieren.

13.11   Bewertungsportale

Bevor sich Patienten für Ihre Klinik entscheiden, suchen sie im Internet nach Informationen. Klar, sie schauen sich zunächst Ihre Website an und sind nach gründlicher Lektüre und dem Betrachten der verschiedenen Youtube-Videos schon ganz zufrieden. Doch noch fehlt ein wichtiger Baustein, ehe die letzte Entscheidung fällt: Welche Erfahrungen haben andere Patienten in Ihrer Klinik gemacht? Wie ist es ihnen dort ergangen und wie bewerten sie das? Mittlerweile haben sich mehrere Internetplattformen etabliert, auf denen Menschen anonym ihre Arzt- und Krankenhausbesuche bewerten können. Bewerten können die Nutzer relativ viele Aspekte und die Ergebnisse werden zum Beispiel in Schulnoten von eins bis sechs ausgedrückt. Die Bewertungsportale landen bei Google regelmäßig weit vorne. Das heißt, es ist auch für Ihre Einrichtung wichtig, hier gute Ergebnisse zu erzielen.

Deshalb: Packen Sie den Stier bei den Hörnern. Auch wenn Ihre Ärzte von solchen Bewertungsportalen nichts halten und auch wenn die Angaben anonym gemacht werden: Für die Online-Reputation Ihres Hauses sind sie wichtig und sie stellen bei der Entscheidungsfindung der Patienten für oder gegen Ihr Haus ein ernst zu nehmendes Argument dar.

▶ **Praxistipp** Ob Sie als Klinik aktiv mitmachen oder nicht, Ihre Patienten geben ihre Bewertungen so oder so ab. Ob Sie das möchten oder nicht, spielt keine Rolle. Deshalb: Seien Sie lieber aktiv dabei.

Beispiel jameda.de

Jameda bezeichnet sich selbst als Marktführer, bei dem nach eigenen Angaben jeden Monat rund 3,5 Mio. Menschen nach einem Arzt suchen. Wer einen Mediziner sucht, kann ein Fachgebiet oder ein Stichwort sowie den Ort eingeben. Wer als Patient eine Bewertung abgeben möchte, meldet sich einfach an und hat verschiedene Kategorien zu benoten. Die Pflichtbewertungen umfassen:

• Behandlung
• Aufklärung
• Vertrauensverhältnis
• Freundlichkeit Ärzte
• Pflegepersonal

Daneben gibt es ein ganzes Bündel an optionalen Fragen, die ebenfalls mit Schulnoten bewertet werden sollen: Wartezeit Neuaufnahme, Zimmerausstattung, Essen, Hygiene, Besuchszeiten, Atmosphäre, Kinderfreundlichkeit, Unterhaltungsmöglichkeiten, Innenbereich, Außenbereich, Parkmöglichkeiten sowie Öffentliche Erreichbarkeit.

Für jede einzelne Kategorie ist die abgegebene Note hinterlegt, die in eine Gesamtnote fließt. Neben der reinen Benotung können Patienten ihre Erfahrungen und Bewertungen als frei formulierten Text hinterlegen. Sowohl die Einzelnoten als auch die Gesamtnote sowie der Text sind für alle anderen Internetnutzer sichtbar.

Die Sache ist ja nun die: Wer solch eine Plattform wie jameda.de anklickt und kurz auf die ersten zehn bis zwanzig Ergebnisse schaut, der macht sich schnell ein Bild von Ihrem Haus. Sind die Bewertungen Ihrer Klinik positiv, dann stehen die Chancen ganz gut, dass der Nutzer auf jameda.de noch weiter recherchiert. Hier können die Ärzte Ihre Schwerpunkte und ihr Behandlungsspektrum hinterlegen, Bilder und Praxis-Videos einbinden, auf Publikationen aufmerksam machen und auf die Klinik-Homepage verlinken. Der Plattformbetreiber bietet mehrere abgestufte Pakete an, für die monatliche Gebühren zu entrichten sind.

Mit dem Tablet am Krankenbett Die Entscheidung für eines dieser Pakete ist die eine Sache. Die andere Aufgabe besteht darin, dass möglichst viele Patienten Ihres Krankenhauses möglichst viele positive Bewertungen abgeben. Hier kommen wir wieder zu den zentralen Voraussetzungen jeder guten PR-Arbeit: Vor der Kommunikation steht die Aktion. Das heißt, zunächst müssen Ihre Ärzte, Pfleger und alle anderen Mitarbeiter gute Arbeit abliefern und durch Kompetenz bei der medizinischen Behandlung sowie durch professionelle und empathische Pflege überzeugen. Wenn dann noch das Krankenhausessen richtig lecker schmeckt, ist alles perfekt. Erst wenn diese Voraussetzungen erfüllt sind, können Sie mit Kommunikationsmaßnahmen in die Offensive gehen. Das Gleiche gilt für den Umgang mit den Bewertungsplattformen. Wenn Sie sich sicher sind, dass Sie eine Behandlung und Pflege auf optimalem Niveau anbieten, dann sollten Sie Ihre Patienten bitten, ein Votum abzugeben.

Das kann ganz einfach geschehen: Die stationären Patienten verbringen nach ihrer Operation einige Zeit bei Ihnen und sind meistens für Abwechslung ganz dankbar. Bitten Sie einfach die Patienten, dass sie ihr Votum auf dem von Ihrem Krankenhaus favorisierten Bewertungsportal abgeben. Kein Computer zur Hand? Auch kein Problem. Da in Ihrem Haus WLAN vorhanden ist, reichen Sie dem Patienten das stations- oder klinikeigene Tablet, mit dessen Hilfe er in der nächsten Viertelstunde seine Noten oder Sternchen verteilen und seinen Text formulieren kann. Mit dem oben genannten „Sie" ist hier nicht gemeint, dass Sie als PR-Verantwortlicher das Tablet überreichen. Wenn der behandelnde Arzt dies tut, ist es der Knüller, wenn es die Pflegekraft macht, ist es für die meisten Patienten auch etwas Besonderes. Selbstverständlich haben Patienten das Recht, Nein zu sagen. Doch die Mehrzahl von ihnen wird sicherlich angenehm überrascht sein und ein Bewertung in Ihrem Sinne vornehmen. Und wenn dies nicht passiert, wenn also der Patient sich kritisch äußert und keine „Einser" oder „Zweier" verteilt, dann hilft Ihnen der Umstand, dass die eine oder andere kritische Bewertung zwischen all den vielen guten Ergebnissen mit der Zeit schlicht an Bedeutung verliert und eingeebnet wird. Sie kennen das von anderen Portalen. Wenn Sie Ihren nächsten

Urlaub planen und auf holidaycheck.de in dutzenden von positiven Kommentaren über Ihr geplantes Reiseziel zwei oder drei Meckerer finden, lassen Sie sich von diesen wohl kaum von Ihren Plänen abbringen. Wenn aber diese zwei oder drei Bewertungen beinahe die einzigen sind, die Sie über das vermeintliche Wohlfühlhotel mit angeblichem Traumstrand finden, dann werden Sie mit Sicherheit skeptisch und ändern womöglich Ihre Pläne.

Noch ein Hinweis zum Umgang mit kritischen Bewertungen: Hausintern sollten Sie die vorgebrachten Mängel auf jeden Fall genauer unter die Lupe nehmen. Klar, es gibt wie überall die „Immer-Meckerer", denen man es nie recht machen kann. Aber manche Äußerung oder Bewertung kann einen wertvollen Hinweis auf Verbesserungspotentiale enthalten. Machen Sie z. B. Ihren Qualitätsbeauftragten auf den Sachverhalt aufmerksam und hören später nach, was er in die Wege leiten konnte.

13.12 Social Media: Facebook und Youtube

Wie viel darf es denn sein und vor allem: von was? Bevor Sie Social-Media-Aktivitäten starten, müssen Sie sich gut überlegen, wen und was Sie damit erreichen wollen. Und vor allem: wer sich darum kümmern soll.

Natürlich haben Sie in der Vergangenheit in Ihrer Abteilung und gemeinsam mit Ihrer Geschäftsleitung schon darüber gesprochen, ob und in welchem Umfang Social Media für Ihr Haus sinnvoll wäre. Ihr Geschäftsführer hat Sie gefragt: „Und, sind Sie privat auf Facebook?" Am Ende der Unterredung kamen Sie überein, aus welchen Gründen auch immer, erst einmal auf Facebook & Co. zu verzichten.

Ergänzen aber ersetzen keine klassischen Kanäle
Social Media kann die bisher in diesem Ratgeber genannten Maßnahmen sinnvoll ergänzen und bereichern, es kann sie aber keinesfalls ersetzen. Sie erreichen nach wie vor einen Großteil Ihrer potenziellen Patienten über Printmedien und Veranstaltungen sowie eine gut gemachte Homepage. Wenn Sie bei den Klassikern kürzer treten, wird es Ihnen schwerfallen, den Verlust durch Social Media-Aktivitäten auszugleichen. Youtube-Clips können Ihre bisherigen Aktivitäten sehr sinnvoll ergänzen, Sie sehen gleich, wie. Eine Art Zauberstab, der alles andere überflüssig macht, sind aber Facebook & Co. keineswegs.

Es ist wie so häufig in der Vergangenheit: Neue Medien machen die alten Vermittlungswege nicht überflüssig, sondern ergänzen sie. Menschen gehen seit Jahrtausenden gerne zu Versammlungen, hören Fachleuten zu und tauschen sich untereinander aus. Printprodukte wie Bücher und Zeitungen haben trotz des Radios ihre

Bedeutung behalten, das Fernsehen hat Radio und Print nicht ersetzt und trotz des Internets nehmen die anderen, bereits etablierten Medien und Vermittlungskanäle immer noch einen wichtigen Platz ein. Es stellt sich also nicht die Frage nach dem Entweder – Oder, sondern es ist ein Sowohl-als-Auch.

Und an dieser Stelle müssen Sie den Blick von diesem Buch heben und in Ihr Büro sowie die Nachbarzimmer blicken: Wie sieht es mit Ihren Ressourcen aus? Wie groß ist Ihre Mannschaft, mit wie vielen Köpfen meistern Sie Ihre Aufgaben und können Sie hier entweder umschichten (Wir machen künftig weniger Flyer) oder können Sie noch Kapazitäten dazukaufen? Schließlich haben Sie schon alle Hände voll zu tun, um die medienrelevanten Themen Ihres Hauses ausfindig zu machen, journalistisch aufzubereiten und im regen Kontakt mit den Redakteuren zu bleiben. Außerdem halten Sie die Zügel bei der Organisation der nächsten Veranstaltungen (Vorträge, Gesundheitsmesse) in den Händen und Sie stellen stets die neuesten Neuigkeiten auf die Homepage Ihrer Klinik. Mit anderen Worten: Sie sind maximal ausgelastet und wissen manchmal nicht, wie Sie Ihr Tagespensum erledigen sollen. Und jetzt auch noch der Ruf nach Social Media. Deshalb möchte ich Ihnen an dieser Stelle folgenden Vorschlag unterbreiten: Youtube ja, Facebook nein.

Punktsieg für Youtube-Videos
Der große Vorteil von Youtube-Videos liegt klar auf der Hand: Es macht nur ein einzige Mal Arbeit, diese zu erstellen, doch dann stehen die Clips im Netz und erwirtschaften andauernd Mehrwert. Mehrwert im Sinne von Informationsgewinn für die Betrachter, denen Sie auf diesem Weg ein lebendiges und freundliches Bild Ihrer Einrichtung sowie Ihrer Mitarbeiter vermitteln können. Gute Youtube-Videos können Ihr Image verbessern. Schließlich bekommt Ihre Einrichtung ein Gesicht und es erinnert fast ein wenig an den „Chefarzt zum Anfassen", den Sie auf Vorträgen und Gesundheitsmessen präsentieren. Nur eben im Internet, rund um die Uhr und auf der ganzen Welt erreichbar. Sauber in Szene gesetzt, können sich potenzielle Patienten ein erstes, im wahrsten Wortsinn, gutes Bild von Ihren Ärzten machen. Lassen Sie Ihre Mediziner erklären, was man gegen Schulterschmerzen tun kann, wie die Behandlung bei Reizdarm aussieht und wie eine Schlittenprothese im Knie für neue Beweglichkeit sorgt. Denken Sie also bei der Erstellung von Youtube-Videos nicht nur an stimmungs- und gefühlvolle Bilder Ihres Krankenhauses, sondern auch an harte Sachinformation, die Ihre Mediziner in kurzen Videos transportieren. Erklär-Videos, in denen Mediziner Diagnoseschritte, Behandlungsmöglichkeiten und Rehamaßnahmen bei verschiedenen Beschwerden und Erkrankungen vorstellen, sind eine extrem wirkungsvolle Visitenkarte Ihres Hauses.

Und diese Videos haben einen ganz praktischen Nutzen. Es ist genau wie mit den Ratgeberbüchern, über die Sie bereits alles Wichtige erfahren haben: Interessierte Patienten schauen sich diese vor der Sprechstunde an und sind mit zentralen Informationen versorgt. Eine typische Reaktion während der Sprechstunden sieht so aus: Der Arzt hebt an, um einen bestimmten Sachverhalt darzustellen und der Patient entgegnet: „Herr Doktor, das brauchen Sie mir nicht mehr zu erklären, das weiß ich schon von Ihrem Video aus dem Internet."

Zwei Vorteile springen ins Auge:

• Der Arzt spart wertvolle Zeit in der Sprechstunde und er kann den Patient, sofern dieser noch nicht online war, auf das Video zum Nachschauen, also zur Nachbereitung des Arztbesuches, verweisen.

• Der Patient, der sich vorab bereits informiert hat, kann den Ausführungen des Arztes in der Sprechstunde besser folgen, versteht mehr und wirkt in aller Regel bei den Behandlungs- und Rehaschritten engagierter mit.

Facebook auf dem Prüfstand

Bevor Sie bei Facebook mal eben schnell loslegen, fragen Sie sich bitte: Warum und für wen und vor allem: Wer kümmert sich täglich, stündlich, minütlich darum? Wenn Sie hier nicht permanent auf Ballhöhe sind, sind Sie schnell weg vom Fenster. Die Facebook-Community ist eine andere Schlagzahl gewohnt als der Zeitungsleser oder der Besucher von Homepages. Wenn die jüngste „Aktuell"-Meldung ein bis zwei Wochen alt ist, dann gilt sie immer noch als sehr frisch. Wenn Sie ein bis zwei Wochen warten, bis Sie auf Facebook-Posts reagieren, dann sollten Sie es lieber gleich ganz sein lassen.

In Krankenhäusern herrscht meist ein traditioneller Geist. Geschäftsleitungen und Ärzte haben gegenüber der Öffentlichkeit mitunter ein reserviertes bis skeptisches Verhältnis. Der Wunsch, Informationen zu kontrollieren und zu kanalisieren, ist deutlich ausgeprägt. Deshalb gehört zum Aufgabenspektrum eines Pressesprechers auch das hausinterne Werben, um den Belangen der Medien gerecht zu werden. Um termingerechte Antworten zu bekommen, wenn Zeitungsredakteure bestimmte Informationen abfragen. In Krankenhäusern ist es durchaus üblich, Äußerungen gegenüber der Öffentlichkeit hausintern abzustimmen. Das heißt, Anfragen, die bei der Pressestelle eingehen, werden zunächst mit der Geschäftsleitung und den zuständigen Chefärzten abgeklärt. Das kann manchmal dauern. Die Facebook-Taktzahl steht dem deutlich entgegen. Wenn Sie die bislang üblichen internen Abstimmungs- und Koordinierungsschleifen drehen müssen, dann kommen Sie auf Facebook häufig zu spät. Und es stellt sich die Frage, ob ein Krankenhaus, das eher ein zurückhaltendes Verhältnis gegenüber der Öffentlichkeit hat, mit der DNA von Facebook, das auf umfassende Transparenz setzt, vereinbar ist.

13.13   Youtube: die zweitgrößte Suchmaschine der Welt

Zur Einstimmung zunächst ein paar Fakten. Youtube gilt nach Google als zweit-größte Suchmaschine der Welt. Das heißt, Menschen recherchieren hier nicht nur das Tor des Monats, das sie in der Sportschau verpasst haben oder sie suchen mehr oder weniger witzige Clips zur Auflockerung ihres grauen Büroalltags. Youtube stellt darüber hinaus eine Unmenge an Informationen bereit, die gezielt abgefragt werden. Menschen erfahren hier, wie sie sich richtig schminken und wie sie auf dem Klavier einen erdigen Blues anstimmen können. Und Youtube gehört zum Google-Universum. Videos auf Youtube zu platzieren ist ein wichtiger Beitrag, um im Internet besser und leichter gefunden zu werden.

Doch Vorsicht: Sie sind nicht allein. Nach eigenen Angaben von Youtube haben Ende des Jahres 2014 die Nutzer pro Minute 100 Stunden Videomaterial hochgela-den. Wenn Sie genau in dieser Sekunde also dieses Buch zur Seite legen und sich alles ansehen wollen, was in der zurückliegenden Minute auf Youtube hochgeladen wurde, können Sie die informative und unterhaltsame Lektüre dieses PR-Ratge-bers erst nach vier Tagen und Nächten fortsetzen. Vorausgesetzt, Sie machen beim Youtube-Betrachten keine Pause und arbeiten durch.

Aber Sie kennen diese Situation schon. Täglich prasseln dutzende oder gar Hunderte von Meldungen auf Redaktionen bei Presse, Funk und Fernsehen ein. Täglich bekommen Buchverlage dutzende von Exposees für Buchprojekte zuge-sandt. Das Geheimnis, um gesehen und gefunden zu werden, besteht darin, mit guten Inhalten für Aufmerksamkeit zu sorgen. Und im Fall von Youtube, mit opti-malen Schlagworten die Internetnutzer auf seine Clips zu lotsen.

Dem riesigen Berg an Videomaterial, das jeden Tag hochgeladen wird, steht ein unglaublich großer Konsum gegenüber. „Jeden Monat werden auf YouTube mehr als sechs Milliarden Stunden Videomaterial angesehen – also fast eine Stunde pro Erdbewohner" (Youtube Statistiken: https://www.youtube.com/yt/press/de/statis-tics.html; 26.11.2014).

Das Hochladen und Anschauen von Videos kostet bei Youtube nichts. Dafür darf der Plattformbetreiber ohne die Autoren vorab zu fragen, den Inhalt weiter-verkaufen.

> **Praxistipp** Wenn Ihr Krankenhaus als Filmproduzent auf Youtube in Erscheinung tritt, sollten Sie vorab die Urheber-, Nutzungs- und Persön-lichkeitsrechte geklärt haben.

Der Firmensitz von Youtube ist im kalifornischen San Bruno. Dort gilt US-Recht. Wenn Sie urheberrechtlich geschütztes Material löschen lassen wollen, haben Sie einen weiten Weg nach Westen vor sich.

Teuer und lang oder kurz und preiswert
Erst denken, dann drehen. Die Medien wechseln, und doch tauchen immer die gleichen Hinweise in diesem Ratgeber auf: Machen Sie sich zunächst Gedanken darüber, was und wen Sie mit welchen Botschaften erreichen möchten. Bei der Erstellung eines Youtube-Videos ist die Bandbreite wirklich ganz enorm.

Denkbar ist zum Beispiel die Erstellung eines längeren Imagefilms über Ihre Einrichtung, bei der alle wichtigen Abteilungen vorgestellt werden, die Leitenden Ärzte zu Wort kommen und ein typischer Behandlungsverlauf anhand einer Patientengeschichte erzählt wird, wobei ein Betroffener selbst berichtet. Zur Realisierung heuern Sie ein professionelles Filmteam an, wie man es von TV-Aufnahmen kennt mit Redakteur, Kameramann und Tonassistent. Und wie beim Fernsehen üblich, sind die ersten Aufnahmen natürlich nicht gut genug, sondern einzelne Szenen werden immer und immer wieder eingespielt, bis die Ärzte so einfach wie möglich den Sachverhalt schildern und bis der Patient mühelos seine Geschichte erzählen kann. So lange also, bis der Redakteur zufrieden ist. Dieses Prozedere erinnert an die Dreharbeiten für TV-Sendungen.

Bevor sich das Filmteam an die Arbeit gemacht hat, wurde eine Art Drehbuch erstellt, aus dem hervorgeht, welche Interviews geführt werden, welche Abteilungen vorgestellt werden und welche Außenaufnahmen notwendig sind. Und natürlich liegt von jedem Patient, jedem Besucher und jedem Mitarbeiter, der im Film zu sehen ist, eine schriftliche Drehgenehmigung vor. Sind alle Szenen im Kasten, wird das Ganze zusammengeschnitten, so dass es eine spannende Geschichte ergibt. Und wie im Fernsehen streut ein professioneller Sprecher wichtige Informationen ein und leitet zu den Interviews über. Schnell gehen bei solch einem Projekt Wochen, wenn nicht gar Monate ins Land, bis alle Beteiligten mit dem Ergebnis zufrieden sind.

Das ist eine Möglichkeit, ein Youtube-Video zu produzieren. Sie können aber auch ganz anders vorgehen, schneller und preiswerter nämlich. Das Thema heißt dann: Wir erstellen ein Erklärvideo zu einem bestimmten Krankheitsbild und Behandlungsablauf. Nehmen wir das Thema Schlittenprothese fürs Knie. Der Arzt sitzt an seinem Schreibtisch, auf dem ein Prothesenmodell steht. Und sobald die Kamera läuft, beginnt er einfach, den Sachverhalt zu erklären, für welche Patienten eine solche Prothese geeignet ist, wie die Operation abläuft und wie man im Anschluss an den Eingriff als Betroffener wieder schnell beweglich wird. Ab und zu greift der Mediziner zu dem Modell und deutet mit dem Kugelschreiber auf bestimmte Areale, um bestimmte Dinge darzustellen. Die Kamera zoomt Details des Modells heran. Der Arzt spricht wie zu einem Patient, in einfachen Worten und kurzen Sätzen. Damit nicht ausschließlich der Arzt am Schreibtisch zu sehen ist, schwenkt die Kamera für einen kurzen Moment zu einem Röntgenbild, das ein Arthroseknie zeigt. Und, falls vorhanden, werden kurze Videosequenzen aus dem Inneren eines Knies eingespielt, die während einer arthroskopischen Untersuchung gemacht worden sind. Die Kamera fährt durchs Knie und der Arzt erklärt, was zu sehen ist und was das für die bevorstehende Operation bedeutet.

Technische Hinweise für Youtube-Videos
Für Erklärvideos dieser Art müssen Sie kein mehrköpfiges Filmteam beauftragen. Entweder verfügen Sie selbst über genügend Erfahrung im Aufnehmen und Zusammenschneiden von Videos. Oder im Haus findet sich jemand, der so etwas gerne und gut macht. Oder Sie heuern für ein solches Projekt einen externen Dienstleister an, der sich auf die Produktion von Youtube-Videos spezialisiert hat.

Egal wer es umsetzt: Auf ein paar technische Details sollten Sie achten, damit das Video gerne und oft angeklickt wird:

- Sorgen Sie für ausreichend Licht, Ihr Hauptdarsteller sollte nicht im Halbdunkel verschwinden.
- Testen Sie, ob das eingebaute Mikrofon Ihrer Videokamera ausreicht, oder Sie ein externes Mikrofon für guten Ton und große Verständlichkeit benötigen.
- Investieren Sie ein paar Euro in ein Stativ. Wackelbilder vom Doktor mag keiner sehen.
- Gleiche Augenhöhe ist immer gut. Weder den Arzt von oben herab aus der Vogel- noch von unten aus der Froschperspektive einfangen.
- Achten Sie darauf, dass der Mediziner sich klar und verständlich ausdrückt. Kurze Sätze sind im Film besser zu verstehen als lange. Der Vorteil von Youtube im Vergleich zum TV oder Radio ist jedoch, dass die Betrachter sich im Zweifelsfall das Ganze so oft ansehen können, wie Sie mögen – bis sie es verstanden haben.

Wenn Sie Youtube-Videos künftig als Kommunikationsinstrument verstärkt nutzen möchten, werden Sie als Klinik einen eigenen Youtube-Kanal mit dem Namen Ihrer Klinik belegen. Hier hinterlegen Sie alle Ihre Clips, auf Ihrer Homepage verweisen und verlinken Sie auf diesen Kanal. Um bei Google schnell gefunden zu werden und eine gute Platzierung zu erzielen, versehen Sie die einzelnen Videos mit Schlagworten, den sogenannten Tags. Das sind jene Begriffe, die Patienten eingeben, wenn sie Hilfe im Internet suchen. Die Situation ist wie folgt: Ein

Mensch hat bestimmte Beschwerden und sitzt am Rechner oder hält sein Tablet in der Hand. Dann gibt er seinen Suchbegriff ein und arbeitet die erste Trefferseite bei Google ab. Diese Abfolge müssen Sie im Kopf haben, wenn Sie sich sinnvolle Tags ausdenken. Das heißt, Sie müssen die Sicht des Patienten einnehmen und seine Brille aufsetzen.

Dieser Mensch hat zum Beispiel Schulterschmerzen. Genau diesen Begriff verwendet er für seine erste Recherche. Er wird also nicht unbedingt sofort nach Kalkschulter, Engpass-Syndrom oder Rotatorenmanschettenriss suchen, den möglichen Gründen für seine Beschwerden, denn die Diagnose kennt der Betroffene ja zum Zeitpunkt der ersten Recherche noch nicht. Berücksichtigen Sie also bei der Auswahl der Tags immer auch die Beschwerden, wie sie die Betroffenen selbst wahrnehmen und nicht nur die medizinisch korrekte Beschreibung der Krankheitsbilder. Denken Sie hier so alltagsnah wie möglich: Die Suchenden haben noch keine Diagnose parat, sondern lediglich die Symptome. Und diese Alarmzeichen geben sie bei Google ein. Und dann sollten die Betroffenen auf Ihr Youtube-Video treffen.

> **Praxistipp** Prüfen Sie, ob Sie auf dem Youtube-Kanal die Kommentar-Funktion aktivieren wollen oder nicht. Wenn diese aktiv ist, sollten Sie regelmäßig einen Blick darauf werfen, um reagieren zu können. Über die Kommentare kann ein direkter Austausch zwischen Patient und Arzt stattfinden.

Voll crossmedial: Youtube auf der Visitenkarte
Je mehr Sie Ihre Botschaften verzahnen, desto mehr potenzielle Patienten erreichen Sie. Je mehr Sie von Print auf online verweisen und umgekehrt. Je mehr Kanäle Sie mit Ihren Botschaften bespielen. Das erhöht die Trefferwahrscheinlichkeit ganz enorm. Für die Youtube-Videos bedeutet das: Sehr gute Erfahrungen habe ich damit gemacht, auf die Youtube-Clips von Ärzten in allen anderen Medien hinzuweisen. Wenn also ein Arzt gute Erklärvideos zu Rücken- oder Hüftbeschwerden hinterlegt hat, dann bietet es sich an, in der analogen Welt auf diese Videos hinzuweisen:

- in den Ratgeber-Artikeln der Zeitung,
- auf Flyern,
- auf Patientenvorträgen (auf der vorletzten Folie, bevor „Vielen Dank für Ihre Aufmerksamkeit" folgt),
- sogar auf der Visitenkarte des Arztes findet sich ein Hinweis auf den Youtube-Kanal.

13.14   Checkliste

Checkliste: Und dann machen wir noch etwas im Internet: Professionelle Websites, Bewertungsportale und Youtube-Videos erstellen
- Ihre Website überzeugt durch eine frische Optik und eine selbst erklärende Navigation. Die Bilder wecken positive Emotionen. Sie verzichten auf Fotos aus dem OP
- Alle Nutzergruppen finden rasch die von ihnen gesuchten Informationen. Es gibt Checklisten für Patienten mit allen Hinweisen für die Aufnahme und den Aufenthalt an Ihrer Klinik, für Angehörige gibt es Hinweise zu Besuchszeiten, ein Karriereportal für neue Mitarbeiter und Azubis sowie Bereiche für Zuweiser und die Medien
- Die Texte mit medizinischen Informationen kann jeder verstehen, auch ohne Medizinstudium. Fragen Sie Ihre Mutti, was sie von den Texten hält
- Sie betrachten Bewertungsportale im Internet als Chance zur Patientengewinnung
- Sie tragen zur positiven Gestaltung dieser Portale bei und bitten Ihre Patienten aktiv darum, ihr Votum abzugeben. Hierzu reichen Sie ihnen ein Tablet
- Social Media-Aktivitäten ergänzen Ihre bisherigen PR-Aktivitäten. Sie können keines ihrer bestehenden erfolgreichen Module ersetzen
- Sie verzichten derzeit auf Facebook und kümmern sich um Youtube-Videos
- Auf Youtube zeigen Sie vor allem Erklärvideos Ihrer Ärzte für die direkte Patientenansprache. Darüber hinaus auch Imagefilme über Ihre Einrichtung
- Sie bespielen und verzahnen alle Kommunikationskanäle und verweisen auf Ihrer Homepage sowie auf Ihren Flyern, Broschüren und sogar Visitenkarten auf Ihren Youtube-Kanal und blenden in jedem Clip Ihre Internetadresse ein

Literatur und Links im Netz

Franz, W., Schäfer, R.: Knie-Arthrose. Vorbeugung, Behandlung, Heilung. Herbig, München (2012[4])

Franz, W., Schäfer, R.: Die Knie-Sprechstunde. Alle Therapien von Naturheilkunde bis Hightechmedizin. Herbig, München (2010[2])

Herbst, D.: Public Relations. Konzeption und Organisation. Instrumente. Kommunikation mit wichtigen Bezugsgruppen. Cornelsen, Berlin (2007[3])

Langenscheidt Arzt-Deutsch, Deutsch-Arzt von Dr. Eckart von Hirschhausen: Langenscheidt, Berlin (2007)

Lüthy, A., Buchmann, U.: Marketing als Strategie im Krankenhaus. Patienten- und Kundenorientierung erfolgreich umsetzen. Kohlhammer, Stuttgart (2009)

Lüttecke, H.: Presse- und Öffentlichkeitsarbeit im Krankenhaus. Kohlhammer, Stuttgart (2004)

Lutz, A., Nitzsche, I.: Praxisbuch Pressearbeit. So machen Sie sich, Ihr Unternehmen, Ihre Organisation bekannt. Linde, Wien (2010)

Mann, T.: Der Tod in Venedig und andere Erzählungen. Fischer, Frankfurt a. M. (2012)

Nemec, S., Fritsch, H.J.: Die Klinik als Marke. Markenkommunikation und -führung für Krankenhäuser und Klinikketten. Springer, Berlin (2013)

Oppel, Kai: Crashkurs PR. So gewinnen Sie alle Medien für sich. C. H. Beck, München (2014[2])

Papenhoff, M., Platzköster, C.: Marketing für Krankenhäuser und Reha-Kliniken. Marktorientierung & Strategie, Analyse & Umsetzung, Trends & Chancen. Springer, Heidelberg (2010)

Reiners, L.: Stilfibel. Der sichere Weg zum guten Deutsch. dtv, München (1992[25])

Schäffner, H., Frädrich, S.: So kommen Sie als Experte ins Fernsehen. Wie Sie den Bildschirm erobern und sich als TV-Experte etablieren. Gabal, Offenbach (2009)

Schneider, Wolf: Deutsch für junge Profis. Wie man gut und lebendig schreibt. Rowohlt, Berlin (2010[2])

Schramm, A. (Hrsg): Online-Marketing für das erfolgreiche Krankenhaus. Website, SEO, Social Media, Werberecht. Springer, Berlin (2013)

von La Roche W.: Einführung in den praktischen Journalismus. Mit genauer Beschreibung aller Ausbildungswege Deutschland Österreich Schweiz. List, München (1978[4])

© Springer Fachmedien Wiesbaden 2015
R. Schäfer, *Erfolgreiche PR-Arbeit für Krankenhäuser,*
DOI 10.1007/978-3-658-06361-0

Links

http://gesundheitswirt.wordpress.com
„das blog zu online-marketing und social media für krankenhäuser"
www.imedon.de
Alles zum Wettbewerb: Deutschlands beste Klinik-Website

Printed in the United States
By Bookmasters